以案论道，
重大涉外专利诉讼应对

——产业升级背景下中国企业遭遇的专利狙击战剖析

江锋涛　江鸿震◎著

MAJOR FOREIGN-RELATED PATENT LITIGATION
STRATEGIES AND RESPONSES

法律出版社 LAW PRESS · CHINA
北京

图书在版编目（CIP）数据

以案论道,重大涉外专利诉讼应对:产业升级背景下中国企业遭遇的专利狙击战剖析 / 江锋涛,江鸿震著. 北京: 法律出版社, 2025. -- ISBN 978 - 7 - 5244 - 0415 - 6

Ⅰ. D923.425

中国国家版本馆 CIP 数据核字第 2025P0D955 号

以案论道,重大涉外专利诉讼应对

——产业升级背景下中国企业遭遇的专利狙击战剖析

YI AN LUNDAO, ZHONGDA SHEWAI ZHUANLI SUSONG YINGDUI

—CHANYE SHENGJI BEIJING XIA ZHONGGUO QIYE ZAOYU DE ZHUANLI JUJIZHAN POUXI

江锋涛　江鸿震　著

策划编辑 王　曦
责任编辑 王　曦
装帧设计 贾丹丹

出版发行 法律出版社
编辑统筹 司法实务出版分社
责任校对 张翼羽
责任印制 胡晓雅
经　　销 新华书店

开本 710 毫米 × 1000 毫米　1/16
印张 19.75　　**字数** 279 千
版本 2025 年 8 月第 1 版
印次 2025 年 8 月第 1 次印刷
印刷 河北晔盛亚印刷有限公司

地址:北京市丰台区莲花池西里 7 号(100073)
网址:www.lawpress.com.cn
投稿邮箱:info@lawpress.com.cn
举报盗版邮箱:jbwq@lawpress.com.cn

销售电话:010 - 83938349
客服电话:010 - 83938350
咨询电话:010 - 63939796

书号:ISBN 978 - 7 - 5244 - 0415 - 6　　**定价**:86.00 元

凡购买本社图书,如有印装错误,我社负责退换。电话:010 - 83938349

序

专利是一个技术与法律紧密交织的特殊领域，天然地具有高度的技术性和专业性。专利与国家科技进步和创新发展最为紧密，科技创新发展在很大程度上取决于专利保护水平与专利制度的匹配性。专利还是企业的核心资产和市场竞争的利器。随着我国创新发展的步伐加快，近年来我国专利质量稳步提升，专利实施和专利诉讼日趋活跃。专利诉讼既是专利质量的检验器，又是国家科技创新发展的重要晴雨表。近年来我国专利诉讼引人注目，重大专利案件屡见不鲜，我国亦已成为重要的专利诉讼优选地。专利法实施和专利诉讼需要各方面的共同参与，律师无疑是推动专利法实施和参与专利诉讼的重要力量。

专利诉讼的技术性和专业性需要专利律师术业有专攻。《以案论道，重大涉外专利诉讼应对》就是由两位术业专攻的优秀律师基于自己亲历的专利诉讼案件实践撰写而成。作者之一的江锋涛律师是一家全国知名的大型综合性律师事务所的创始人，深耕知识产权领域二十余年，著述丰硕，以专业深度和战略眼光在业界享有盛誉，是知识产权实务领域的新一代领军人物。另一位作者江鸿震律师具有良好的教育背景、实务历练和学术积淀，其本硕均毕业于国内顶尖院校的工科专业，同时辅修了经济学双学位，并在中国人民大学法学院完成系统法学训练，构建起跨学科知识体系。他曾在工业和信息化部的产业研究单位工作多年，深谙我国产业政策制定逻辑、实施机制及产业升级发展脉络。本书两位作者兼具技术理性、法律素养及产业视野，在复杂的专利纠纷中展现出卓越的专业能力，正是我国知识产权事业发展所需要的复合型人才。

本书不是传统案例汇编式的平面化叙事，而是以全景式视角展现涉外专利攻防的完整图景。本书选取的九大涉外专利诉讼案例，犹如时代切片，既涵盖装备机械、家电、化工等传统领域，亦涉及光伏、新能源、医疗器械等战略新兴产业。案件诉讼周期短则三年，长则八年，印证了专利诉讼复杂度与产业升级深度的显著正相关。作者针对每个案例涉及的复杂法律问题进行了深入剖析，有的问题在目前学术界和实务界尚无共识、观点各异。这种深入探究不仅有助于读者直观理解专利法在实践中的应用，还为理论研究提供了丰富的资料和独特的见解。正如美国法律史学家弗里德曼在其《美国法律史》中所言，“法律是社会的镜像”，在产业升级的宏大叙事中，专利诉讼已然超越单纯的法律纠纷范畴，演变成国家创新能力的“压力测试”。

书中每个诉讼案件背后，都承载着行业领军企业攀登产业制高点的艰辛历程，记录着中国产业从跟随模仿到自主创新的关键跨越。这些典型案例为我国科技企业应对国际巨头的专利狙击提供了实战样本，更以司法裁判的独特视角，诠释了知识产权法治建设与产业升级同频共振的历史进程。

展望未来，随着人工智能、量子计算等新一代技术的爆发式发展，专利诉讼和专利权保护将面临更多新课题、新挑战。中国专利司法的未来，应当是传统智慧、现代法治与新兴技术的深度融合，是民族特色与国际规则的有机统一。在创新驱动发展的新时代，中外产业技术博弈日益激烈，专利保护受到空前重视，迫切需要更多既有理论深度又具实践价值的涉外专利诉讼著作，本书的出版可谓恰逢其时。鉴于此，我乐于推荐此书，也期待作者继续奋发有为、不断进取，在理论与实务上取得更大的成就。

是为序。

孔祥俊
上海交通大学讲席教授
2025 年 3 月 21 日于上海

目　　录

无惧百万侵权判赔额，光伏行业“中国制造”对“德国制造”成功反击

——德国某机械公司与河北某设备公司、安徽某光伏材料公司侵犯专利权案

➢ 案件导航

光伏板制造　德国　百年企业　电学领域　专利侵权一审败诉

涉案专利无效　合肥中院　最高法院　五年

➢ 案件亮点

本案是中国企业应对跨国企业专利围剿实现战略逆转的典型案例。我国某科技企业在德国行业巨头发起的专利侵权诉讼中，面对一审百万元赔偿的不利判决，以专利无效宣告程序为战略支点，展开了一场历时五年的技术攻防战。诉讼团队通过解构涉案专利技术内核，发现其是现有技术与公知常识的简单叠加，不具备创造性高度。基于此，企业构建了横跨中、德、美、日四国的在先技术证据链，三次发起专利无效宣告程序，国家知识产权局最终采纳其无效理由，决定涉案专利无效。这场从被动应诉到主动破局的战略反制，不仅令跨国巨头的权利主张彻底瓦解，更凸显出中国企业在运用专利无效制度时实施“釜底抽薪”式防御的诉讼智慧。本案揭示出，破解涉外专利壁垒须构建“技术解密与溯源＋证据全球化布局＋法律要件精准打击”的三位一体策略。

产业背景

一、产业发展情况

随着全球对清洁能源需求日益增长，太阳能作为新型绿色能源的形象逐渐深入人心，利用太阳能而发展起来的光伏产业日渐繁荣。

光伏产业快速发展的起点在德国。2004 年，德国政府颁布《可再生能源法 2004》，连同接踵而至的各种补贴、鼓励政策极大地推动了德国对光伏产品的需求，德国光伏市场呈井喷式增长：1998 年德国年度光伏装机量仅 14MW，到 2004 年则超过了 600MW，成为全球最大光伏市场，占全球市场份额约 39%，从此德国长期保持全球光伏装机量第一，直至 2013 年被中国取代。

2004 年的中国光伏产业，已经涌现出一批优秀企业，凭借产能与成本的优势，生产的光伏产品受到全球市场的青睐。海外光伏产品的强劲需求，也带动中国成为全球太阳能组件产量排名第四的国家，仅次于德、日、美三国。

然而，到 2012 年 11 月，美国对中国光伏企业的反倾销、反补贴（以下简称“双反”）调查作出终裁，认定中国光伏产品进口对美国光伏产业造成“实质性损害”，并针对中国相关企业征收高额的反倾销关税和反补贴关税；同月，欧盟也正式发起对中国光伏产品的“双反”调查。当时，中国光伏产业的原料、市场、设备“三头在外”，即原料进口，光伏产品终端市场在国外，核心技术和生产设备依赖国外，面对欧美国家的全面围堵打压，中国光伏产业岌岌可危。

中国政府的坚定支持给予了中国光伏产业浴火重生的底气。2010 年，国务院发布《关于加快培育和发展战略性新兴产业的决定》，明确将太阳能光伏发电纳入七大重点产业之一的新能源产业。2013 年，国务院发布《关于促进光伏产业健康发展的若干意见》，强调光伏产业是全球能源科技和产业的重要发展方向，是具有巨大发展潜力的朝阳产业，也是我国具有国际竞争优势的战略性新兴产业。此后，国务院各部门及各地方政府，不断从资金到市场、从财税到土地，营造有利于国内光伏产业发展的政策环境，度电补贴、领跑者计划、户用光伏、绿证交易等政策先后登场，并不断完善产业链的扶持政策。

在政府的大力支持及产业界的坚持努力下，我国光伏产业实现高速发展，根据市场公开资料，在应用市场端，到 2020 年，我国光伏新增装机量为 48.2GW，连续 8 年位居全球首位；累计装机量达到 253GW，连续 6 年位居全球首位。

在制造端，我国光伏产业主要环节均实现规模持续增长，2020 年，多晶硅产量 39.2 万吨，连续 10 年位居全球首位；光伏组件产量 124.6GW，连续 14 年位居全球首位；出口市场稳中有升，光伏产品出口额 197.5 亿美元，组件出口量则达到 78.8GW，创历史新高。中国 2012—2020 年光伏电池片产量及全球占比情况如图 1－1 所示。

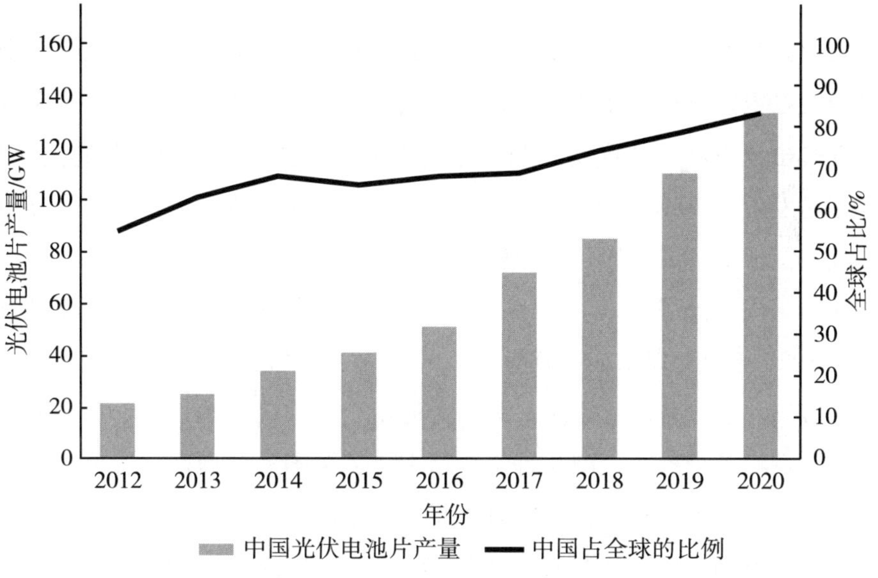

图 1－1　2012—2020 年中国光伏电池片产量及全球占比

资料来源：中国光伏行业协会网站。

不仅如此，通过持续加大科研投入和科技创新力度，中国光伏产业各配套环节的制造企业不断涌现，光伏上、中、下游全产业链都实现了飞速发展。中国光伏产业也从原材料、市场、核心技术和设备全部受制于人，到一步一步建立起扎实稳定的供应链，自主创新能力不断增强。以光伏组件端设备串焊机为例，2013 年以前，中国所有的光伏工厂购买的串焊机，都是来自德国 TT（Team technik）、美国 Komax、日本 Toyama、日本 NPC 等，国外设备厂商占据着国内太阳能电池串焊接设备行业的绝大多数市场份额；然而，仅过了几年时间，中国市场新增产线中 95% 的串焊机已变成了国产设备。①

另一个重要机遇是，2015 年的《巴黎协定》要求各国在 2020 年前向联合国提交 21 世纪中叶实现碳中和的国家行动方案，国际社会正式对全球经济社会绿色低碳经济转型达成共识。2020 年，中国光伏产业更是开启了史无前例的扩产浪潮。

二、案件当事人情况

在中国光伏产业蓬勃发展、中国企业不断追赶的大背景下，国际企业与国内企业在中国光伏市场的竞争日趋激烈。在激烈的商业竞争中，专利常成为企业打击竞争对手的重要武器，专利战也成为企业搏击市场的重要手段。本案正是发生在 2020 年，国际知名企业与国内领先企业之间围绕太阳能电池生产设备层压机所展开的一场专利战。

德国某机械公司（以下简称 **A 公司**）是全球知名的层压、涂覆系统制造商，自 1920 年成立以来，一直为全球用户提供专业的层压系统及表面处理技术解决方案。这些系统及解决方案广泛适用于太阳能电池组件、玻璃制造及保温板制造等多个行业，产品行销全球 180 多个国家和地区。A 公司在全球拥有多个生产基地，其中在中国的全资子公司成立于 2000 年左右，拥有一批德国资深专家和中国机械精英。2020 年，A 公司进一步扩大在中国的投资，在江苏新增总投资数千万美元。

---

① 参见刘文文：《从“至暗时刻”到“风光无限”，中国光伏十年蝶变》，载中国新闻网，https：//www. chinanews. com/cj/2022/08 – 11/9825310. shtml。

在光伏行业，A 公司凭借先进的层压系统和生产工艺，在世界范围内为众多头部企业提供太阳能光伏组件层压设备、双面滚轮涂布系统等光伏制造设备。

安徽某光伏材料公司于 2015 年左右成立，主营业务是太阳能电池生产及销售。安徽某光伏材料公司的光伏太阳能电池生产的核心技术源自德国，由该公司的上级公司全资收购一家德国公司，包括其太阳能电池工厂、研发中心及全部知识产权。这家被收购的德国公司在太阳能电池技术领域拥有 30 多年的研发及产业化开发历史。同时，安徽某光伏材料公司生产太阳能电池的生产线设备也采购自同为德国公司的 A 公司。

河北某设备公司（以下简称 **B 公司**）也成立于 2015 年，在河北和江苏两地均建有技术研发中心，是一家致力于自动化设备、视觉检测系统的研发、设计、制造的高新科技企业，主要服务于太阳能光伏、玻璃、陶瓷等行业。B 公司自成立之后发展迅速，很快成为国内众多头部光伏企业的供应商。

2019 年，A 公司意外发现 B 公司已成为安徽某光伏材料公司的供应商，并为其提供用于太阳能电池板生产的层压设备。出于阻止 B 公司继续侵蚀市场份额等多种可能的目的，A 公司以专利为武器，率先对 B 公司发起专利侵权诉讼，由此引发了在足以代表“德国制造”的冠军企业与代表“中国制造”的新锐企业之间的一场历时数年的专利狙击战与自卫反击战。A 公司、B 公司、安徽某光伏材料公司之间的法律关系情况如图 1－2 所示。

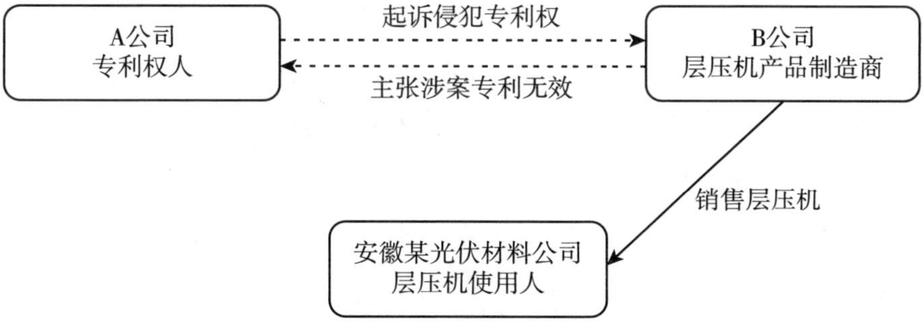

图 1－2　本案三方当事人之间的法律关系

案件大事记

本案前后共历时 5 年左右，主要过程如图 1－3 所示。

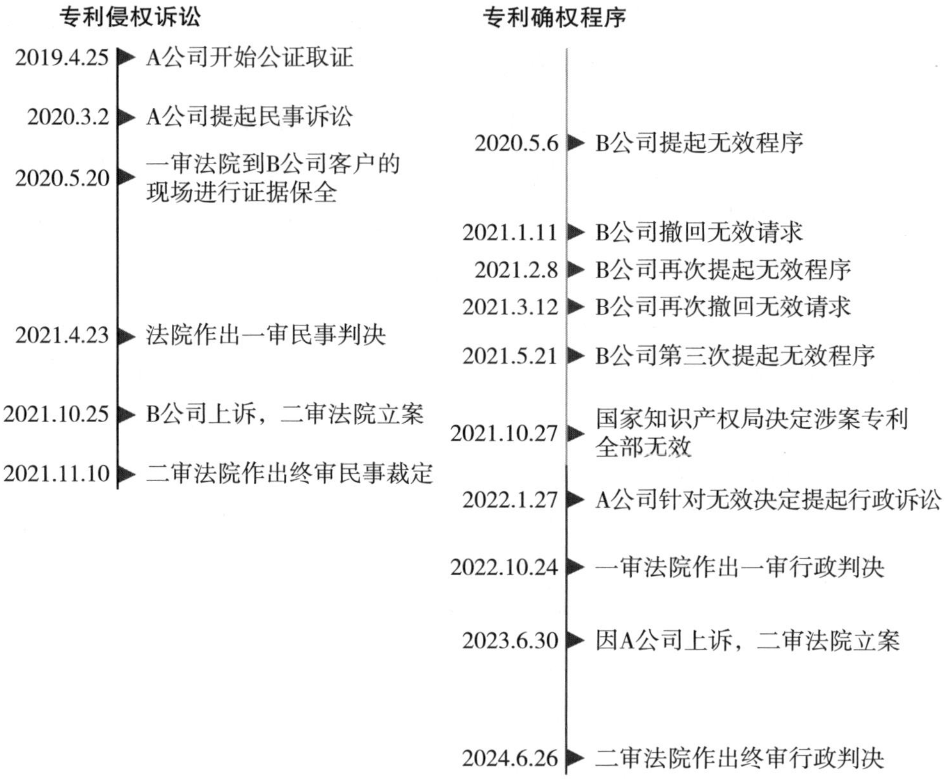

图 1－3　案件大事记

2019 年 4 月 25 日，A 公司人员与公证人员一起到安徽某光伏材料公司的生产场所，就安徽某光伏材料公司使用 B 公司层压机产品且涉嫌侵犯 A 公司专利权的行为进行取证。

2019 年 4 月 26 日，A 公司人员与公证人员一起到 B 公司的生产场所，就 B 公司正在制造、销售的层压机产品且涉嫌侵犯 A 公司专利权的行为进行取证。

2020 年 3 月 2 日，A 公司向安徽省合肥市中级人民法院起诉，主张 B 公司生产、销售的层压机产品侵犯专利权，安徽某光伏材料公司立即停止使用 B 公司产品，且 B 公司和安徽某光伏材料公司共同赔偿 A 公司损失（以下简称**专利侵权案**）。**A 公司正式拉开对 B 公司专利战的序幕**。2020 年 3 月 20 日，合肥市中级人民法院受理专利侵权案。

2020 年 5 月 6 日，针对专利侵权案中 A 公司的涉案专利，B 公司向国家知识产权局提出无效宣告请求，主张 A 公司涉案专利权全部无效（以下简称**第一次专利无效**）。由此，B 公司及时开辟第二战场，展开对 A 公司的反击。

2020 年 5 月 8 日，应 A 公司的证据保全申请，合肥市中级人民法院作出证据保全民事裁定，对安徽某光伏材料公司生产场所使用的层压机设备、相关购买合同、技术说明书、财务账册，以及 B 公司生产场所有关制造层压机的技术设备、设计文档、销售合同、财务账册进行证据保全。

2020 年 5 月 20 日，合肥市中级人民法院到安徽某光伏材料公司生产场所进行证据保全。

2020 年 6 月 9 日，B 公司向合肥市中级人民法院就专利侵权案提出管辖权异议。

2020 年 7 月 3 日，合肥市中级人民法院就专利侵权案管辖权异议作出一审裁定，驳回 B 公司管辖权异议。

2020 年 7 月 16 日，B 公司不服专利侵权案管辖权异议一审裁定，向最高人民法院提起上诉。

2020 年 9 月 11 日，最高人民法院就专利侵权案管辖权异议作出终审裁定，驳回上诉，维持原裁定。

2020 年 11 月 10 日，合肥市中级人民法院再次前往安徽某光伏材料公司生产场所进行证据保全。

2021 年 1 月 11 日，在国家知识产权局口头审理后，B 公司撤回第一次专利无效申请。

2021 年 2 月 8 日，针对专利侵权案中 A 公司的涉案专利，B 公司再次向国家知识产权局提出无效宣告请求，主张 A 公司涉案专利权全部无效（以下简称**第二次专利无效**）。

2021 年 3 月 12 日，B 公司撤回第二次专利无效申请。

2021 年 4 月 23 日，合肥市中级人民法院就专利侵权案作出一审判决，认定 B 公司侵害 A 公司涉案专利权，并判令 B 公司赔偿 A 公司经济损失 100 万元。

2021 年 5 月 21 日，针对专利侵权案中 A 公司的涉案专利，B 公司第三次向国家知识产权局提出无效宣告请求，主张 A 公司涉案专利权全部无效（以下简称**第三次专利无效**）。

2021 年 10 月 25 日，由于 B 公司不服专利侵权一审判决提起上诉，最高人民法院就专利侵权案二审立案。

2021 年 10 月 27 日，国家知识产权局就第三次专利无效作出审查决定，宣告 A 公司涉案专利权全部无效。

2021 年 11 月 10 日，最高人民法院就专利侵权案作出终审裁定，撤销一审判决，裁定驳回 A 公司起诉。

2022 年 1 月 27 日，A 公司不服国家知识产权局第三次专利无效的审查决定，向北京知识产权法院提起诉讼（以下简称**专利无效行政诉讼**）。

2022 年 10 月 24 日，北京知识产权法院就专利无效行政诉讼作出一审判决，驳回 A 公司诉讼请求。

2023 年 6 月 30 日，由于 A 公司不服专利无效行政诉讼一审判决提出上诉，最高人民法院就专利无效行政诉讼二审立案。

2024 年 6 月 26 日，最高人民法院就专利无效行政诉讼二审作出终审判决，驳回上诉，维持原判。

至此，历时五年之久的专利战，以 B 公司的最终胜利告终。

专利侵权案

一、案件信息

被上诉人（一审原告）：A 公司。

上诉人（一审被告）：B 公司。

一审被告：安徽某光伏材料公司。

案由：侵害发明专利权纠纷。

一审法院：合肥市中级人民法院。

二审法院：最高人民法院。

涉案专利：一种可用于生产太阳能光伏板的方法和装置；该专利一共 28 项权利要求，其中权利要求 1—15 为方法权利要求，权利要求 16—28 为产品专利要求。

本案一审程序中，合肥市中级人民法院作出一审判决：B 公司立即停止制造、销售、许诺销售侵害原告 A 公司发明专利权的产品；B 公司立即销毁侵害原告 A 公司发明专利权的产品、半产品及制造上述侵权产品的设备和模具；B 公司赔偿原告 A 公司经济损失 100 万元。

本案二审程序中，B 公司不服一审判决，向最高人民法院提出上诉，主张撤销一审判决，驳回 A 公司的全部诉讼请求。最高人民法院受理后，经审理查明，二审审理期间，国家知识产权局作出无效宣告请求审查决定书，宣告涉案专利权全部无效。基于此，最高人民法院作出二审裁定，撤销一审判决，驳回 A 公司起诉。

二、各方核心主张及观点

A 公司作为原告主张：（1）B 公司立即停止制造、销售、许诺销售被诉侵权产品的行为；（2）B 公司销毁全部被诉侵权产品、半产品及制造被诉侵权产品的设备和相关模具；（3）安徽某光伏材料公司立即停止使用涉案专利权的行为；（4）鉴于被告因侵权所获得的实际利益以及原告因被侵权所受到的实际损失目前难以确定，A 公司综合考虑被诉侵权行为的性质、持续时间、后果、专利许可使用费金额、专利许可的种类、时间、范围、被告生产经营规模等因素，要求 B 公司和安徽某光伏材料公司共同赔偿经济损失和维权合理开支共 385 万元。

根据各方当事人的诉辩主张，本案争议焦点为：（1）被诉侵权产品的技术特征是否落入涉案专利权利要求的保护范围；（2）若侵权成立，B 公司具体应当承担何种责任；（3）若侵权成立，安徽某光伏材料公司具体应当承担何种责任。

（一）关于被诉侵权产品的技术特征是否落入涉案专利权利要求的保护范围

庭审中，各方当事人均同意以一审法院两次证据保全拍摄的照片和视频作为被诉侵权产品的映射，与涉案专利权利要求进行比对。

B 公司以涉案专利权利要求 16、22 为核心，提出被诉侵权产品的技术特征与涉案专利权利要求的技术特征不同，说明被诉侵权产品的技术特征未落入涉案专利权利要求的保护范围。

1. 关于独立权利要求 16

B 公司作为被告认为，被诉侵权产品与涉案专利权利要求 16 技术特征的不同点包括：（1）产品半部不能独立抽真空；（2）工件与真空室下侧不存在压靠关系。

➢ **对此，合肥市中级人民法院认为：**

第一，A 公司**在专利审查过程中提交的意见陈述书，说明了作为涉案专利的改进点**，在真空室的产品半部进行抽真空即可，但是并未限定如何对真空室的产品半部抽真空，尤其是未限定是否一起或是分别地进行抽真空。**一起或是分别地进行抽真空这两种情况，皆符合涉案专利权利要求 16 的相应技术特征**。

第二，涉案专利权利要求 16 中记载的是“**直接或间接**地将工件压靠在真空室的下侧上”，**并未限定工件必须与真空室下侧直接接触**。

因此，B 公司的上述主张不成立。

2. 关于权利要求 22

B 公司作为被告认为，被诉侵权产品与涉案专利权利要求 22 技术特征的不同点包括：工件与相应的热交换表面之间未嵌入压力垫或缓冲垫。

➢ **对此，合肥市中级人民法院认为：**

法院第一次证据保全的视频第3分26秒显示，在被诉侵权产品的第二多层结构（多层层压机）的输送带下分支上部，有乳白色垫子固定在密封框上；该视频的第4分49秒显示，在被诉侵权产品的第三多层结构（多层冷却装置）的输送带下分支上部，亦有乳白色垫子固定在密封框上。**被告虽否认被诉侵权方法中工件上、下均放置压力垫或缓冲垫，但其对乳白色垫子放置的位置和所起的作用不能做出合理的解释**。因此，应认定被诉侵权产品在多层层压机和多层冷却装置中均设置有压力垫或缓冲垫，与涉案专利权利要求的相应的技术特征相同。

因此，B公司的上述主张不成立。

（二）若侵权成立，B公司具体应当承担何种责任

合肥市中级人民法院认为：

B公司未经A公司许可，制造、销售、许诺销售了侵害涉案专利的层压机，其作为侵权技术方案和侵权产品的供应商，依法应当承担停止侵权并赔偿损失的民事责任。

关于赔偿金额，**在A公司因侵权行为遭受的损失、被告侵权获利难以计算以及缺乏相应的专利许可使用费参照的情形下，综合考虑涉案专利权类型、侵权行为情节、原告维权合理支出等因素**，根据《专利法》第71条第2款的规定，**酌定**B公司赔偿A公司经济损失人民币100万元。

（三）若侵权成立，安徽某光伏材料公司具体应当承担何种责任

合肥市中级人民法院查明事实如下：

2017年，安徽某光伏材料公司（买方）与B公司（供应商）签订供货合同一份，约定供应商对层压机按照附件3指定期限进行设计、生产、交付、装配及调试工作；供应商应对针对买方的该合同设备对第三方欧洲专利的设备条款（在设备出售给买方之日前发布）构成侵权的诉讼进行辩护，**如果设备对诉讼第三方欧洲专利的设备条款构成侵权并且买方已经使用了该设备，供应商应自费选择补偿买方由于审判等造成的直接损失**。

被告安徽某光伏材料公司认为，公司为生产经营目的，通过合法渠道从

B公司购买使用被诉侵权产品，其无从也难以了解产品的每个部分是否侵犯了他人的专利权，主观上无过错，产品有合法来源且已支付合理对价，不应当承担责任。

➢ **对此，合肥市中级人民法院认为：**

第一，安徽某光伏材料公司作为侵权产品的使用者，通过签订供货合同并转账付款的正常商业方式从B公司购得产品，付款环节的发票及银行回单证实安徽某光伏材料公司依照合同约定在扣除质量保证金后已支付了相应的合同价款；

第二，合同中约定由供应商对层压机进行设计、生产、交付、装配及调试工作，已排除安徽某光伏材料公司作为侵权产品设计者及供应商角色的可能；

第三，合同并约定“供应商应对针对买方的该合同设备对第三方欧洲专利的设备条款（在设备出售给买方之日前发布）构成侵权的诉讼进行辩护，如果设备对诉讼第三方欧洲专利的设备条款构成侵权并且买方已经使用了该设备，供应商应自费选择补偿买方由于审判等造成的直接损失”，**此种约定在一定程度上表明安徽某光伏材料公司在购买时已对设备可能涉及的知识产权问题尽到合理注意的义务**。

安徽某光伏材料公司的证据能够证明，在未知情况下，**其为生产经营需要使用了未经A公司许可而制造销售的专利侵权产品，该产品具有合法来源且其已支付该产品的合理对价**，对于A公司要求安徽某光伏材料公司承担停止侵权、赔偿损失的诉讼请求，依法不予支持。

专利无效案

一、案件信息

专利权人：A公司。

无效宣告请求人：B公司。

请求宣告无效的专利：与专利侵权案中的涉案专利一致。

本次专利无效程序是本案第三次专利无效，即 2021 年 5 月 21 日，针对涉案专利，B 公司向国家知识产权局提出的无效宣告请求。

经审查，国家知识产权局作出决定，涉案专利权（权利要求 1—28）全部无效。

二、各方核心主张及观点

B 公司作为请求人认为，涉案专利全部权利要求均不具备创造性，请求宣告涉案专利权利要求全部无效，同时提交了 8 份证据，并明确以证据 1 作为最接近的现有技术：

证据 1：JP 特开 2003－29×××8A 及其中文译文；

证据 2：EP16××××7A2 及其中文译文；

证据 3：US55××××2A 及其中文译文；

证据 4：CN17××××4A；

证据 5：CN17××××5A；

证据 6：EP01××××2A2 及其中文译文；

证据 7：CN12××××9A；

证据 8：CN17××××5A。

根据各方当事人的诉辩主张，本案争议焦点为：（1）权利要求 1 与最接近的现有技术之间的区别技术特征有哪些；（2）权利要求 1 是否具备创造性。

（一）关于权利要求 1 与最接近现有技术之间的区别技术特征

A 公司作为专利权人认为，权利要求 1 相对于证据 1 存在如下区别：

（1）权利要求 1 中限定的真空层压挤压机和层压机为多层，而证据 1 为单层；

（2）权利要求 1 限定了“在多层层压机中对工件加载以压力以及粘结层的硬化温度或以上的温度”；

（3）权利要求 1 中限定了“通过打开多层真空层压挤压机中断所述层压过程”，该中断层压的过程中，温度是连续增加的；

（4）权利要求1限定了“对设置有至少一个工件的真空室的产品半部抽真空，并且压靠件通过由此产生的负压直接或间接地将工件压靠在真空室的下侧上”，证据1中的空间部不能相当于本专利的产品半部，并且证据1需要对间隙部先抽真空再充气，因此需要额外的工艺步骤和设备。

➢ **对此，国家知识产权局认为：**

1. 专利权人提出的区别技术特征（3）不成立

权利要求1中限定的“中断”所述层压过程，从其字面意思来看，即为停止在真空层压挤压机中的层压工艺，并不包含专利权人提及的对工件持续加热的限定，涉案专利说明书中也未对“中断”一词的含义作特殊注释，因此**只能依据“中断”的通用含义来对权利要求的保护范围进行理解**。

而且，在涉案专利说明书和附图所描绘的示例中，包括在不同工位之间的传输过程中显示，专利权人也认可该过程并不会进行加热，而从证据1公开的内容来看，其也表述出在真空层压装置排出层压体之后尽快开始后续加热加压处理的含义，这也**符合提高加工效率、降低时间成本的普遍追求**。

因此，证据1已经公开了在真空层压工序之后“中断”所述层压过程。

2. 专利权人提出的区别技术特征（4）不成立

首先，证据1中间隙部和空间部由柔性片隔成的两个空间，并通过压力差使柔性片压向工件。因此，证据1中的间隙部和空间部已经公开了权利要求1中的产品半部和压力半部。

其次，权利要求1中仅限定了对产品半部抽真空，而对压力半部是否抽真空并未进行限定，但**从其最终实现的效果而言，证据1与涉案专利完全相同，均是为了在两个空间之间形成压力差**。

最后，从涉案专利说明书第0069段来看，其也包括通过压力管道给压力半部加载气体或对其通气，可见**涉案专利并不排除对压力半部抽真空以及加载压力气体，因此涉案专利与证据1在实现压力差的过程并无实质差别**。

综上，涉案专利权利要求1与证据1的区别技术特征是：

（1）区别技术特征一：权利要求1中限定的真空层压挤压机和层压机为

多层，而证据 1 为单层；

（2）区别技术特征二：权利要求 1 限定了“在多层层压机中对工件加载以压力以及粘结层的硬化温度或以上的温度”。

（二）关于权利要求 1 是否具备创造性

国家知识产权局认为：

基于涉案专利权利要求 1 与证据 1 的区别技术特征，涉案专利权利要求 1 实际要解决的技术问题是提高层压和硬化效率。

1. 对于区别技术特征一

从涉案专利背景技术来看，涉案专利的发明目的在于避免现有技术中多层真空层压挤压机既进行真空脱气，又进行高温挤压而存在的缺陷，从而将两个工艺过程在不同设备中分别进行，可见多层结构并非涉案专利相对于现有技术的改进点。

而且，证据 2 公开了具有多个层压板的层压机，该层压机能耗较低，所需空间较小，并能以较短的生产周期进行高产量生产。可见**证据 2 给出了将层压机设置为多层的技术启示，在此基础上，本领域技术人员容易想到将该技术特征结合到证据 1 中，将其真空层压挤压机和层压机设置为多层**。

2. 对于区别技术特征二

涉案专利的工件具有可通过热活化和硬化的粘结层，**为实现硬化效果，必然需要将其加热到硬化温度或以上的温度**，而证据 1 中同样采用了热固性树脂组合物，因此通过加热将该树脂组合物硬化也是其必然要达到的目的。

对于具体工艺而言，证据 1 与涉案专利在真空层压和加热冲压的两个接续工艺中，温度都是逐渐增加的，且其具体温度也十分接近，证据 1 中在平面冲压装置中加热温度最好在 100—150℃，这也与涉案专利实施例中所采用的硬化温度 150℃相当。即便如专利权人所言，证据 1 并未明确公开上述在平面冲压装置中的加热温度为硬化温度以上的温度，且在平面冲压装置中进行加热加压处理后，根据需要可以进行热硬化或紫外线硬化等，然而**本领域技术人员为了简化工艺，也容易想到将硬化在平面冲压装置中进行**。

而且，**在真空层压处理后通过加热加压进行膜的硬化处理也是本领域的常规技术手段**，如证据4和证据8中，在进行真空层压步骤之后，都通过加热和加压状态使树脂层最终固化。

综上所述，权利要求1的技术方案相对于上述现有技术不具有突出的实质性特点，不具备《专利法》第22条第3款规定的创造性。

专利无效行政诉讼

一、案件信息

上诉人（一审原告）：A公司。

被上诉人（一审被告）：国家知识产权局。

一审第三人：B公司。

一审法院：北京知识产权法院。

二审法院：最高人民法院。

被诉决定：2021年10月27日，国家知识产权局作出的A公司涉案专利权全部无效的审查决定。

一审程序中，A公司不服被诉决定，向北京知识产权法院提起行政诉讼一审，请求法院撤销被诉决定，责令国家知识产权局重新作出决定。经审理，北京知识产权法院作出一审判决，驳回A公司的诉讼请求。

二审程序中，A公司不服北京知识产权法院作出的一审判决，向最高人民法院提出上诉，请求撤销一审判决及被诉决定，责令国家知识产权局重新作出维持专利权全部有效的决定。经审理，最高人民法院作出二审判决，驳回A公司上诉，维持原判。

二、各方核心主张及观点

根据各方当事人的诉辩主张，在行政诉讼程序中，本案争议焦点为：（1）被诉决定是否违反法定程序；（2）被诉决定是否遗漏权利要求1的区别技术特征“通过打开多层真空层压挤压机中断所述层压过程”；（3）被诉决定是否遗漏区别技术特征“对设置有至少一个工件的真空室的产品半部抽真空，并且压靠件通过由此产生的负压直接或间接地将工件压靠在真空室的下侧上”；（4）被诉决定对证据2的技术启示的认定是否正确；（5）被诉决定对从属权利要求4、5创造性的认定是否正确。

（一）关于被诉决定是否违反法定程序

A公司作为原告认为，在被诉决定中，国家知识产权局对于A公司提出的涉案专利权利要求1的区别技术特征“在多层层压机中对工件加载以压力以及粘结层的硬化温度或以上的温度”，认为“在真空层压处理后通过加热加压进行膜的硬化处理也是本领域的常规技术手段”，**第三人B公司在整个无效请求过程中从未主张该区别技术特征是公知常识，是国家知识产权局主动引入的公知常识，并且也未听取专利权人的意见**。因此，被诉决定违反法定程序。

➢ **对此，北京知识产权法院认为：**

国家知识产权局的认定未违反法定程序。根据无效请求书的记载，无效请求人已主张“**权利要求1中没有被对比文件1公开的部分技术特征属于本领域的常规技术手段**”。因此，国家知识产权局关于该区别技术特征的认定未超出当事人的请求范围。

（二）关于是否遗漏区别技术特征“通过打开多层真空层压挤压机中断所述层压过程”

A公司作为原告认为，被诉决定对权利要求1的创造性评述错误，证据1未公开涉案专利权利要求1的技术特征“通过打开多层真空层压挤压机中断所述层压过程”。该区别技术特征中的“中断”的含义并非停止对工件的整个层压工艺，而是将工件从多层真空层压挤压机转移至多层层压机的连续过程；同时涉案专利说明书对“中断”有具体说明。

➢ **对此，北京知识产权法院认为：**

关于涉案专利权利要求1的技术特征“通过打开多层真空层压挤压机中断所述层压过程”，**虽然涉案专利说明书对“中断”有具体说明，说明书记**

载的内容可以解释权利要求，但该解释不能限缩权利要求保护的范围。法院认同并支持国家知识产权局的关于该技术特征的说理及认定，即该技术特征不构成权利要求 1 与证据 1 的区别。

➢ **对此，在二审程序中，最高人民法院认为：**

首先，虽然涉案专利权利要求 1 限定了“通过打开多层真空层压挤压机中断所述层压过程，并将预层压的工件转移到多层层压机中，并且在多层层压机中对所述工件加载以压力以及粘结层的硬化温度或以上的温度”，但权利要求 1 中限定的“中断”所述层压过程，**从其字面意思来看**，即为停止在真空层压挤压机中的层压工艺，并不包含专利权人提及的对工件持续加热的限定。

其次，涉案专利说明书中也未对“中断”一词的含义作特殊注释，因此只能依据“中断”的通用含义来对权利要求的保护范围进行理解。

而且，涉案专利说明书和附图所描绘的示例中，包括在不同工位之间的传输过程。而从证据 1 公开的内容来看，其也表述出在真空层压装置 6 排出层压体 5 之后尽快开始后续加热加压处理的含义，这也符合提高加工效率、降低时间成本的普遍追求。虽然证据 1 所描述的时间与涉案专利说明书示例所描述的时间存在差异，但涉案专利权利要求 1 并未对具体时间进行限定，**是否存在区别还应当以权利要求记载的技术特征为准**。

因此，被诉决定及一审判决认定证据 1 已经公开了“在真空层压工序之后中断所述层压过程”并无不当。

（三）关于是否遗漏区别技术特征“对设置有至少一个工件的真空室的产品半部抽真空，并且压靠件通过由此产生的负压直接或间接地将工件压靠在真空室的下侧上”

A 公司作为原告认为，被诉决定对权利要求 1 的创造性评述错误，证据 1 未公开涉案专利权利要求 1 的技术特征“对设置有至少一个工件的真空室的产品半部抽真空，并且压靠件通过由此产生的负压直接或间接地将工件压靠在真空室的下侧上”。证据 1 的真空层压装置中，在上部板片和下部板片之间的挤压层中从上至下依次设置有两个柔性片，挤压层被两个柔性片分割为三个独立空间。证据 1 与涉案专利的一个挤压层中只设置一个柔性压靠件，一个柔性压靠件将挤压层中的真空室分成压力半部和产品半部两个独立空间的技术方案完全不同。

➢ **对此，北京知识产权法院认为：**

关于涉案专利权利要求 1 的技术特征“对设置有至少一个工件的真空室的产品半部抽真空，并且压靠件通过由此产生的负压直接或间接地将工件压靠在真空室的下侧上”，**挤压层被柔性片分割的空间应以挤压后的状态为准，挤压后证据 1 与涉案专利限定的特征基本相同**。法院认同并支持国家知识产权局的关于该技术特征的说理及认定，即该技术特征不构成权利要求 1 与证据 1 的区别。

➢ **对此，在二审程序中，最高人民法院认为：**

首先，涉案专利通过柔性压靠件将真空室分成产品半部和压力半部，借由两个空间内的压力差，使柔性压靠件对工件赋予压力；而证据 1 中间隙部和空间部也是由柔性片隔成的两个空间，并且也是通过压力差使柔性片压向工件。

虽然根据证据 1 中，真空层压装置中，在上部板片和下部板片之间的挤压层中设置有两个柔性片，但其中一个柔性片直接存在于下部板片上，另一个柔性片附着在上面板上，两者设置略有不同，尽管柔性片与下部板片是否存在间隙空间并未体现，但是这并不影响证据 1 中公开了由柔性片隔成的两个空间，即间隙部和空间部。因此，证据 1 中的间隙部和空间部已经公开了权利要求 1 中的产品半部和压力半部。

其次，从涉案专利说明书第 0069 段来看，其也包括通过压力管道给压力半部加载气体或对其通气，即涉案专利并不排除对压力半部充放压力气体。其产品半部存在的真空，必要时在压力半部存在的过压辅助下密封地贴靠在工件上，其本质系通过产品半部与压力半部两个空间之间形成的压力差来完成将工件压靠在真空室的下侧上。而证据 1 中也是通过压力差使柔性片压向工件，**两者之间要解决的技术问题、技术方案和预期效果实质相同**。

因此，被诉决定及一审判决关于“证据 1 中间隙部和空间部也是由柔性片隔成的两个空间，已经公开了权利要求 1 中的产品半部和压力半部”的认定并无不当。

（四）关于技术启示的认定是否正确

A 公司作为原告认为，被诉决定对权利要求 1 的创造性评述错误：

第一，关于涉案专利权利要求 1 的区别技术特征“真空层压挤压机和层压机为多层”。证据 2 的多层挤压机的真空室的结构完全不同于将多个证据 1 的真空层压设备一个接一个地堆叠在一起形成的结构。根据证据 2 的教导将证据 1 的单层真空层压机扩展成多层真空层压挤压机，将会无法得到涉案专利的技术方案，因为每个挤压层没有包含一个单独的真空室。

第二，关于涉案专利权利要求 1 的区别技术特征“在多层层压机中对工件加载以压力以及粘结层的硬化温度或以上的温度”。在本案中，一方面，被告未提供技术词典、技术手册、教科书等常规的公知常识性证据证明“在真空层压步骤之后通过加热和加压进行膜的硬化处理也是本领域的常规技术手段”；另一方面，**证据 4 和证据 8 作为专利文献仅有两篇，数量太少，也不能相互印证，因而不能充分证明上述技术知识属于公知常识**。

➢ **对此，北京知识产权法院认为：**

第一，关于涉案专利权利要求 1 的区别技术特征“真空层压挤压机和层压机为多层”，**证据 2 给出多层挤压结构的技术启示**，本领域技术人员有动机将证据 2 的多层结构应用到证据 1 中以获得涉案专利的技术方案。

第二，关于涉案专利权利要求 1 的区别技术特征“在多层层压机中对工件加载以压力以及粘结层的硬化温度或以上的温度”，尽管证据 1 没有公开该温度特征，但是基于本领域技术人员的技术能力，国家知识产权局也**可以通过说理的方式认定该特征为常规技术手段**。

➢ **对此，在二审程序中，最高人民法院认为：**

技术启示的判断应当在比较本专利与最接近的现有技术所具备的区别特

征的基础上，从本专利实际解决的技术问题出发，判断现有技术所公开的相应的区别特征在该现有技术中所发挥的作用、实现的效果与本专利实际解决的技术问题是否相同或相近。

如果所述区别特征为现有技术中披露的相关技术手段，该技术手段在该现有技术中所起的作用与该区别特征在本专利中为解决所述技术问题所起的作用相同，即可认为现有技术提供了将最接近现有技术与其他现有技术结合起来的教导或者启示，使人相信本领域技术人员有理由、有动机想出要求保护的发明，将相应的区别特征应用于最接近的现有技术并得到本专利请求保护的技术方案。

具体到本案：

第一，关于区别技术特征“真空层压挤压机和层压机为多层”

判断区别特征是否被对比文件公开，关键在于判断该对比文件中是否包含有相应的技术特征及该技术特征在对比文件中所起的作用和在权利要求中所起的作用是否相同。

权利要求 1 中限定的真空层压挤压机和层压机为多层，而证据 1 为单层。而证据 2 公开了具有多个层压板的层压机。且证据 2 中设置多个层压机，该层压机能耗较低，所需空间较小，并能以较短的生产周期进行高产量生产，即能够解决提供层压效率的技术问题，这与该区别技术特征在涉案专利中所实际解决的“提供层压效率”这一技术问题所起的作用相同。

可见证据 2 给出了将层压机设置为多层的技术启示，在此基础上，本领域技术人员容易想到将该技术特征结合到证据 1 中，将其真空层压挤压机和层压机设置为多层。

第二，关于区别技术特征“在多层层压机中对工件加载以压力以及粘结层的硬化温度或以上的温度”

通常而言，公知常识为本技术领域中解决技术问题的惯用手段，或教科书或者工具书等披露的解决技术问题的技术手段等。**对于公知常识的证明，一律要求举证做不到也无必要，既可以通过举证来证明，也可以通过充分说**

理的方式来论述。例如，对众所周知的事实、自然规律及定理，通常无须举证即可径行认定；对按照法律规定推定的事实、已经依法证明的事实或根据日常生活经验法则推定的事实以及基于基础的科学知识即可判断其在所属领域已经属于公知常识的亦无须过多说理；但对于当事人没有举证或者囿于所属领域的特性难以举证，且无法根据基础的科学知识直接判断的“公知常识”，则有必要结合涉案专利申请时所属技术领域的发展水平和本领域技术人员对某一技术特征的接受和应用程度，在充分论理的基础上进行认定。

本案中，由于涉案专利的工件具有可通过热活化和硬化的粘结层，为实现硬化效果，必然需要将其加热到硬化温度或以上的温度，且证据 1 中同样采用了热固性树脂组合物，因此通过加热将该树脂组合物硬化也是其必然要达到的目的。

被诉决定站位本领域技术人员，考虑本专利所属技术领域的特性及技术发展水平，**综合本案现有证据，结合涉案公知常识本身的技术特征的接受和应用程度**，如结合证据 4 和证据 8“在进行真空层压步骤之后，都通过加热和加压状态使树脂层最终固化”这些事实之后，分析论证该区别技术特征是否被公开，以此来弥补公知常识证据的不足，进而认定“在真空层压处理后通过加热加压进行膜的硬化处理”是**本领域的常规技术手段**并无不当。而且，“通过加热和加压进行膜的硬化处理”也**未超出本领域技术人员的常规技术能力**。

疑难争议解析

一、专利无效宣告程序中逾期答复的法律风险

在本案的专利无效案中，请求人于 2021 年 5 月 21 日向国家知识产权局提出无效宣告请求；经形式审查合格，国家知识产权局于 2021 年 6 月 1 日受理了上述请求并将无效宣告请求书及证据副本转送专利权人；专利权人针对上述无效请求分别于 2021 年 7 月 8 日和 9 月 13 日提交意见陈述书；国家知识产权局举行了口头审理，在口头审理过程中，专利权人明确其于 2021 年 9

月 13 日提交的意见陈述书仅供合议组“参考”。

若站在专利权人的立场，我们需要探讨，专利权人在 2021 年 9 月 13 日再次提交的意见陈述书，为何在口头审理过程中明确仅供合议组参考。这涉及的核心法律问题在于，专利权人超出指定期限提交的补充意见陈述效力如何。

《专利法实施细则》第 72 条规定，“国务院专利行政部门应当将专利权无效宣告请求书和有关文件的副本送交专利权人，要求其在指定的期限内陈述意见。专利权人和无效宣告请求人应当在指定期限内答复国务院专利行政部门发出的转送文件通知书或者无效宣告请求审查通知书；期满未答复的，不影响国务院专利行政部门审理”。上述规定与《专利审查指南》第 4 部分第 3 章第 4.4.1 节的规定形成体系化衔接，《专利审查指南》第 4 部分第 3 章第 4.4.1 节规定：“合议组根据案件审查需要将有关文件转送有关当事人。需要指定答复期限的，**该指定答复期限一般为一个月**。当事人期满未答复的，视为当事人已得知转送文件中所涉及的事实、理由和证据，并且未提出反对意见。”

因此，合议组转送文件时指定答复期限的，当事人逾期未答复将产生“视为自认”的法律拟制效果。

本案专利权人于 2021 年 9 月 13 日提交的补充意见，明显超出法定一个月答复期（第一次答复在 2021 年 7 月 8 日，2021 年 8 月 8 日已达到一个月时间）。《专利审查指南》第 4 部分第 3 章第 4.3.2 节规定，“专利权人提交或者补充证据不符合上述期限规定或者未在上述期限内对所提交或者补充的证据具体说明的，**合议组不予考虑**”。根据上述规定，合议组将专利权人在 2021 年 9 月 13 日提交的补充意见降格为参考材料具有程序正当性。

值得关注的是，逾期答复不仅导致程序性主张受限，更可能引发实体权利减损。《专利审查指南》第 4 部分第 3 章第 4.6.3 节明确将权利要求的修改权限与答复期限相绑定，规定：“**仅在下列三种情形的答复期限内**，专利权人可以以删除以外的方式修改权利要求书：（1）针对无效宣告请求书；（2）针对请求人增加的无效宣告理由或者补充的证据；（3）针对合议组引入的请求人未提及的无效宣告理由或者证据。”逾期答复直接导致专利权人丧失通过修改权利要求书维持专利有效的救济机会。这种“程序—实体”双重否定评价机制，体现了专利无效程序对当事人诉讼促进义务的严格要求。

从比较法视角观察，我国专利无效程序中的期限制度设计具有鲜明的职权主义特征，国家知识产权局在无效程序中始终处于主导地位，当事人逾期提交材料将面临严格的程序性制裁。这种制度安排虽有利于提高审查效率，但客观上加重了专利权人的应诉负担。特别是当无效请求人采用“证据突袭”策略时，专利权人在一个月答复期内往往难以完成技术比对、外文证据翻译、答辩意见起草等专业性工作，这也是本案中专利权人在口头审理开庭前再次提交《意见陈述书》的原因。

综上，专利权人在无效宣告程序中应当建立严格的期限管理制度，建议可在收到无效请求书后立即启动证据分析、10 日内完成初步抗辩策略、20 日内形成完整答辩意见，以确保在法定期限内实现程序权利与实体权利的双重保障。

二、无效宣告审查决定违反“听证原则”的法律后果

本案专利无效行政诉讼一审程序中，专利权人主张国家知识产权局违反法定程序，在无效宣告程序中主动引入公知常识对涉案专利权利要求的创造性进行评判，且未听取专利权人的意见，即违反了“听证原则”。

何为“听证原则”，《专利审查指南》第 4 部分第 1 章第 2.5 节规定，在作出审查决定之前，应当给予审查决定对其不利的当事人针对审查决定所依据的理由、证据和认定的事实陈述意见的机会，即**审查决定对其不利的当事人已经通过通知书、转送文件或者口头审理被告知过审查决定所依据的理由、证据和认定的事实，并且具有陈述意见的机会**。

虽然本案法院以无效请求书中的无效理由已有记载公知常识为由，认为国家知识产权局未违反听证原则，但我们有必要深入探讨，如果所作出的无效宣告审查决定确实违反了“听证原则”，会带来何种法律后果。

参考《最高人民法院知识产权法庭裁判要旨摘要（2023）》中收录的

（2021）最高法知行终 888 号案件，最高人民法院在裁判理由中认为：

“在专利无效宣告请求审查程序中，国家知识产权局应当将无效决定所依据的理由、证据和认定的事实通知当事人，给予当事人就相关的理由、证据和具体事实等进行解释和陈述意见的机会，尤其是在作出不利于当事人的决定之前。本案中，无效宣告请求人无论在无效宣告请求书还是在意见陈述书中均仅主张因该专利权利要求 1 相对于证据 2 不具备新颖性故亦不具备创造性，但并未提出该专利权利要求 1 不具备创造性的具体理由。口审中其亦坚持基于权利要求 1 不具备新颖性故不具备创造性。虽然国家知识产权局口审中询问双方：‘用证据 2 评述创造性，有没有区别?’但并未就在证据 2 的基础上结合公知常识是否容易想到权利要求 1 的技术方案进行明确调查，更未给予专利权人就此发表意见的机会。**被诉决定的认定超出了无效宣告请求审查中专利权人的合理预期，违反了听证原则，属于行政诉讼法第七十条第三项规定的‘违反法定程序的’情形，应予撤销**。”

通过最高人民法院在上述案例中确定的裁判规则可以看出，当前司法实践中，若国家知识产权局作出无效宣告审查决定时违反了“听证原则”，则无效宣告审查决定在后续的行政诉讼程序中有较大可能被撤销。

从程序法理角度审视，违反听证原则将产生三重法律效力：其一，程序违法行为本身构成可撤销事由；其二，基于程序违法作出的实体认定丧失既判力；其三，案件将发回重审以补正程序瑕疵。这种法律后果的设置体现了司法审查对行政程序合法性的严格要求，彰显了程序正义的独立价值。

本案及上述最高人民法院案例，对专利确权程序参与者具有重要启示：第一，对于无效请求人，应当全面、具体地列明无效理由及证据组合方式，避免因主张不完整影响无效程序决定的效力；第二，对于审查机关，应当建立“主张—回应”的双向沟通机制，对可能影响决定的关键评价要素履行特别告知义务；第三，对于司法机关，则需强化对行政程序合法性的实质审查，防止程序瑕疵影响专利确权秩序的稳定性。

从比较法视角观察，我国司法机关对听证原则的严格适用与英国“合法预期原则”（legitimate expectation）、美国“程序性正当程序”（procedural due process）具有内在价值契合，均强调行政相对人对不利决定形成过程的实质性参与。这种趋同化发展表明，强化程序权利保障是全球专利确权程序制度设计的共同方向。

三、专利权利要求的创造性评价中关于公知常识的认定

公知常识在专利无效宣告程序中越来越多地被国家知识产权局作为创造性评述的理由。例如在本案中，关于涉案专利权利要求 1 创造性的评述中，国家知识产权局认定，“在真空层压处理后通过加热加压进行膜的硬化处理也**是本领域的常规技术手段**，如证据 4 和证据 8 中，在进行真空层压步骤之后，都通过加热和加压状态使树脂层最终固化”。

但是本案中专利权人对此不服，一方面，认为无效宣告请求人未提供技术词典、技术手册、教科书等常规的公知常识性证据证明该区别技术特征属于公知常识；另一方面，证据 4 和证据 8 作为专利文献仅有两篇，数量太少，也不能相互印证，因而不能充分证明上述技术知识属于公知常识。

因此，我们有必要探析专利权利要求的创造性评价中公知常识认定标准。《专利审查指南》中关于“公知常识”在无效宣告程序中的举证规定，包括第 2 部分第 4 章第 3. 2. 1. 1 节、第 4 部分第 3 章第 4. 1 节、第 4 部分第 8 章第 4. 3. 3 节等。

（一）关于公知常识的证据形式

《专利审查指南》列举了“教科书”“技术词典、技术手册等工具书”作为公知常识性证据，但公知常识性证据是否仅限于上述两种载体形式，在实践中分歧明显。有观点认为，公知常识的载体形式应限于《专利审查指南》所列举的“教科书”“工具书”，若随意扩大公知常识的载体形式，容易导致公知常识性证据的滥用①；也有观点认为，作为客观存在的事实，公知

① 参见李小童、裴少平、李蔚慰等：《专利文献和科技期刊佐证公知常识的合理性探析》，载中华全国专利代理人协会编：《发展知识产权服务业，支撑创新型国家建设：2012 年中华全国专利代理人协会年会第三届知识产权论坛论文选编》，知识产权出版社 2012 年版。

常识不因载体形式的差异而发生变更[①]，教科书、工具书不应视为公知常识认定的所有证据形式，只要符合公知常识的概念本意，其他形式的载体（如专利文献、科技期刊等），也可以构成公知常识性证据。

本案中，国家知识产权局认定请求人提供的证据4和证据8（均为专利文献）为公知常识性证据，即采用了上述第二种观点。但不可忽视的是，实务中采用第一种观点的也不在少数，审查人员往往从提升审查效率、创造性判断的客观性原则等方面考量，对教科书、工具书以外的其他载体形式的证据，认为均不足以证明某技术特征构成公知常识。

因此，在具体案件中，双方当事人及其代理团队针对教科书、工具书之外的载体，应深入辨析，**着重考察其所记载的技术特征的公知性与准确性程度是否与教科书、工具书具备大致同一或相当的公知性与准确性**，从而确定其是否构成公知常识性证据。

（二）公知常识的举证模式

对公知常识的举证，是仅支持书面举证，还是书面举证、说理论证均可，现行法律法规规定没有明确，实践中对此也分歧较大。

有观点认为，无论在专利无效宣告审查阶段，还是在法院审理阶段，应该合理地站在本领域普通技术人员的角度来认定“公知常识”，避免不当认定公知常识，打击创新者的积极性和损害专利权人的利益，因此公知常识的举证需要清晰明确。该观点通常引用《专利审查指南》第4部分第8章第4.3.3节的规定。

例如，在（2020）最高法知行终35号国家知识产权局与江苏靶标生物医药研究所有限公司等发明专利申请驳回复审行政纠纷案中，最高人民法院认为，“**相关技术领域公知常识的认定，直接决定了该领域普通技术人员所应具备的技术知识和认知能力**，进而对创造性判断具有重要影响。因此，**对于公知常识的认定应该以确凿无疑为标准，应该有充分的证据或者理由支持，**

① 参见马玉青、刘琼：《关于公知常识举证手段的思考》，载《专利代理》2019年第3期。

不应过于随意化。一般而言，对于相关技术知识是否属于公知常识，原则上可以通过技术词典、技术手册、教科书等所属技术领域中的公知常识性证据加以证明；在难以通过技术词典、技术手册、教科书等公知常识性证据予以证明的情况下，也可以**通过所属领域的多份非公知常识性证据例如多篇专利文献、期刊杂志等相互印证以充分证明该技术知识属于公知常识，但这种证明方式应遵循更严格的证明标准**。”

但是，也有观点认为，公知常识为本技术领域中解决技术问题的惯用手段，或教科书、工具书等披露的解决技术问题的技术手段等。**对于公知常识的证明，一律要求举证做不到也无必要，既可以通过举证来证明，也可以通过充分说理的方式来论述**。也就是说，公知常识并不必然通过证据来证明，基于行政效率和审查人员应当具备本领域技术人员的知识水准等考量，若法院或国家知识产权局认为某技术特征系本领域技术人员容易想到的，未付出创造性劳动，没有产生预想不到的效果，则经由自由心证也可以认定为公知常识。① 该观点也有《专利审查指南》规定作为依据，即第 4 部分第 3 章第 4.1 节规定，合议组可以依职权认定技术手段是否为公知常识。

在本案中，最高人民法院明确支持了上述第二种观点，同时最高人民法院进一步举例说明，对众所周知的事实、自然规律及定理，通常无须举证即可径行认定；对按照法律规定推定的事实、已经依法证明的事实或根据日常生活经验法则推定的事实以及基于基础的科学知识即可判断其在所属领域已经属于公知常识的亦无须过多说理；但对于当事人没有举证或者囿于所属领域的特性难以举证，且无法根据基础的科学知识直接判断的“公知常识”，则有必要结合涉案专利申请日时所属技术领域的发展水平和本领域技术人员对某一技术特征的接受和应用程度，在充分论理的基础上进行认定。

上述两种观点，可以归纳为在公知常识的认定中“严格证明主义”与“合理推定主义”两种价值取向的博弈。前者坚持“无证据不认定”原则，

---

① 参见宋岩、黄璐：《专利审查程序中的公知常识证明责任探究》，载《知识产权》2019 年第 8 期。

强调公知常识认定必须依托客观证据；后者则允许通过技术逻辑推演进行认定。这种价值取向博弈以及由此带来的司法裁量权的行使，本质上体现了知识产权保护与技术创新之间的价值平衡。审查机关在个案中通常会审慎把握“容易想到”与“创造性劳动”的界限，既要防止证据要求过于严苛导致无效程序空转，亦要避免主观认定泛化损害专利权的稳定性。

实务操作中，建议当事人着重从技术发展脉络、行业实践惯例、专家证人证言等多维度构建证据体系，同时强化技术特征与公知常识关联性的逻辑证成。

四、专利权利要求解释的规则及边界

在本案中，专利权人与国家知识产权局就涉案专利权利要求 1 中所载“中断”一词之含义产生显著分歧。专利权人认为，涉案专利权利要求 1 中的“中断”的含义并非停止对工件的整个层压工艺，而是将工件从多层真空层压挤压机转移至多层层压机的连续过程；同时涉案专利说明书对“中断”有具体的说明。国家知识产权局则认为，权利要求 1 中限定的“中断”所述层压过程，**从其字面意思来看**，即为停止在真空层压挤压机中的层压工艺，并不包含专利权人提及的对工件持续加热的限定，**涉案专利说明书中也未对“中断”一词的含义作特殊注释**，因此只能依据“中断”的通用含义来对权利要求的保护范围进行理解。

那么，对专利权利要求解释应遵循何种规则呢?

最高人民法院《关于审理侵犯专利权纠纷案件应用法律若干问题的解释》第 3 条规定：“人民法院对于权利要求，可以运用说明书及附图、权利要求书中的相关权利要求、专利审查档案进行解释。说明书对权利要求用语有特别界定的，从其特别界定。以上述方法仍不能明确权利要求含义的，可以结合工具书、教科书等公知文献以及本领域普通技术人员的通常理解进行解释。”

再者，最高人民法院《关于审理专利授权确权行政案件适用法律若干问题的规定（一)》第 2 条补充规定：“人民法院应当以所属技术领域的技术人员在阅读权利要求书、说明书及附图后所理解的通常含义，界定权利要求的用语。权利要求的用语在说明书及附图中有明确定义或者说明的，按照其界定。依照前款规定不能界定的，可以结合所属技术领域的技术人员通常采用的技术词典、技术手册、工具书、教科书、国家或者行业技术标准等界定。”

另据最高人民法院《关于审理侵犯专利权纠纷案件应用法律若干问题的解释（二）》第6条规定：“人民法院可以运用与涉案专利存在分案申请关系的其他专利及其专利审查档案、生效的专利授权确权裁判文书解释涉案专利的权利要求。**专利审查档案**，包括专利审查、复审、无效程序中专利申请人或者专利权人提交的书面材料，国务院专利行政部门制作的审查意见通知书、会晤记录、口头审理记录、生效的专利复审请求审查决定书和专利权无效宣告请求审查决定书等。”

根据上述司法解释的规定，可归纳出权利要求解释的规范路径如下：

（1）**文义解释优先原则**：以权利要求书记载的技术特征为基础，采用本领域普通技术人员在专利申请日所理解的通常含义进行初步解释；

（2）**内部证据补强规则**：当文义存在歧义时，应优先援引说明书及附图、权利要求书中的相关权利要求以及专利审查档案中的要求予以阐释；

（3）**相关证据补强规则**：当文义存在歧义时，运用内部证据补强规则仍不能予以明确阐释的，还可以运用与涉案专利存在分案申请关系的其他专利及其专利审查档案、生效的专利授权确权裁判文书予以解释；

（4）**特别界定优先规则**：若说明书对特定术语作出区别于通常含义的明确定义时，应当以说明书特别界定为准；

（5）**外部证据补充规则**：在前述方法仍无法明确时，可结合所属技术领域的技术人员通常采用的技术**词典**、技术手册、工具书、教科书、国家或者行业技术标准等进行佐证。

五、专利权利要求创造性评价中关于技术启示的判断原则

《专利法》第22条第3款规定：“创造性，是指与现有技术相比，该发明具有突出的实质性特点和显著的进步，该实用新型具有实质性特点和进步。”

以发明专利为例，对所属技术领域的技术人员来说，如果发明相对于现有技术是非显而易见的，则发明具有突出的实质性特点；显著的进步是指发明与现有技术相比能够产生有益的技术效果。因此，对于创造性而言，发明是否显而易见是评价过程的重中之重。

那么，如何判定权利要求的技术方案对本领域的技术人员来说是否显而易见呢？《专利审查指南》第2部分第4章第3.2.1.1节规定：“在该步骤中，要从最接近的现有技术和发明实际解决的技术问题出发，判断要求保护的发明对本领域的技术人员来说是否显而易见。判断过程中，要确定的是现有技术整体上是否存在某种技术启示，**即现有技术中是否给出将上述区别特征应用到该最接近的现有技术以解决其存在的技术问题（发明实际解决的技术问题）的启示**，这种启示会使本领域的技术人员在面对所述技术问题时，有动机改进该最接近的现有技术并获得要求保护的发明。**如果现有技术存在这种技术启示，则发明是显而易见的，不具有突出的实质性特点。**”

那么，进一步地，如何判断现有技术是否存在这种技术启示呢？例如，在本案中，国家知识产权局与专利权人关于是否能得到技术启示产生分歧：

国家知识产权局认为，针对涉案专利权利要求1的区别技术特征，证据2给出了将层压机设置为多层的技术启示，在此基础上，本领域技术人员容易想到将该技术特征结合到证据1中，将其真空层压挤压机和层压机设置为多层。

专利权人则认为，根据证据2的教导将证据1的单层真空层压机扩展成多层真空层压挤压机，将会无法得到涉案专利的技术方案。

《专利审查指南》第2部分第4章第3.2.1.1节进一步规定，下述情况，通常认为现有技术中存在上述技术启示：

（ⅰ）所述区别特征为公知常识；

（ⅱ）所述区别特征为与最接近的现有技术相关的技术手段，例如，同一份对比文件其他部分披露的技术手段，该技术手段在该其他部分所起的作用与该区别特征在要求保护的发明中为解决该重新确定的技术问题所起的作用相同；

（iii）所述区别特征为另一份对比文件中披露的相关技术手段，该技术手段在该对比文件中所起的作用与该区别特征在要求保护的发明中为解决该重新确定的技术问题所起的作用相同。

基于《专利审查指南》的上述规定，本案中最高人民法院的观点认为，**判断区别技术特征是否被对比文件公开，关键在于判断该对比文件中是否包含有相应的技术特征及该技术特征在对比文件中所起的作用，以及在权利要求中所起的作用是否相同**。权利要求 1 中限定的真空层压挤压机和层压机为多层，而证据 1 为单层。而证据 2 公开了具有多个层压板的层压机。且证据 2 中设置多个层压机，该层压机能耗较低，所需空间较小，并能以较短的生产周期进行高产量生产，即能够解决提供层压效率的技术问题，这与该区别技术特征在涉案专利中所实际解决的“提供层压效率”这一技术问题所起的作用相同。可见证据 2 给出了将层压机设置为多层的技术启示，在此基础上，本领域技术人员容易想到将该技术特征结合到证据 1 中，将其真空层压挤压机和层压机设置为多层。

本案上述裁判要旨说明，当区别技术特征在对比文件中承载的技术功能与发明所需解决的技术问题存在实质性对应关系时，即便技术应用的场景存在差异，仍应认定存在结合启示。这一判断标准既维护了创造性评价的客观性，又避免了机械对比导致的创造性门槛虚高。

回顾与总结

本案中，A 公司针对 B 公司的起诉行动筹备周密、布局完整，展现出高度的策略性。自发现涉嫌专利侵权线索起，A 公司即着手组织公证人员于 2019 年 4 月 25 日前后奔赴安徽某光伏材料公司及 B 公司生产场所开展现场取证工作。历经长达一年的时间沉淀与精心筹备后，于 2020 年 3 月正式向 B 公司发起专利侵权诉讼。在这为期一年的准备周期内，A 公司充分利用时间巩固其专利权基础，全方位收集完善证据材料，并对诉讼策略进行反复推敲打磨，力求在诉讼中精准制胜。

事实发展轨迹印证了A公司的预判与策略成效。在专利侵权案一审程序中，B公司全面败诉。一审法院依法判令B公司自判决生效之日起，立即停止制造、销售、许诺销售侵害涉案专利权的层压机产品，同时责令其立即销毁侵权的层压机产品、半成品以及用于制造上述侵权产品的设备和模具，并判处B公司赔偿A公司经济损失高达100万元。除此之外，在B公司针对A公司提起的专利无效宣告程序中，B公司亦陷入困境，经历连续两次提起请求却又不得不撤回请求的尴尬结果。

专利侵权案一审判决尘埃落定后，B公司在本案中的处境可谓险峻，具体而言：其一，从过往司法实践规律来看，专利侵权诉讼二审程序的改判率向来偏低，B公司在专利侵权诉讼中实现反败为胜的希望颇为渺茫；其二，B公司先后两次发起的专利无效宣告程序均未能对A公司构成实质性威胁，这一局面反而使得A公司的涉案专利权基础愈发稳固；其三，尽管B公司在一审判决中仅被判赔100万元，然而B公司当时正在制造的订单以及潜在的订单金额高达数千万元，一旦判决生效，B公司将无可避免地面临重大经济损失。

然而，面对A公司这般专利战领域的资深高手，尽管B公司在前期应对过程中略显吃力，但从整体案件发展脉络来看，B公司在遭遇专利狙击之后，迅速借助专利无效程序展开有力反击，并充分利用相关程序争取宝贵时间，前期应对措施亦可圈可点。例如，通过管辖权异议程序，B公司成功争取到了三个多月的时间缓冲，值得肯定。与此同时，在后续的程序推进中，B公司很快稳住阵脚，在专利无效程序中对A公司实现成功反击，并在专利无效行政诉讼程序中坚定不移地捍卫胜利成果，最终赢得本案的胜利。

回顾本案曲折复杂、柳暗花明的经历，其中的一些经验及诉讼策略，值得总结和借鉴。

一、被诉专利侵权高危企业群体特征及应对策略

结合本案以及司法实践中的众多典型案例不难发现，对于国内那些处于

高速成长阶段、发展势头迅猛的高科技企业而言，若其所销售的产品能够作为国外企业先进产品的国产化替代品，那么这类企业面临国外企业提起专利侵权诉讼的概率将显著增加。

国外企业向国内领先的科技企业发起专利侵权诉讼的真实目的并非单纯地追求用专利侵权诉讼攻击这一行为本身，归根结底，其核心目的仍在于追求经济利益，实现企业利润的最大化。具体而言，专利侵权诉讼攻击的目的通常涵盖以下几个重要方面：

其一，获取侵权赔偿。部分企业发动专利侵权诉讼的基本诉求在于获得数额可观的侵权赔偿。在某些情况下，一些企业甚至会故意放任他人实施侵权行为，待时机成熟之际再予以打击，借此将侵权赔偿作为增加营业收入的重要途径。

其二，争夺市场份额。有的企业通过发动专利侵权诉讼，意图将竞争对手排挤出市场，从而获取垄断利润；或者通过扰乱竞争对手市场推进的策略与节奏，遏制其快速发展的势头，以巩固自身在市场中的优势地位。

其三，促成商业合作。部分企业利用指控专利侵权的手段，迫使被告与其开展商业合作，并接受不公平的合作条件。例如，迫使被告屈服，接受专利许可，甚至以较高的许可使用费达成许可协议，从而在商业合作中占据有利地位。

其四，驱逐不正当竞争。在部分行业领域，同业竞争激烈，行业内恶性竞争现象严重，企业间相互仿冒产品的情况屡见不鲜。此时，一些企业发动专利侵权诉讼的目的并不在于获取赔偿：一方面，是借助诉讼消耗竞争对手的时间成本与经济资源，使其在经济上难以承受，进而主动退出市场；另一方面，侵权诉讼本身作为一种强烈的信号，能够向其他潜在侵权人施加压力，有效减少己方的维权成本，维护市场秩序。

其五，损害竞争对手商业形象。知识产权纠纷，尤其是专利纠纷，由于其涉及知识属性与科技属性，往往成为媒体关注与报道的焦点。无论诉讼结果如何，都将对被告一方企业的商业形象造成损害，动摇企业客户及合作伙伴的信心。此外，一些具有误导性的新闻评论往往会将被指控的企业作为侵权的典型案例进行报道（尽管事实上可能并未侵权），这将进一步损害企业的商业信誉，影响企业的市场声誉。

其六，获取商业宣传效益。发动专利侵权诉讼的企业，有时通过巧妙的运作与宣传策略，能够从媒体的报道中获取诸多利益，达到免费广告宣传的效果，提升企业知名度与影响力。

鉴于国外企业向国内领先的科技企业发起专利侵权诉讼的目的主要集中在上述前四种情况，**国内领先的科技企业务必要提前建立预警机制，做好充分的应对准备，以免在收到专利侵权诉讼通知时，因准备不足、应对仓促而陷入被动局面**。

二、侵权诉讼中证据保全的关键作用与实施要点

在专利侵权诉讼案件中，证据的获取与保全对于案件的成败起着至关重要的决定性作用。依据“谁主张，谁举证”的基本原则，专利侵权行为的证据通常由原告自行负责收集，包括通过公证方式对被控侵权行为的证据进行固定。例如，本案中A公司便带领公证人员前往安徽某光伏材料公司生产场所、B公司生产场所开展现场取证并进行公证，以确保证据的合法性和有效性。

然而，在实际操作过程中，原告往往难以通过合法的常规手段获取部分关键证据。在这种情况下，若原告能够提供充分证据证明存在证据可能灭失或以后难以取得的风险，便可以依法向人民法院申请证据保全。

《民事诉讼法》第84条第1款明确规定，在证据可能灭失或者以后难以取得的情况下，当事人可以在诉讼过程中向人民法院申请保全证据，人民法院也可主动采取保全措施。《民事诉讼法》第84条第3款进一步规定：“证据保全的其他程序，参照适用本法第九章保全的相关规定”，确保证据保全程序的规范性和统一性。

在审理证据保全申请时，法院会综合考量多个关键因素，以审慎作出判

断。具体而言，法院会评估以下四个核心要素：[①]

（1）申请人是否已就其主张提供初步证据；

（2）证据是否可以由申请人自行收集；

（3）证据灭失或者以后难以取得的可能性及其对证明待证事实的影响程度；

（4）可能采取的保全措施对证据持有人的生产经营活动的影响。

此外，若证据保全措施可能对被保全的证据的持有方造成经济损失，法院还会依法要求申请人提供相应担保，以平衡各方当事人利益。

证据保全的申请应当在举证期限届满前以书面形式提交至法院，法院通常会以书面裁定的方式决定是否批准保全申请，但在特定情况下也可能以口头裁定形式作出决定，以提高诉讼效率。

在证据保全的实施环节，法院可依据具体情况采取多种措施，包括但不限于制作现场勘验笔录、绘图、拍照、录音、录像，以及复制技术设计文件等。[②] 这些措施的实施需遵循尽量减少对保全标的物的损害、避免对证据持有人正常生产经营造成不当干扰的原则。在证据保全过程中，申请人可依法请求采用多种保全手段，以确保证据保全的全面性，提高侵权对比成功的可能性，法院将根据实际情况支持全部或部分手段的采用。

例如在本案中，A 公司依法向合肥市中级人民法院申请证据保全，并以保险公司保函的方式提供了担保，最终获得法院的支持。合肥市中级人民法院依法作出裁定：（1）以拍照、录像、制作笔录等方式对安徽某光伏材料公司在其经营场所使用的层压机进行证据保全；（2）以查阅、扣押、拍照、复制等方式对安徽某光伏材料公司在其经营场所使用的层压机有关的购销合同、技术说明书、财务账册进行证据保全；（3）以查阅、扣押、拍照、复制等方式对 B 公司在其经营场所中有关制造层压机的技术图纸、设计文档、销售合同、财务账册进行证据保全，上述保全为案件的公正审理提供了有力

① 参见最高人民法院《关于知识产权民事诉讼证据的若干规定》第 11 条。

② 参见最高人民法院《关于知识产权民事诉讼证据的若干规定》第 12 条。

的证据支持。

三、防御策略中管辖权异议的合理运用与风险规避

在专利侵权诉讼中，作为被告一方，当接到法院送达的诉状时，举证时限和开庭时间往往已经确定。然而，被告有权依法在答辩期内向法院提起管辖权异议，以争取更多的时间用于准备应诉工作。

根据最高人民法院《关于民事诉讼证据的若干规定》第 55 条的规定，当事人提出管辖权异议的，举证期限应当中止，自驳回管辖权异议的裁定生效之日起恢复计算。因此，管辖权异议的提出将在一定程度上起到延长举证时限和推迟开庭的作用，为被告赢得宝贵的时间，以便其有足够的时间组织证据和准备答辩材料。

例如本案中，2020 年 6 月 9 日，B 公司向合肥市中级人民法院提出管辖权异议申请，至 2020 年 9 月 11 日，最高人民法院就管辖权异议作出终审裁定，期间超过三个月时间，为 B 公司组织证据及答辩提供了宝贵的时间。

然而，需要注意的是，若被告一方提出的管辖权异议被法院认定为恶意滥用权利，将可能面临相应的处罚。管辖权异议程序客观上拉长诉讼进程、延长审理期限，而提出管辖权异议的成本相对较低，部分被告为达到拖延审理时间、增加原告诉讼时间成本等不正当目的，往往也会向法院提出管辖权异议，即使其所提出的理由毫无道理、依据。

针对这一问题，最高人民法院《关于滥用管辖权异议拖延案件审理进程的答复》等文件，明确表示支持地方各级法院对恶意滥用管辖权异议的行为予以惩戒。在司法实践中，也有法院依据《民事诉讼法》第 13 条、第 118 条对滥用管辖权异议的行为进行处理。例如，杭州市萧山区人民法院作出（2020）浙 0109 司惩 6 号罚款决定书，认为被告杭州某汽车服务有限公司滥用管辖权异议权利，恶意拖延诉讼故意明显，违反民事诉讼应当遵循的诚实信用原则，妨碍人民法院审理案件，决定罚款 100000 元；又如，安徽省六安市金安区人民法院作出（2021）皖 1502 司惩 1 号决定，认定某建设公司恶意滥用管辖权异议，妨害了民事诉讼的正常进行，罚款人民币 100000 元。

虽然当事人对滥用管辖权异议的处罚不服可以向上级法院申请复议，但从实践经验来看，复议结果在多数情况下会维持原决定结果。因此，当事人在提起管辖权异议时，需合理掌握尺度，充分考虑其必要性和合理性，避免因恶意滥用而遭受不必要的处罚，确保诉讼程序的公正性和合法性。

四、坚持不懈的专利无效策略及其重要性

最高人民法院《关于审理专利纠纷案件适用法律问题的若干规定》第 5 条明确规定，人民法院受理的侵犯实用新型、外观设计专利权纠纷案件，被告在答辩期间内请求宣告该项专利权无效的，人民法院应当中止诉讼，但具备特定情形之一的，可以不中止诉讼。这些特定情形包括：原告出具的检索报告或者专利权评价报告未发现导致实用新型或者外观设计专利权无效的事由；被告提供的证据足以证明其使用的技术已经公知的；被告请求宣告该项专利权无效所提供的证据或者依据的理由明显不充分的；人民法院认为不应当中止诉讼的其他情形。

最高人民法院《关于审理专利纠纷案件适用法律问题的若干规定》第 7 条进一步规定，人民法院受理的侵犯发明专利权纠纷案件或者经国务院专利行政部门审查维持专利权的侵犯实用新型、外观设计专利权纠纷案件，被告在答辩期间内请求宣告该项专利权无效的，人民法院可以不中止诉讼。

在司法实践中，对于实用新型、外观设计专利诉讼，被告在答辩期内提出专利无效请求，法院一般会考虑中止诉讼；对于发明专利，尽管司法解释规定法院可以不中止诉讼，但当被告在答辩期内提起无效请求并向法院提交证据证明专利有效性存在疑问时，法院也有可能裁定中止诉讼，或者即使不中止诉讼，法院可能会推迟判决的时间，使判决结果与专利无效决定保持一致，从而确保判决的稳定性和权威性。

此外，专利无效宣告程序还具有限制原告扩大解释专利保护范围的重要作用，从而有利于被告的不侵权抗辩。根据最高人民法院《关于审理侵犯专利权纠纷案件应用法律若干问题的解释》第 3 条规定，人民法院对于权利要求，可以运用说明书及附图、权利要求书中的相关权利要求、专利审查档案

进行解释。而依据最高人民法院《关于审理侵犯专利权纠纷案件应用法律若干问题的解释（二）》第6条第2款规定，专利审查档案包括**专利审查、复审、无效程序中专利申请人或者专利权人提交的书面材料**，国务院专利行政部门制作的审查意见通知书、会晤记录、口头审理记录、生效的专利复审请求审查决定书和专利权无效宣告请求审查决定书等。

在专利无效宣告程序中，专利权人为了使专利保持有效，有时不得不援引在先技术对涉案专利提出限缩性的解释。根据上述司法解释的规定，专利权人在无效程序中的解释可以在专利侵权诉讼中被法院用于对权利要求进行解释，这不仅限制了原告为了主张侵权而扩大解释专利的保护范围，有时也会限制原告主张等同侵权的可能性，为被告提供了更为有利的抗辩条件。

本案中，B公司也及时地对A公司发起了专利无效宣告请求，但B公司连续提起三次无效宣告请求，历经提起无效宣告请求、撤回，再提起、再撤回的曲折经历后，在第三次才成功将涉案专利宣告无效。事实上，在面对专利权较为稳定的专利时，提出专利无效宣告请求往往难以一击而中。因此，对于重大复杂的专利侵权案件，坚持不懈地发起专利无效宣告请求，冲击涉案专利权的稳定性，是至关重要且不可或缺的策略。在此过程中，极致专业的代理团队以及必要的耐心，是实现最终胜利的关键因素，能够为被告在专利侵权诉讼中争取到更为有利的诉讼地位和结果。

防水行业天价侵权案，一场来自美国技术垄断企业的精心恫吓

——美国某化学材料公司与江苏某建材公司、北京某建筑工程公司侵害发明专利权纠纷案

➢ 案件导航

防水建材　美国　百年企业　材料工程领域　七千万侵权诉讼标的

涉案专利无效　北京知产法院　最高法院　四年

➢ 案件亮点

本案以7000万元索赔额创下当时国内防水建材行业专利诉讼之最，完整演绎了“以无效破侵权”的攻防艺术。2019年，一家拥有近200年历史的全球建材巨头以100万元侵权索赔发起诉讼，却在一年后将索赔金额飙升至7000万元，意图通过“诉讼突袭”压制中国企业，以专利大棒遏制竞争对手崛起。面对高压，该中国企业采取“双轨制”反击：在侵权诉讼尚未开庭时，率先启动专利无效程序直击权利根基；首次无效虽遭维持，但经过细致准备，于2021年发起二次无效宣告，通过教科书、国家标准等构建公知常识的证据链，结合行业技术发展脉络，成功揭露涉案专利创造性缺陷，最终促使国家知识产权局于同年10月宣告涉案专利权全部无效。这一决定迫使原告公司在五日内紧急撤回天价专利侵权诉讼，且在后续专利无效的行政诉讼中

再遭败绩。本案展现了“程序对抗”的战略价值，即被告以两次无效宣告构筑时间壁垒，将战场从侵权判定转向专利稳定性审查，最终以行政确权反制民事索赔。

产业背景

一、产业发展情况

建筑防水材料是现代建筑必不可少的功能性建筑材料，是保证建筑物防止雨水侵入、地下水等水分渗透的主要屏障，下游客户的主要行业为房地产与基建，广泛应用于房屋建筑、高速铁路、高速公路和城市道桥、地铁及城市轨道、机场、地下管廊、地下空间和水利设施等领域。

建筑防水材料产品主要有两大类，防水卷材和防水涂料：（1）防水涂料抗撕拉性、耐老化性较差，主要用于厨房、卫生间等立体墙面，或是作为防水卷材的辅助使用。（2）防水卷材是一种可卷曲成卷状的柔性建材产品，具有良好的耐水性、一定的柔韧性和抗老化性，其中高分子卷材的技术要求及防水性能相对更高、盈利性更好，主要用于地基、屋面、隧道、桥梁等对防水质量要求较高的领域。

建筑防水材料行业（以下简称**防水行业**）的发展与经济发展大环境息息相关。而自改革开放以来，我国国民经济保持了快速发展的势头，经济的持续较高速度增长为房地产开发建设、基础设施建设等行业提供了充足的发展空间，以房地产为例，从 2010 年到 2020 年的十年时间里，每年我国新开工房屋面积均超过 15 亿平方米，且从 2015 年开始每年新开工房屋面积均保持增长，到 2019 年，每年新开工房屋面积已接近 23 亿平方米（见图 2－1）。

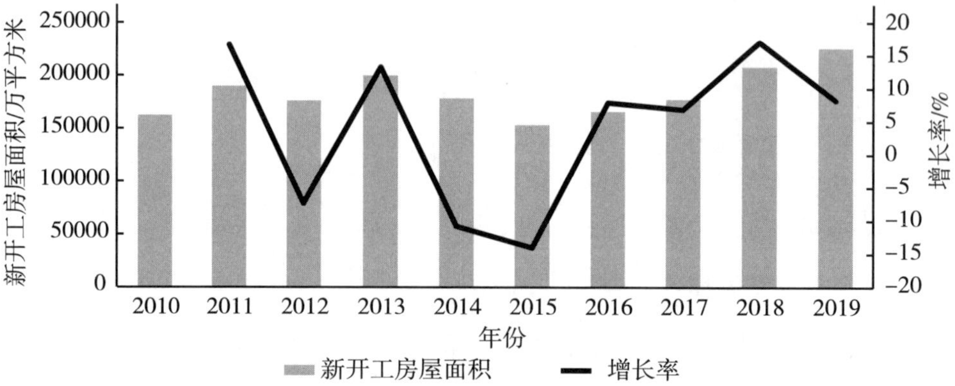

图 2－1　2010—2019 年我国新开工房屋面积及增长率

资料来源：国家统计局网站。

同时，根据不同时期防水行业所处的不同发展阶段，我国政府在产业政策上一直给予积极鼓励和引导。防水行业在前期存在众多小规模、无生产许可证的“作坊式”生产企业，产品质量参差不齐，恶性竞争频发。为规范和促进市场健康发展，2013 年工业和信息化部制定了《建筑防水卷材行业准入条件》，对各类新建防水卷材项目单线产能规模提出了最低要求。2016 年 5 月，国务院办公厅发布《关于促进建材工业稳增长调结构增效益的指导意见》，提出建材工业实现转型升级健康发展，要抓住产能过剩、结构扭曲、无序竞争等关键问题，在供给侧截长补短、压减过剩产能，有序推进联合重组，增强企业创新能力。

传统的建筑防水材料是以沥青这样的高耗能、污染大的材料作为主要原料，其缺乏可持续性。2014 年，国务院发布《国家新型城镇化规划（2014—2020)》，提出城镇绿色建筑占新建建筑比重将从 2012 年的 2% 提升到 2020 年的 50%，绿色建筑规划带动新型建材产业发展，也对防水材料等建材的环保性提出更高的要求，传统的沥青卷材逐渐被性能更好的改性沥青防水卷材所取代。近年来，高分子防水卷材也逐步兴起，材料安全环保，耐用性高且可回收重复利用，成为防水卷材的主流发展方向。

因此，从2010年到2020年这十年，在国家产业政策的支持、建筑业和房地产业发展的带动下，我国防水行业市场获得了巨大的发展机遇：

一是市场总产量实现巨大跃升。中国建筑防水协会数据显示，从2010—2020年，我国主要建筑防水材料的总产量从10.31亿平方米增长到37.75亿平方米，年均增长率约13.86%。到2020年，建筑防水材料中防水卷材产量占比为69.57%。

二是行业企业规模、主营收入以及行业市场集中度等显著提高。2011年至2015年的五年间，行业主营业务收入年均增长率13.87%，年销售收入超过10亿元的企业达到8家，行业前50位企业的市场占有率超过35%①；从2016年至2020年的五年间，行业规模以上企业数量增加了45.77%；规模以上企业营业收入年均增长10.39%，利润总额年均增长13.83%。②

二、案件当事人情况

国内防水行业的高速发展及防水材料的技术升级，严重侵蚀了国外防水材料生产企业在中国的利润和市场份额，本案正是发生在2020年我国防水行业发展的高点，一家美国建筑防水材料巨头不甘心技术垄断被打破，针对我国防水行业领先企业发起的专利诉讼。

美国某化学材料公司（以下简称**A公司**）是全球领先的建材产品供应商，由一家超过170年历史的全球领先的特种化学和材料公司的建材产品部门及包装技术部门重组后创立。A公司拥有超过50年的行业专业知识积累、将近3000名员工，为全球110多个国家的客户提供服务，在100个国家拥有分支机构，六大洲50多个国家拥有制造、研发和技术服务网点，产品遍及全球诸多著名的地标建筑。

A公司在20世纪90年代初发明并投入使用了预铺反粘防水施工技术，

---

① 参见《建筑防水行业“十三五”发展规划》，2016年12月20日中国建筑防水协会通过。

② 参见《建筑防水行业“十四五”发展规划和二〇三五年远景目标》，2023年8月1日中国建筑防水协会通过。

经过 20 多年的工程实践，技术不断完善，为解决地下防水工程的渗漏水问题提供了新方法。该项技术由于其先进的防水理念、简便的施工工艺和优异的防水效果，逐渐成为行业主流技术，在由 A 公司于 2004 年引入中国后，现已列入国家标准《地下工程防水技术规范（GB 50108 - 2008）》和住建部 2010 年颁布的《建筑业 10 项新技术》之防水技术中。

A 公司配套预铺反粘施工技术所研制的高分子自粘胶膜防水卷材，是一款理想的地下室防水材料，但价格高昂。为打破 A 公司坚固的技术壁垒，近十年国内的防水企业也开始研发相关技术并广泛地推广应用。

江苏某建材公司（以下简称 **B 公司**）于 2010 年左右在江苏成立，专注于新型建筑防水材料的研发、制造与销售。经过十余年的发展，B 公司已经成长为一家集防水材料研发、制造、销售及施工服务于一体的国家高新技术企业，产品涵盖高分子防水卷材、沥青基防水卷材、防水涂料等，成为建筑防水行业领军企业。

为聚焦高分子防水材料在国内的技术空白，B 公司组建技术研发中心开展技术攻坚。经过大量艰苦的摸索，B 公司自主设计生产线，率先在国内突破高分子自粘胶膜生产及其应用技术难题，推出一款高分子自粘胶膜防水卷材。作为我国自主研发生产的第一款预铺式高分子自粘胶膜防水卷材，该产品不仅价格远低于国际厂商，且通过预铺反粘技术取消了底板防水时的保护层，节约了造价和工期，综合性价比远高于传统防水材料和工法。

北京某建筑工程公司，是一家以从事土木工程建筑业为主的企业，在工程建设过程中使用了 B 公司生产的高分子自粘胶膜防水卷材。

B 公司打破了国外厂商在高端建筑防水材料领域的垄断，对 A 公司的中国市场构成较大威胁。A 公司以侵犯专利权为由对 B 公司提起了专利侵权诉讼，并由此开启了双方之间历时多年的专利攻防战（涉案三方当事人之间的法律关系见图 2 - 2）。

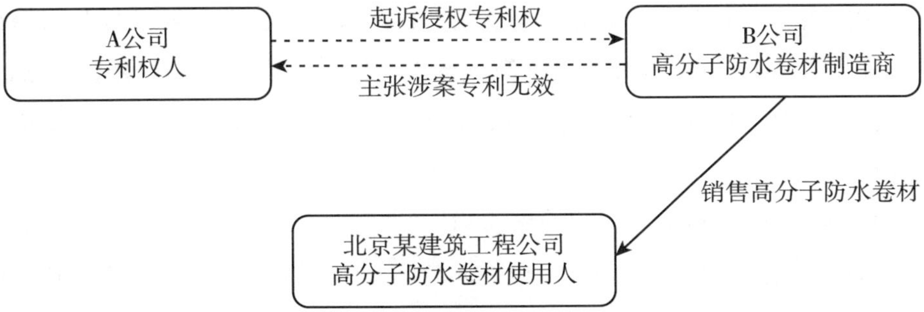

图 2－2　本案三方当事人之间的法律关系

案件大事记

本案前后共历时近四年，主要过程如图 2－3 所示。

图 2－3　案件大事记

2019 年 11 月 18 日，A 公司向北京知识产权法院起诉，主张 B 公司销售的产品侵害 A 公司专利权（以下简称**涉案专利**），要求立即停止侵权行为，并赔偿因侵权行为所产生的经济损失及合理费用共计 100 万元（以下简称**专利侵权案**）。

2019 年 11 月 20 日，针对涉案专利，B 公司向国家知识产权局提出无效宣告请求，请求宣告 A 公司的涉案专利权利要求全部无效（以下简称**第一次专利无效**）。

2020 年 7 月 6 日，针对 B 公司提起的第一次专利无效，国家知识产权局举行口头审理。

2020 年 11 月 27 日，针对专利侵权案，A 公司向北京知识产权法院提交变更诉讼请求申请书，将主张赔偿的 100 万元金额变更为主张赔偿 7000 万元。

2020 年 11 月 30 日，由于 A 公司大幅提升在专利侵权案中主张的赔偿额，B 公司董事会发布《关于公司诉讼的公告》，且截至该公告日，专利侵权案尚未开庭审理。

2020 年 12 月 10 日，针对 2019 年 B 公司提起的专利无效，国家知识产权局作出无效宣告审查决定，维持涉案专利的专利权有效。

2021 年 4 月 14 日，针对涉案专利，B 公司再次向国家知识产权局提起专利无效，请求宣告 A 公司的涉案专利权利要求全部无效（以下简称**第二次专利无效**）。

2021 年 6 月 11 日，针对 B 公司提起的第二次专利无效，A 公司向国家知识产权局提交了意见陈述书，**并修改了专利权利要求书**。

2021 年 10 月 21 日，国家知识产权局就专利无效案作出审查决定，决定宣告涉案专利全部无效。

2021 年 10 月 26 日，A 公司撤回专利侵权案的起诉。

2022 年 3 月 2 日，北京知识产权法院受理 A 公司因不服专利无效案的审查决定而提起的行政诉讼（以下简称**专利无效行政诉讼**）。

2023 年 4 月 25 日，北京知识产权法院针对专利无效行政诉讼作出一审判决，驳回 A 公司的诉讼请求。

专利侵权案

一、案件信息

一审原告：A 公司。

一审被告一：B 公司。

一审被告二：北京某建筑工程公司。

案由：侵害发明专利权纠纷。

一审法院：北京知识产权法院。

涉案专利：一种可用于生产自粘胶膜防水卷材的技术，该专利共 8 项权利要求（权利要求 1—8）。

本案一审程序审理期间，因涉案专利被宣告无效，A 公司向北京知识产权法院申请撤回起诉。北京知识产权法院认为，原告 A 公司提交的撤诉申请系真实意思表示，未违反相关法律规定，裁定准许 A 公司撤回起诉。

二、各方核心主张及观点

A 公司作为原告，认为 B 公司、北京某建筑工程公司以生产经营为目的，制造、销售和许诺销售的高分子自粘胶膜预铺防水材料，侵害了 A 公司涉案专利的专利权，要求立即停止侵权行为，并要求 B 公司与北京某建筑工程公司共同赔偿因侵权行为所产生的经济损失及合理费用共计 100 万元。

A 公司起诉后 2 个多月，向北京知识产权法院提交变更诉讼请求申请，申请将原民事起诉状中的诉讼请求“请求判令二被告共同赔偿因其侵权行为给原告带来的经济损失以及原告为制止其侵权行为而支出的合理费用共计人民币 **100 万元**”，变更为“请求判令二被告共同赔偿因其侵权行为给原告带来的经济损失以及原告为制止其侵权行为而支出的合理费用共计人民币 **7000 万元**”。变更的理由是，A 公司及时发现了新的被告的专利侵权损害赔偿证据，具体如下：

1. B 公司：2014 年 1 月至 2017 年 6 月审计报告；

2. B 公司：首次公开发行股票并在创业板上市招股说明书；

3. B 公司：2017 年年报（更新后）；

4. B 公司：2018 年半年报；

5. B 公司：2018 年年报；

6. B 公司：2019 年半年报；

7. B 公司：2019 年三季度报告；

8. 公证书：被告二北京某建筑工程公司的官网网页；

9. 公证购买和检测、网页公证费用和北京市政府诉讼服务费指导标准等相关证据。

A 公司认为，以上这些新证据足以支持计算出被告实施侵权行为给原告造成的损失和原告为制止被告侵权行为而支出的合理费用的总和要高于 7000 万元人民币，但未给出具体的计算说明和依据。

B 公司作为被告辩称，原告主张缺乏事实与法律依据，应依法驳回其全部诉讼请求。

专利无效案

一、案件信息

专利权人：A 公司。

无效宣告请求人：B 公司。

请求宣告无效的专利：与专利侵权案中的涉案专利一致。

本次专利无效程序是本案第二次专利无效，即 2021 年 4 月 14 日，针对涉案专利，B 公司向国家知识产权局提出的无效宣告请求。

经审查，国家知识产权局作出决定，宣告涉案专利的专利权全部无效。

二、各方核心主张及观点

B 公司作为请求人认为，涉案专利全部权利要求均不符合《专利法实施细则》第43条第1款[①]关于分案不能超出原申请记载范围的规定；涉案专利全部权利要求均不具备创造性；基于上述理由，请求宣告涉案专利权利要求全部无效。为此，B公司提交了13项证据，并明确以证据1、证据5或证据6作为最接近的现有技术：

证据1：CN19××××6A，公开日为2007年5月9日；

证据2：US67××××4B2，公开日为2004年6月8日，及其中文译文10页；

证据3：WO03×××××7A1，公开日为2003年7月24日，及其全文中文译文；

证据4：CN26××××4Y，公开日为2004年8月11日；

证据5：CN14××××2A，公开日为2003年11月5日；

证据6：CN27××××2Y，公开日为2005年7月13日；

证据7：《建筑装饰与物理环境》，彭克伟等主编，天津科学技术出版社，2006年1月印刷；

证据8：《建筑装饰材料基础》，郝书魁主编，同济大学出版社，1996年1月出版；

证据9：《建筑装饰材料》，哈尔滨建筑大学等编，中国建材工业出版社，1998年1月出版；

证据10：国家标准《CBT23457－2009预铺湿铺防水卷材》，2009年3月28日发布；

证据11：国家标准《CBT－17749－2008白度的表示方法》，2008年5月4日发布；

证据12：国家标准《CBT－5950－2008建筑材料与非金属矿产品白度测量方法》，2008年5月4日发布；

证据13：CN102××××39A，本专利母案的公开文本。

① 2023年《专利法实施细则》修正后本条已变为第49条，下同。

A公司作为专利权人修改了权利要求书：（1）将授权文本中的权利要求1删除；（2）权利要求2重新编号为权利要求7；（3）权利要求3重新编号为权利要求1；（4）根据上述调整同步修改权利要求4—8的编号和引用关系。

根据各方当事人的诉辩主张，本案争议焦点为：（1）涉案专利的权利要求是否超出了原申请记载的范围；（2）涉案专利权利要求1是否具备创造性；（3）涉案专利权利要求2—6是否具备创造性。

（一）关于涉案专利的权利要求是否超出了原申请记载的范围

1. 权利要求1—7中“压敏粘合剂层具有至少75μm的平均厚度”的特征是否超出了原申请记载的范围。

国家知识产权局认为：

在涉案专利母案说明书的记载中，压敏粘合剂层不仅有厚度下限，也有厚度的上限。**涉案专利修改后的权利要求1中**，将压敏粘合剂层的厚度限定为“具有至少75μm且不大于375μm的平均厚度”，**该修改已经克服了权利要求1没有以母案为依据限定压敏粘合剂层厚度上限的缺陷**。

同时，涉案专利母案公开的压敏粘合剂平均厚度最大范围是75—500μm，同时公开了其中100μm、125μm、300μm、350μm、375μm、400μm的点值，**专利权人在上述数值范围内已经具体公开的点值间选择最终要求保护的范围，符合《专利审查指南》第2部分第8章第5.2.2.1节关于权利要求书修改的规定**。因此，对于请求人提出的“专利权人对权利要求的上述修改是将原申请中的多个保护范围进行了二次概括，属于超范围的修改”的观点，不予支持。

2. 权利要求1—7中“所述反射性的无机粒子具有等于或大于压敏粘合剂层的平均厚度的平均直径，并且具有大于55%的白度值”的特征是否超出了原申请记载的范围。

国家知识产权局认为：

涉案专利母案申请的原始说明书第［0028］、［0032］段中已经明确记载放射性无机粒子具有大于55%的白度值是指反射性的无机粒子平铺并大部分覆盖压敏粘合剂外表面后新形成的反射性表面具有大于55%的白度值。**基于“直接地、毫无疑义确定”的判断原则**，本领域技术人员可以确定权利要求1中“所述反射性的无机粒子具有等于或大于压敏粘合剂层的平均厚度的平均直径，并且具有大于55%的白度值”上述内容未超出原申请记载的范围。

3. 关于修改后的权利要求7中“仍未对压敏粘合剂层厚度的上限进行限定”。

国家知识产权局认为：

在涉案专利母案说明书已明确限定压敏粘合剂层厚度上下限的情况下，**专利权人删除其上限特征后撰写的权利要求7不符合《专利法实施细则》第43条第1款的规定**。

（二）关于涉案专利权利要求1是否具备创造性

B公司作为请求人主张，权利要求1保护一种防水膜，以证据1为最接近的现有技术，权利要求1相对于证据1、证据2、证据3和公知常识的结合不具备创造性。

A公司作为专利权人认为，以证据1为最接近的现有技术，权利要求1与证据1的区别特征是，所述防水膜具有由白水泥颗粒限定的外暴露表面，所述白水泥颗粒的直径等于或大于所述PSA层的厚度并且覆盖所述PSA层的外暴露表面的70%至100%，使得所述防水膜无须可移除的防粘层，同时仍能粘结到浇筑在无机粒子上的混凝土上。证据1—4和公知常识证据7—10中没有任何一者教导或启示了权利要求中所限定的上述特征组合。因此，权利要求1相对于上述证据结合方式具备创造性。

➢ **对此，国家知识产权局认为：**

权利要求1与证据1的区别特征在于：

（1）区别特征一，所述反射性的无机粒子具有等于或大于压敏粘合剂层的平均厚度的平均直径；

（2）区别特征二，反射性无机粒子以70%—100%的比例粘附于压敏粘合剂表面，具有大于55%的白度值；

（3）区别特征三，反射性无机粒子包括碎的白水泥。

权利要求 1 相对于证据 1 实际解决的技术问题是，获得紧贴其表面强结合力至混凝土浇筑件的（特别是在膜已经暴露于阳光之后），以及不需要在工作场去除和处置的防粘层的防水膜。

针对区别特征一，证据 2 公开了在粘合剂层表面设置颗粒层，并且颗粒层的颗粒粒径等同于或大于粘合剂层厚度的技术特征，并且，**其在证据 2 中所起的作用与其在涉案专利中所起的作用相同**，均是利用大粒径的颗粒在粘合剂层和其他层之间形成间隔，由此无须可除去的防粘层即可避免粘合剂层和其他层产生粘连，因此，**在证据 2 的启示下，本领域技术人员有动机**在证据 1 中选择颗粒的粒径等同于或大于压敏粘合剂层厚度，由此，仅依靠大粒径的颗粒层即可实现抗粘连效果，而省略防粘层。

针对区别特征二和三，证据 1 公开了颗粒辊压在粘合剂层可以降低粘性并保护粘合剂层免受阳光侵袭，证据 3 公开了在防水材料表面嵌入白色颗粒，限定白色颗粒的覆盖率 95% 以上，并且颗粒的平均反射率可以在 70%—95%，特别是颗粒对于波长 2900—4500A 的光线的反射率至少 50% 的技术信息。并且，**白色颗粒在证据 3 中所起的作用与颗粒在涉案专利及证据 1 中的作用相同**，均是利用高反射率的白色颗粒对太阳光线，特别是紫外光线进行反射，从而提高防水材料的耐候性。

由此可见，在证据 1 公开了水泥颗粒作为保护层、证据 3 公开了白色颗粒具备高反射率的基础上，已经足以使本领域技术人员得出使用高反射率的白水泥颗粒以解决紧贴粘合剂表面的强结合力以及避免膜大面积暴露于阳光下的技术启示，结合证据 2 给出的防水膜粒径选择原则以及本领域已知的白水泥具有更好的光反射性（参见证据 9《建筑装饰材料》），**本领域技术人员在证据 1 的基础上，结合证据 2、证据 3 的教导和本领域公知常识得出权利要求 1 的技术方案是显而易见的**，权利要求 1 不具备《专利法》第 22 条第 3 款规定的创造性。

（三）关于涉案专利权利要求 2—6 是否具备创造性

国家知识产权局认为：

权利要求 2 的附加技术特征已经被证据 3 所公开。

权利要求 3 进一步限定了载体片的材料选择，其附加技术特征已经被证据 1 所公开，而**未公开的乙烯－烯烃共聚物等也属于本领域常用的载体材料**。

权利要求 4 进一步限定乙烯－烯烃共聚物是乙烯－丙烯共聚物；综上所述，乙烯－烯烃共聚物是本领域常用的塑料薄膜材料，本领域技术人员也有动机选择其中乙烯－丙烯共聚物作为载带支承片材，且**涉案专利说明书未记载该选择产生了任何预料不到的技术效果**。

权利要求 5 进一步限定无机粒子可以包含另外的添加剂。**本领域技术人员公知，在无机粒子中掺入其他添加剂，例如胺类抗氧剂，苯并三唑类紫外线吸收剂等，以进一步提高防水膜的抗氧化、防紫外线性能等是本领域的惯用手段**。

权利要求 6 进一步限定反射无机粒子包括磨碎的水化白水泥。**水化的水泥是常用的水泥形式**，因此，本领域技术人员有动机选择完全水化或部分水化的白水泥、或其混合物，**该选择也没有取得任何预料不到的技术效果**。

综上，在引用的权利要求 1 不具备创造性的情况下，权利要求 2—6 也不具备创造性。

专利无效行政诉讼

一、案件信息

上诉人（一审原告）：A 公司。

被上诉人（一审被告）：国家知识产权局。

一审第三人：B 公司。

一审法院：北京知识产权法院。

二审法院：最高人民法院。

被诉决定：2021 年 10 月 21 日，国家知识产权局作出的宣告 A 公司的涉案专利权利要求全部无效的审查决定。

一审程序中，A 公司不服被诉决定，向北京知识产权法院提起行政诉讼一审，请求法院撤销被诉决定，责令国家知识产权局重新作出决定。经审理，北京知识产权法院作出一审判决，驳回A公司的诉讼请求。

二、各方核心主张及观点

根据各方当事人的诉辩主张，在行政诉讼程序中，本案争议焦点为：（1）涉案专利权利要求7是否符合《专利法实施细则》第43条第1款的规定；（2）被诉决定是否遗漏认定涉案专利权利要求1与证据1的区别技术特征；（3）涉案专利权利要求1是否具备创造性；（4）涉案专利权利要求6是否具备创造性。

（一）关于涉案专利权利要求7是否符合《专利法实施细则》第43条第1款的规定

A公司作为专利权人认为，权利要求7记载的“至少75μm”的平均厚度范围并未超出涉案专利母案记载的范围，符合《专利法实施细则》第43条第1款的规定。

➢ **对此，北京知识产权法院认为：**

《专利法实施细则》第43条第1款规定：“依照本细则第四十二条规定提出的分案申请，可以保留原申请日，享有优先权的，可以保留优先权日，但是不得超出原申请记载的范围。”

由于权利要求7的技术特征中仅限定了压敏粘合剂层厚度下限，未记载无机粒子的直径，而压敏粘合剂层的可选原料多样，其厚度可以调节，且“防水膜以卷材形式供应”只是对防水膜供货方式的限定，并不能替代压敏粘合剂层厚度的限定。因此，在涉案专利母案说明书已明确限定压敏粘合剂层厚度上下限的情况下，被诉决定认定原告**删除其上限特征后撰写的权利要求7不符合《专利法实施细则》第43条第1款的规定**，结论正确，依法应予支持。

（二）关于涉案专利权利要求1与证据1的区别技术特征

A公司作为专利权人认为，证据1并未公开涉案专利权利要求1中的“所述防水膜不包括可除去的防粘层用于防止当膜被卷起时膜的粘合剂部分粘附到载体片上或膜的其他部分”“所述防水膜以卷形式供应，对于安装其是不可卷起的”“所述压敏粘合剂层具有外暴露表面”，被诉决定遗漏认定权利要求 1 与证据 1 的区别特征，并错误认定权利要求 1 实际要解决的技术问题。

➢ **对此，北京知识产权法院认为：**

被诉决定对权利要求 1 的区别技术特征认定无误，具体理由如下：

（1）对于涉案专利权利要求 1 中的“所述防水膜不包括可除去的防粘层用于防止当膜被卷起时膜的粘合剂部分粘附到载体片上或膜的其他部分”

本案中，根据证据 1 附图 3 公开的技术内容，证据 1 所述防水膜分为三层，不包括可除去的防粘层。

同时，证据 1 说明书明确记载了“可单纯地通过将颗粒辊压在外粘合层和/或外聚合物涂层上并将所述颗粒完全地或部分地嵌入其中，来制成保护涂层”，由此也可见证据 1 中涂层不包括防粘层。

据此，权利要求 1 上述特征已被证据 1 公开。

（2）对于涉案专利权利要求 1 中的“所述防水膜以卷形式供应，对于安装其是不可卷起的”

“防水膜以卷形式供应”是指防水膜在出售或运输时是成卷的，“对于安装其是不可卷起的”则是对防水膜使用状态的描述，而因防水膜平铺开时面积较大，故其通常也多以卷的形式提供以方便运输和施工，由于权利要求 1 系产品权利要求，**产品的运输、使用或存储不属于对产品的形状、构造或其结合的限定，被诉决定未将上述特征列为权利要求 1 与证据 1 的区别特征，并无不当。**

（3）对于涉案专利权利要求 1 中的“所述压敏粘合剂层具有外暴露表面”

证据 1 说明书明确记载“可单纯地通过将颗粒辊压在外粘合层和/或外聚合物涂层上并将所述颗粒完全地或部分地嵌入其中”，可见，证据 1 公开了保护涂层具有外暴露表面。据此，权利要求 1 上述特征已被证据 1 公开。

（三）关于涉案专利权利要求 1 是否具备创造性

A 公司作为专利权人认为，权利要求 1 具备创造性，核心理由是：

第一，被诉决定错误解读证据 2 教导的技术内容，且证据 1 与证据 3 中对于“沥青层”的使用的公开内容存在矛盾，本领域技术人员没有动机结合证据 3 的教导对证据 1 进行改造。

第二，现有技术没有对实现权利要求 1 所保护的膜的特征组合给出总体教导。

➢ **对此，北京知识产权法院认为：**

如被诉决定的认定，权利要求 1 与证据 1 的区别特征在于：①所述反射性的无机粒子具有等于或大于压敏粘合剂层的平均厚度的平均直径；②反射性无机粒子以 70%—100% 的比例粘附于压敏粘合剂表面，具有大于 55% 的白度值；③反射性无机粒子包括磨碎的白水泥。

首先，对于上述区别特征①。尽管证据 2 的确记载了“*在一个实施方式中，阻挡层22的颗粒24覆盖粘合表面20的约1%至约10%*”，但证据 2 在上述内容前还记载了“*颗粒24随机且均匀地分布在粘合剂层18的粘合表面20上……只要当从宏观上观察时，它们均匀地分散就足够了*”，可见，原告所强调的覆盖率“约 1% 至约 10%”只是一种实施方式，**证据 2 并非提供了相反的技术启示，其实际上提供了覆盖率可调的技术启示**。

另外，根据证据 2 的记载，证据 2 公开了在粘合剂层表面设置颗粒层，并且颗粒层的颗粒粒径等同于或大于粘合剂层厚度的技术特征，并且，**其在证据 2 中所起的作用与其在涉案专利中的作用相同，均是利用大粒径的颗粒在粘合剂层和其他层之间形成间隔，由此无须可除去的防粘层即可避免粘合剂层和其他层产生粘连**。

据此，被诉决定认定在证据 2 的启示下，本领域技术人员有动机在证据 1 中选择颗粒的粒径等同于或大于压敏粘合剂层厚度，仅依靠大粒径的颗粒层即可实现抗粘连效果而省略防粘层的做法，并无不当。上述区别特征对本领域技术人员而言是显而易见的。

其次，对于上述区别特征②③。证据1说明书明确记载了“压敏的不透水粘合层14可包括含沥青的粘合剂”，即证据1公开了压敏粘合剂层可以使用沥青。

本案中，证据1公开了颗粒辊压在粘合剂层可以降低粘性并保护粘合剂层免受阳光侵袭，证据3公开了在防水材料表面嵌入白色颗粒，限定白色颗粒的覆盖率95%以上，并且颗粒的平均反射率可以在70%—95%以上，特别是颗粒对于波长2900—4500的光线的反射率至少50%的技术信息。并且，**白色颗粒在证据3中所起的作用与颗粒在涉案专利及证据1中的作用相同，均是利用高反射率的白色颗粒对太阳光线，特别是紫外光线进行反射，从而提高防水材料的耐候性**。

综上，正如被诉决定所述，在证据1公开了水泥颗粒作为保护层、证据3公开了白色颗粒具备高反射率的基础上，已经足以使本领域技术人员得出使用高反射率的白水泥颗粒已解决紧贴粘合剂表面的强结合力以及避免膜大面积暴露于阳光下的技术启示，结合证据2给出的防水膜粒径选择原则以及本领域已知的白水泥具有更好的光反射性，被诉决定认定权利要求1相对于证据1与证据2、证据3和本领域公知常识的结合，不具备《专利法》第22条第3款规定的创造性，结论正确。

（四）关于涉案专利权利要求6是否具备创造性

权利要求6从属于权利要求1，其进一步限定反射无机粒子包括磨碎的水化白水泥。

A公司作为专利权人认为，现有证据不足以证明在防水膜涂层中使用磨碎的白水泥颗粒属于本领域技术人员容易想到的技术手段，故权利要求6具备创造性。

➢ **对此，北京知识产权法院认为：**

证据1公开了水泥颗粒作为保护层，证据3公开了白色颗粒具备高反射率，而**水化的水泥是常用的水泥形式，本领域技术人员有动机选择完全水化或部分水化的白水泥、或其混合物，该选择也没有取得任何预料不到的技术**

效果，被诉决定在权利要求 1 不具备创造性的情况下，进一步认定权利要求 6 也不具备《专利法》第 22 条第 3 款规定的创造性，结论正确。

疑难争议解析

一、专利侵权案件中损害赔偿额的计算规则及司法适用

本案中，A 公司于诉讼程序中主张的损害赔偿金额由初始的 100 万元变更为7000 万元，存在 70 倍的悬殊差额。该情形引发对专利侵权损害赔偿计算规则的系统性思考。根据我国现行专利法律体系，损害赔偿额的确定需严格遵循法定计算规则，且需要审慎处理诉讼请求变更的正当性基础。

（一）损害赔偿计算方法的法定顺位规则

《专利法》第 71 条规定：“侵犯专利权的赔偿数额按照权利人因被侵权所受到的实际损失或者侵权人因侵权所获得的利益确定；权利人的损失或者侵权人获得的利益难以确定的，参照该专利许可使用费的倍数合理确定。对故意侵犯专利权，情节严重的，可以在按照上述方法确定数额的一倍以上五倍以下确定赔偿数额。

“权利人的损失、侵权人获得的利益和专利许可使用费均难以确定的，人民法院可以根据专利权的类型、侵权行为的性质和情节等因素，确定给予三万元以上五百万元以下的赔偿。

“赔偿数额还应当包括权利人为制止侵权行为所支付的合理开支。

“人民法院为确定赔偿数额，在权利人已经尽力举证，而与侵权行为相关的账簿、资料主要由侵权人掌握的情况下，可以责令侵权人提供与侵权行为相关的账簿、资料；侵权人不提供或者提供虚假的账簿、资料的，人民法院可以参考权利人的主张和提供的证据判定赔偿数额。”

最高人民法院《关于审理专利纠纷案件适用法律问题的若干规定》第 14 条至第 16 条进一步就损失赔偿的计算方法进行细化规定。

第 14 条规定，权利人因被侵权所受到的实际损失可以根据专利权人的专利产品因侵权所造成销售量减少的总数乘以每件专利产品的合理利润所得之

积计算。权利人销售量减少的总数难以确定的，侵权产品在市场上销售的总数乘以每件专利产品的合理利润所得之积可以视为权利人因被侵权所受到的实际损失。

侵权人因侵权所获得的利益可以根据该侵权产品在市场上销售的总数乘以每件侵权产品的合理利润所得之积计算。侵权人因侵权所获得的利益一般按照侵权人的营业利润计算，对于完全以侵权为业的侵权人，可以按照销售利润计算。

第 15 条规定，权利人的损失或者侵权人获得的利益难以确定，有专利许可使用费可以参照的，人民法院可以根据专利权的类型、侵权行为的性质和情节、专利许可的性质、范围、时间等因素，参照该专利许可使用费的倍数合理确定赔偿数额；没有专利许可使用费可以参照或者专利许可使用费明显不合理的，人民法院可以根据专利权的类型、侵权行为的性质和情节等因素，依照专利法第六十五条①第二款的规定确定赔偿数额。

第 16 条规定，权利人主张其为制止侵权行为所支付合理开支的，人民法院可以在专利法第六十五条确定的赔偿数额之外另行计算。

最高人民法院《关于审理侵犯专利权纠纷案件应用法律若干问题的解释》第 16 条、最高人民法院《关于审理侵犯专利权纠纷案件应用法律若干问题的解释（二）》第 28 条也进一步细化了相关赔偿额主张的规定。

因此，关于专利侵权损害赔偿，现行法律体系以《专利法》第 71 条基础为构建了四层次计算模型。

（1）实际损失法

赔偿基数 = 专利产品减少的销量 × 专利产品单件合理利润

若权利人销售量减少的总数难以确认：

赔偿基数 = 侵权产品销量 × 专利产品单件合理利润

此方法体现了侵权损害"填平原则"的补偿性功能。

① 现行《专利法》第 71 条，下同。

（2）侵权获利法

赔偿基数＝侵权产品销量×侵权产品单件合理利润

此处，合理利润一般按照营业利润计算，对于**完全以侵权为业的侵权人**，按照销售利润计算。此方法体现了“不当得利返还”的法律思想。

（3）许可费倍数法

若实际损失法、侵权获利法均无法计算，有专利许可使用费可参照的：

赔偿基数＝专利许可使用费×合理倍数

此处，合理倍数的确定需综合考量专利权的类型（发明/实用新型/外观设计）、侵权行为的性质和情节、专利许可的性质（独占/排他/普通）、范围、时间等因素。

根据上述实际损失法、侵权获利法或许可费倍数法计算的赔偿额：

赔偿额＝赔偿基数×恶意侵权倍数＋合理开支

其中，恶意侵权倍数系法院根据恶意侵权的严重情节在1至5倍之间酌定；合理开支系权利人为制止侵权行为所支付的合理费用。

（4）法定赔偿法

若上述方法均无法计算，则：

赔偿额＝［3万元，500万元］

具体赔偿额根据专利权的类型（发明/实用新型/外观设计）、侵权行为的性质和情节等因素确定。

（二）赔偿计算方法的竞合选择规则

《专利法》第71条第1款将专利侵权赔偿计算的实际损失法和侵权获利法的优先级并列，那么，当实际损失与侵权获利两种方法产生数额差异时，应如何确定赔偿额的计算方法呢？

参考北京市高级人民法院《关于侵害知识产权及不正当竞争案件确定损害赔偿的指导意见及法定赔偿的裁判标准》第1.2条的规定：当事人应当按照权利人的实际损失、侵权人的获利、许可使用费、法定赔偿的顺序，提出具体的赔偿计算方法。当事人选择后序赔偿计算方法的，可以推定前序赔偿计算方法难以确定赔偿数额，但有相反证据的除外。当事人还可以依据协商一致的其他合理方式提出具体的赔偿计算方法。

因此，司法实践中多遵循"有利于权利人"的司法政策导向，以实际损失赔偿作为专利侵权损害赔偿的首要原则，即当实际损失法计算的数额高于侵权获利法计算的数额时，权利人可按照实际损失法主张；当实际损失法计算的数额低于侵权获利法计算的数额时，权利人可以直接按照侵权获利法计算的数额主张，此时推定实际损失法的计算方法不可行，除非被控侵权人有相反证据可以证明实际损失法能够明确计算，但这在实践中几乎是不可能的。

（三）合理开支的认定标准与证明规则

关于何种费用可以被认定为权利人为制止侵权行为而支付的合理开支，现行法律及司法解释中尚无明文规定。

在全国法院知识产权审判工作会议上有观点提出，要合理确定权利人因维权支付的开支，只要有关开支**具有合理性和必要性**并且**已经实际发生**，都可以纳入赔偿范围。因此，在司法实践中，计算合理费用时，既要审查费用的合理性，又要审查费用的必要性：通常有必要性的开支项目一般包括律师费、差旅费、公证费、鉴定费、购买侵权产品费用等；同时需要考虑上述开支项目金额的合理性，例如参考司法行政机关制定的收费标准，审查律师费与服务内容的匹配度等。

对于当事人需要承担的关于"合理开支已经实际发生"的举证责任，该举证责任需要到何种程度，例如，是否必须全部有票据呢?

在最高人民法院（2007）民三终字第 3 号侵权专利权纠纷案中，最高人民法院认为，"权利人为调查、制止侵权行为所支付的各种开支，只要是合理的，都可以纳入赔偿范围。**这种合理开支并非必须要有票据一一予以证实**，人民法院可以根据案件具体情况，在有票据证明的合理开支数额的基础上，考虑其他确实可能发生的支出因素，在原告主张的合理开支赔偿数额内，综合确定合理开支赔偿额"。该案的裁判要旨确立了对合理开支已实际发生的证明采取"票据证明 + 合理推定"的规则。可见，在司法实践中法院计算合理开支时，会充分考虑实际情况，采取比较务实的做法。

二、无效宣告程序中权利要求修改的规范边界及司法裁量

在本案所涉无效宣告程序中，专利权人对涉案专利的权利要求书进行了相应修改，由此引发请求人与专利权人之间就权利要求修改是否合乎规定产生争议。对此，以下将对无效宣告程序中专利权人修改权利要求的相关问题展开深入分析。

《专利法实施细则》第 73 条规定："在无效宣告请求的审查过程中，发明或者实用新型专利的专利权人可以修改其权利要求书，但是不得扩大原专利的保护范围。国务院专利行政部门在修改后的权利要求基础上作出维持专利权有效或者宣告专利权部分无效的决定的，应当公告修改后的权利要求。

"发明或者实用新型专利的专利权人不得修改专利说明书和附图，外观设计专利的专利权人不得修改图片、照片和简要说明。"

进一步而言，《专利审查指南》第 4 部分第 3 章第 4.6.1 节指出："发明或者实用新型专利文件的修改仅限于权利要求书，且应当针对无效宣告理由或者合议组指出的缺陷进行修改，其原则是：

（1）不得改变原权利要求的主题名称。

（2）与授权的权利要求相比，不得扩大原专利的保护范围。

（3）不得超出原说明书和权利要求书记载的范围。

（4）一般不得增加未包含在授权的权利要求书中的技术特征。

外观设计专利的专利权人不得修改其专利文件。"

此外，《专利审查指南》第 4 部分第 3 章第 4.6.2 节进一步细化，在满足上述修改原则的前提下，修改权利要求书的具体方式一般限于权利要求的删除、技术方案的删除、权利要求的进一步限定、明显错误的修正。

从上述规定不难看出，基于权利要求书的公示作用，以及社会公众的信赖保护原则，无效宣告程序中对专利权利要求的修改方式进行了严格限制。然而，值得注意的是，《专利审查指南》第 4 部分第 3 章第 4.6.1 节所规定的权利要求修改原则之一为"一般不得增加未包含在授权的权利要求书中的技

术特征”，那么，在何种情形下不属于“一般”情况呢？换言之，无效宣告程序中是否存在着对权利要求书采取“增加未包含在授权的权利要求书中的技术特征”这种修改方式的情形？

例如，在（2011）知行字第 17 号案中，该案涉及的发明专利，其授权的权利要求 1 为“一种复方制剂，其特征在于该制剂是以重量比组成为 1：10—30 的氨氯地平或氨氯地平生理上可接受的盐和厄贝沙坦为活性成分组成的药物组合物”；专利权人在无效程序中将涉案专利权利要求 1 中的配方比例“1：10—30”修改为“1：30”。该特定比例的技术特征“1：30”未包含在授权的权利要求书中，那么，上述修改是否可被接受呢？

最高人民法院在（2011）知行字第 17 号案中作出认定：“1：30”的比值是专利权人**在原说明书中明确推荐的最佳剂量比，将权利要求修改为 1：30 既未超出原说明书和权利要求书记载的范围，更未扩大原专利的保护范围，**不属于相关法律对于修改进行限制所考虑的要避免的情况。**如果仅以不符合修改方式的要求而不允许此种修改，使得在本案中对修改的限制纯粹成为对专利权人权利要求撰写不当的惩罚，缺乏合理性**。况且，《专利审查指南》规定在满足修改原则的前提下，修改方式一般情况下限于前述三种，**并未绝对排除其他修改方式**。因此最高人民法院支持将“1：10—30”修改为“1：30”。

（2011）知行字第 17 号案确立的裁判要旨指出：当修改同时满足（1）技术特征源于说明书明确记载；（2）未扩大保护范围；（3）符合发明实质这三个要件时，可突破“禁止增加技术特征”的修改形式限制。

再如，在国家知识产权局（原专利复审委）于 2014 年关于“具有分化和抗增殖活性的苯甲酰胺类组蛋白去乙酰化酶抑制剂及其药用制剂”发明专利权无效宣告请求案作出的第 24591 号无效宣告请求审查决定中，针对专利人对权利要求作出的修改——将权利要求 1 中的马库什通式（Ⅰ）化合物修改为实施例 2 记载的具体化合物（该具体化合物在通式Ⅰ范围内，但并未在权利要求中予以保护），予以支持。

国家知识产权局认为，尽管专利权人对权利要求 1 所作的上述修改不属于并列技术方案的删除，但是，**修改后的具体化合物不仅在专利说明书中有明确记载，而且其属于本专利的发明核心所在。如果允许专利权人进行上述修改，则能够更加充分地体现专利制度鼓励发明创造的立法本意，并且有助于专利确权程序在评判专利的技术贡献时聚焦发明实质**；同时，**鉴于修改后的具体化合物在专利说明书中已被作为专利核心内容公开并在其保护范围之内，允许上述修改也不会带来公示性方面的问题**；因此，上述修改并不违背专利审查指南对修改方式进行限制的初衷，应可以作为例外情形而被接受。

国家知识产权局在第24591号无效宣告决定中的审查，体现了“技术贡献匹配”审查标准：（1）公示性检验，修改后的化合物属于说明书实施例明示的核心技术方案；（2）实质正义考量，避免因撰写瑕疵否定实际技术贡献；（3）制度功能实现，通过“说明书支持”和“保护范围限缩”的双重机制，平衡专利权人利益与社会公共利益。

综上，参考上述司法实践，对于权利要求修改时“增加未包含在授权的权利要求书中的技术特征”的例外情形，若增加的技术特征在说明书中有明确记载，属于本专利的发明核心所在，且增加技术特征后未扩大原权利要求的保护范围，在不违反其他规定的情况下，出于尊重鼓励发明创造的立法本意，国家知识产权局和法院有较大可能允许上述例外情形。这既维护了专利文件的公示公信效力，又避免了机械适用形式要件导致的制度功能异化，彰显了知识产权法律体系鼓励技术创新的价值导向。

三、“直接地、毫无疑义地确定”的判断原则

本案中，国家知识产权局基于“直接地、毫无疑义地确定”的判断原则，认为本领域技术人员可以确定权利要求1中“所述反射性的无机粒子具有等于或大于压敏粘合剂层的平均厚度的平均直径，并且具有大于55%的白度值”上述内容未超出原申请记载的范围。那么，何为“直接地、毫无疑义地确定”的判断原则？又如何认定符合该原则呢？

我国《专利法》第33条规定，申请人可以对其专利申请文件进行修改，但是，对发明和实用新型专利申请文件的修改不得超出原说明书和权利要求

书记载的范围，对外观设计专利申请文件的修改不得超出原图片或者照片表示的范围。

参考《专利审查指南》第1部分第2章第8节的规定，如果申请人对申请文件进行修改时，加入了所属技术领域的技术人员不能从原说明书和权利要求书中**直接地、毫无疑义地确定**的内容，这样的修改被认为超出了原说明书和权利要求书记载的范围。

因此，“直接地、毫无疑义地确定”的判断原则，来源于对专利申请文件进行修改时，用于判断修改的内容是否超出原说明书和权利要求书记载的范围的判断标准。那么，根据《专利审查指南》的规定，以及现行案例中的司法实践，可以总结如下判断要点供参考：

（1）**基于领域的基本原理或技术固有的内在联系确定**：虽然原始申请文件没有直接的文字记载，但所属领域的技术人员在阅读该申请文件后，基于该领域的基本原理或技术上固有的内在联系，能够确定某技术特征是客观存在的，则该技术特征应当属于所属领域技术人员根据说明书和权利要求书能够直接、毫无疑义确定的内容。

（2）**技术术语替换的确定**：当用一个新的技术术语替换原始提交的申请文本中的技术术语时，如果替换前后的技术术语在含义上相同，或者本领域技术人员根据原始申请文件的内容足以确定，该术语相比原技术术语更加准确地表述了原始说明书和权利要求书公开的信息，则该修改内容属于所属领域技术人员根据说明书和权利要求书能够直接、毫无疑义确定的内容。

（3）**运用普通技术常识的确定**：在全面理解原始申请文件的基础上，所属领域技术人员运用其领域的普通技术常识，能够认定所解读出的信息与修改后的信息一致，则该修改内容属于所属领域技术人员根据说明书和权利要求书能够直接、毫无疑义确定的内容。

（4）**从多个下位概念或实施例概括为上位概念的确定**：申请人在原始申请文件中记载的多个下位概念或实施例的基础上，将其概括修改为上位概念，若所属领域的技术人员能够通过所述的多个下位概念或者实施例，确定得出该上位概念的技术方案，则该修改内容属于所属领域技术人员根据说明书和权利要求书能够直接、毫无疑义确定的内容。

四、“预料不到的技术效果”对创造性判断的影响

在专利法领域，创造性的判断是核心问题之一，而“预料不到的技术效果”对创造性判断具有显著影响，值得深入探讨。常见的创造性判断分析工具一般有两类：一类是逻辑推演工具，另一类是经验推定工具。

逻辑推演工具中，“三步法”在专利创造性评价实践中应用最为广泛。根据《专利审查指南》第2部分第4章第3.2.1.1节规定，“三步法”是通过确定最接近的现有技术、确定发明的区别技术特征和发明实际解决的技术问题、判断要求保护的发明对本领域技术人员而言是否显而易见等三个步骤，完成创造性判断。“三步法”的实质是通过还原发明场景、模拟发明过程，从本领域技术人员的视角出发，对技术方案是否显而易见进行逻辑推演，其步骤严谨，逻辑链条清晰，为创造性判断提供了较为客观的分析路径。

经验推定工具中，“预料不到的技术效果”占据重要地位。《专利审查指南》第2部分第4章第5.3节明确规定，“发明取得了预料不到的技术效果，是指发明同现有技术相比，其技术效果产生‘质’的变化，具有新的性能；或者产生‘量’的变化，超出人们预期的想象。这种‘质’的或者‘量’的变化，对所属技术领域的技术人员来说，**事先无法预测或者推理出来**。当发明产生了预料不到的技术效果时，一方面说明发明具有显著的进步，同时也反映出发明的技术方案是非显而易见的，具有突出的实质性特点，该发明具备创造性”。根据上述规定，若一项发明产生了预料不到的技术效果，则该发明具有创造性。通过“预料不到的技术效果”判断创造性，其本质是对技术方案具备创造性的直接证据予以认定，并基于这些直接证据与技术方案本身的对应性或者因果关系，在适当考虑获得该技术方案难易程度的基础上，最终对技术方案是否具备创造性作出的经验推定。此种经验推定工具，虽具有一定的主观性，但在面对复杂的技术创新时，能够有效弥补逻辑推演工具的不足，为创造性判断提供了更为灵活的分析视角。

在理想状态下，对于同一技术方案的创造性判断，分别运用逻辑推理工具、经验推定工具进行分析，得到是否具有创造性的结论应保持一致。但是在实践中，二者结论不一致的情形时有发生。例如，“三步法”认定具备创造性，但并不存在预料不到的技术效果；或者，“三步法”认定不具备创造性，但存在预料不到的技术效果。此时，如何协调二者之间的矛盾，成为判断的关键所在。

参考最高人民法院在（2021）最高法知行终 119 号案件中的观点，当逻辑推演与经验推定结论出现不一致时，通常的处理方法如下：

其一，若逻辑推演的结论是该发明具备创造性，则以逻辑推演的结论为准，此时无须再借助经验推定工具进行进一步判断；

其二，若逻辑推演的结论该发明不具备创造性，而经验推定的结论是具备创造性，此时则需对逻辑推演与经验推定的过程进行反复复核，仔细审查逻辑推演是否有错漏之处，或者经验推定是否出现偏差，通过反复比较、综合考量逻辑推演与经验推定两方面的结论，最终作出准确的判断。

上述处理方法，既尊重了逻辑推演工具的客观性，又充分发挥了经验推定工具的灵活性，为解决二者矛盾提供了较为合理的路径。

进一步而言，在实务操作中，如何证明“预料不到的技术效果”成为关键问题。参考最高人民法院在（2021）最高法知行终 119 号案件中的观点：

第一，有关证明责任应当由专利权利人或者申请人承担，其至少应当证明存在预料不到的技术效果，且该预料不到的技术效果来源于有关区别技术特征。

这一证明责任的设定，要求专利权利人或申请人在申请专利时，应充分关注发明创造的技术效果，并对其与区别技术特征之间的关联进行详细阐述，以备在后续的审查或诉讼过程中能够有效举证。

第二，预料不到的技术效果认定中的判断时点应当是申请日或者优先权日，比对基准应当是最接近现有技术而非现有技术整体，判断主体应当是本领域技术人员。

这明确了判断的时空范围与主体资格，有助于确保判断的准确性和公正性。以申请日或优先权日为判断时点，能够准确反映发明创造在当时的技术背景下所具有的创新程度；以最接近的现有技术为比对基准，避免了因现有技术整体的复杂性而对判断产生的干扰；而本领域技术人员作为判断主体，则能够从专业角度对技术效果进行准确评估。

第三，预料不到的技术效果应当足以构成技术方案实际要解决的技术问题的改进对象。

换言之，该预料不到的技术效果应当构成技术方案选择的重要考量或者重要目标。若某一技术方案是解决技术问题的必然选择，即便有关技术效果难以预料，该技术效果也仅为本领域技术人员均可作出的必然选择的副产品，其不能成为必然选择技术方案的创造性来源。

这进一步明确了预料不到的技术效果与技术方案之间的关系，强调了技术效果在技术方案选择中的重要性，避免了将一些偶然的技术效果作为创造性来源的不合理情况。

综上，“预料不到的技术效果”对创造性判断具有重要影响，在具体实践中，需准确把握逻辑推演工具与经验推定工具的运用方法，妥善处理二者之间的矛盾，以确保创造性判断的准确性和公正性。

回顾与总结

一、专利侵权诉讼中专利权人关于赔偿额主张的策略

在本案 A 公司对 B 公司的专利侵权诉讼中，A 公司最初主张 100 万元赔偿额，后大幅提升至 7000 万元，变更理由模糊且所提交证据为诉讼前公开资料。此行为表明 A 公司从诉讼伊始便瞄准高额赔偿，初始的 100 万元仅为其试探性策略，这种策略在专利诉讼中较为常见。

专利权人启动高额赔偿诉讼面临诸多挑战。一方面，高额诉讼费用不容忽视。依据《诉讼费用交纳办法》第 20 条规定，原告需预交案件受理费。《诉讼费用交纳办法》第 13 条对知识产权民事案件的诉讼费用交纳标准作出

明确规定，财产案件根据诉讼请求金额分段累计交纳。以本案为例，100 万元赔偿额对应的案件受理费为 13800 元，而 7000 万元赔偿额对应的案件受理费则高达 391800 元，相差约 38 万元。另外，根据该办法第 29 条规定，诉讼费用由败诉方负担。这也就意味着，若专利权人高额赔偿主张未获法院支持或仅部分支持，将承担高额诉讼成本。

另一方面，被控侵权人会激烈反抗。对被控侵权人而言，一旦高额赔偿诉请获得法院支持，将陷入经营困境甚至濒临破产。以本案为例，100 万元的侵权赔偿额与 7000 万元的侵权赔偿额相比，对专利权人而言，即使诉讼请求得不到法院支持，最多损失几十万元的诉讼成本；但是对于被控侵权人而言，一旦专利权人的主张得到法院支持，100 万元的侵权赔偿额，被控侵权人尚有可能支付，但是 7000 万元的侵权赔偿额足以使一家经营良好的中大型企业立即陷入经营困境。因此，若专利权人主张高额的侵权赔偿额，被控侵权人从诉讼程序伊始便会全力反击，制造重重障碍，增加专利权人诉讼请求获得支持的难度。

鉴于上述挑战，专利权人在提起诉讼时，有时会选择较低赔偿额以验证侵权证据及诉讼理由的可支持性，同时检验专利权的稳定性。

1. 验证侵权证据及诉讼理由的可支持性

最高人民法院《关于审理侵犯专利权纠纷案件应用法律若干问题的解释》第 7 条规定："人民法院判定被诉侵权技术方案是否落入专利权的保护范围，应当审查权利人主张的权利要求所记载的全部技术特征。

"被诉侵权技术方案包含与权利要求记载的全部技术特征相同或者等同的技术特征的，人民法院应当认定其落入专利权的保护范围；被诉侵权技术方案的技术特征与权利要求记载的全部技术特征相比，缺少权利要求记载的一个以上的技术特征，或者有一个以上技术特征不相同也不等同的，人民法院应当认定其没有落入专利权的保护范围。"

根据上述司法解释的规定，如果根据专利权人收集的证据，被诉侵权产品完全包含专利的权利要求记载的全部技术特征，即满足"全面覆盖原则"，则毫无疑问落入专利权的保护范围；但是，如果根据专利权人收集的证据，被诉侵权产品的部分技术特征与专利的权利要求记载的技术特征并非相同，而是可能“等同”，则此时专利权人作为原告并非稳操胜券。通过被控侵权人提交的证据、质证意见、答辩意见等，专利权人可以进一步判断己方胜诉的可能性，再决定是否变更诉讼请求，提高主张的侵权赔偿额。

2. 检验专利权的稳定性

专利侵权诉讼中，被控侵权人通常会挑战原告的专利权基础，对涉案专利提起专利无效宣告请求。司法实践中，专利侵权人败诉的重要原因之一就是专利权基础被宣告无效。

在被控侵权人对专利提起无效宣告程序后，双方将在专利无效宣告程序中充分举证、质证并激烈对抗。若专利权人评估被控侵权人提交的相关证据后，认为专利被无效的可能性较低，或者国家知识产权局作出专利无效审查决定、维持专利有效后，涉案专利的稳定性将大幅提高。此时，专利权人可以再决定是否在专利侵权诉讼中变更诉讼请求、增加赔偿金额。

例如本案中，2019 年 11 月 18 日，A 公司对 B 公司提起专利侵权诉讼后，2019 年 11 月 20 日，B 公司便针对涉案专利提出无效宣告请求。经过无效宣告程序的口头审理后，A 公司可能认为专利维持有效的可能性较大，因此在无效宣告审查决定作出前半个月（决定结果是维持涉案专利权有效），即 2020 年 11 月 27 日，针对专利侵权诉讼，A 公司变更诉讼请求，将主张赔偿金额从 100 万元提高至 7000 万元。

二、被控侵权人的规避设计策略

面对专利侵权诉讼，被控侵权人除应对诉讼程序和提起专利无效宣告请求外，还可通过规避设计避免后续产品被指控侵权。例如本案中，B 公司在收到诉讼后，对涉诉产品提出多种可替代技术方案，从技术层面规避被诉侵权专利所涉及的性能指标范围，如砂粒组成、白度、遮盖率、直径与胶层厚度对比值等，同时采取将砂粒替换或取消砂粒层、更换为涂层的技术方案。

规避设计，又称回避设计，是指企业对涉及风险专利的产品或产品中的某些特征重新进行研发、设计，使其产品具有差异化的特征，能够区别于风险专利的技术方案，从而消除风险专利的威胁。简言之，规避设计是一种差异化设计，其核心在于规避专利侵权的风险。被控侵权人可合理运用侵权判定规则制定规避策略。

1. 减少技术特征

涉案专利权利要求包含技术特征 1、2、3，规避后方案仅包含技术特征 1、2，且不具有不容易想到“能够实现技术特征 3 作用的特征或特征组合”，则规避成功。在进行规避设计时，要考虑减少的技术特征是否具有相对独立的技术功能或效果，不能将具有相同功能的特征分开为两个或多个技术特征。

2. 替换技术特征

涉案专利权利要求包含技术特征 1、2、3，规避后方案包含技术特征 1、2、3，但此时可能存在等同风险。

因此，在使用特征替换方式进行规避设计时，要考虑替换的特征是否与权利要求的技术特征**以基本相同的手段，实现基本相同的功能，达到基本相同的效果**，并且是否属于本领域普通技术人员在被诉侵权行为发生时无需经过创造性劳动就能够联想到的特征。

3. 利用捐献原则

最高人民法院《关于审理侵犯专利权纠纷案件应用法律若干问题的解释》第 5 条规定，对于仅在说明书或者附图中描述而在权利要求中未记载的技术方案，权利人在侵犯专利权纠纷案件中将其纳入专利权保护范围的，人民法院不予支持。

根据上述司法解释的规定，“仅在说明书或者附图中描述而在权利要求中未记载的技术方案”不属于专利权的保护范围，因此该部分技术方案相当于“捐献”给了社会公众。利用上述捐献原则进行专利规避时，捐献的方案在说明书或附图中的记载应当是具体的、明确的。

4. 利用禁止反悔原则

最高人民法院《关于审理侵犯专利权纠纷案件应用法律若干问题的解

释》第6条规定，专利申请人、专利权人在专利授权或者无效宣告程序中，通过对权利要求、说明书的修改或者意见陈述而放弃的技术方案，权利人在侵犯专利权纠纷案件中又将其纳入专利权保护范围的，人民法院不予支持。

最高人民法院《关于审理侵犯专利权纠纷案件应用法律若干问题的解释（二）》第13条补充规定，权利人证明专利申请人、专利权人在专利授权确权程序中对权利要求书、说明书及附图的限缩性修改或者陈述被明确否定的，人民法院应当认定该修改或者陈述未导致技术方案的放弃。

因此，在专利授权阶段程序或者无效宣告程序中，被专利权人陈述放弃的技术方案，可以用于规避设计。但是，利用上述禁止反悔原则进行专利规避时，要评估权利人作出的放弃技术方案的陈述是否有被“明确否定”。

5. 改变技术手段、功能和效果

最高人民法院《关于审理专利纠纷案件适用法律问题的若干规定》第13条第2款规定，等同特征，是指与所记载的技术特征以基本相同的手段，实现基本相同的功能，达到基本相同的效果，并且本领域普通技术人员在被诉侵权行为发生时无须经过创造性劳动就能够联想到的特征。

根据上述司法解释的规定，在进行规避设计时，与风险专利的权利要求相比，可以通过改变技术方案在手段、功能、效果三者中的其中之一，以避免侵权。

双线作战全面逆胜，净水器行业“小巨人”正面硬刚欧洲高端品牌

——德国某净水公司与江苏某环保科技公司侵害发明专利权纠纷案

➢ 案件导航

水处理　德国　行业先驱　机械领域　专利侵权诉讼二审逆胜

涉案专利无效　再审　南京中院　最高法院　四年

➢ 案件亮点

本案折射出中外水处理行业领军企业的技术博弈与市场角力，作为拥有近百年历史的德国净水技术先驱，德国某净水公司长期主导全球水处理系统高端市场，而江苏某环保科技公司作为本土净水系统制造商，在产品技术路线与目标市场选择上与前者形成直接竞争。面对德国某净水公司2018年发起的专利侵权诉讼，在一审败诉及首次专利无效失败的双重压力下，江苏某环保科技公司展现出卓越的诉讼韧性：针对涉案专利创造性缺陷，组建跨领域团队实施全球技术文献地毯式检索，成功从20世纪90年代的德国专利文献中发掘出关键在先技术方案，并在侵权诉讼二审上诉期间同步启动第二次无效宣告。这种“以史破新”的举证策略，不仅支撑二审在最高人民法院成功逆转侵权认定，更在后续行政诉讼中推动最高人民法院作出重要判决，促使国家知识产权局重新宣告涉案专利核心权利要求无效，实现侵权抗辩与专利

无效的双重胜利，彻底瓦解了德国某净水公司的权利主张。该案启示在于，破解跨国技术壁垒，既要善用技术考古构建抗辩体系，也要精准把握专利确权与侵权判定程序的衔接。

产业背景

一、产业发展情况

净水器也叫净水机、水质净化器，是按对水的使用要求对水质进行深度过滤、净化处理的水处理设备。净水器的发明最早可以追溯到19世纪初的德国，当时工业污染导致莱茵河水质恶化，德国发明了世界第一台净水器，通过多层过滤材料净化水质。此后，随着工业化和城市化的发展，水污染问题日益严重，净水器技术也不断进步。

目前，净水器技术主要包括微滤、超滤、纳滤和反渗透等，这些技术各有优劣，适用于不同的水质和使用场景，其中，反渗透技术因其高效的净水效果而广泛应用于家用和商用净水器中。同时，随着物联网、大数据等技术的发展，净水器产品也在向智能化、信息化方向升级。

20世纪80年代到90年代，净水器开始进入中国市场。这一时期，净水器产品主要是一些发达国家的企业为了满足中国市场需求而生产的，但水质尚未真正威胁到人们的生活健康，加上净水设备价格昂贵，导致市场需求有限。到20世纪90年代到21世纪初，随着工业迁移至我国发展带来的水污染现象，净水器市场开始逐渐发展。如今，随着国内水污染问题的加剧和居民健康意识的提升，净水器市场需求迅速增长，国内净水器市场也进入快速增长阶段。

近年来，中国政府出台了一系列政策文件，对国内净水器行业的发展起到了重要的推动和引导作用：

2015年，国务院发布《关于积极发挥新消费引领作用　加快培育形成新供给新动力的指导意见》，明确地将净水器列入“绿色消费”，并鼓励绿色消费，在国家全面推进生态环保的大背景下，极大地提升了净水器产品的市场认知度和接受度，推动净水器市场的扩大和消费升级。

2021 年，国家发展改革委、生态环境部发布《“十四五”塑料污染治理行动方案》，明确提出在机关所属接待、培训场所探索开展直饮净水机替代塑料瓶装水试点，为净水器在商用领域的应用提供了政策支持，推动了净水器在机关、学校、医院等场所的普及和应用。

2022 年，国家标准《净水机水效限定值及水效等级》正式实施，该标准规定了净水机的水效限定值及水效等级，提高了行业准入门槛，有利于净水器行业加速淘汰没有技术竞争力的落后产能，推动行业的整体技术进步和产业升级。

2024 年，国务院印发《推动大规模设备更新和消费品以旧换新行动方案》，明确支持开展家电产品以旧换新，激发了家庭对老旧净水产品的更新换代热情，进一步推动净水器市场的消费升级和技术进步。

根据市场机构估计①，2023 年中国净水器市场规模已达到 205 亿元，同比增长超 10%，预计未来几年，净水器行业将以接近 9% 的年均复合增长率保持增长，到 2028 年市场规模有望突破 300 亿元。

二、案件当事人情况

德国某净水公司（以下简称 **A 公司**）是世界知名的水处理设备制造商，于 20 世纪 30 年代末期在德国创立，是世界上最早发明并制造水处理设备、管道过滤器、减压阀及安全阀的公司之一，至今已有超过 80 年的历史，见证了水处理技术的不断演进与发展。目前，A 公司提供前置过滤、末端净水、中央软水、中央净水、防漏保护和暖通水净化等全方位净水产品，是同类水处理产品规格最齐全的公司，这些产品广泛应用于家庭、商业、工业等多个领域。

---

① 参见研普华产业研究院：《2024—2029 年中国净水器行业发展趋势及投资策略预测报告》，载中国行业研究网，https：//www. chinairn. com/hyzx/20241213/174604936. shtml。

A 公司专门从事水处理系统的研发与生产，在全球拥有 6 个分支机构以及研发生产中心，这些分支机构不仅为 A 公司提供了强大的生产能力，也确保了其在全球范围内的市场覆盖和服务能力。

作为欧洲高端过滤装置和控制阀品牌，A 公司以其先进的技术和卓越的品质赢得了全球市场的广泛认可，在世界范围内均享有很高的知名度和市场占有率，其中，前置过滤器在全球市场上的份额超过 40%，是前置过滤行业的隐形冠军。1998 年，A 公司借助中国的战略合作伙伴进入中国市场，迅速赢得了中国消费者的青睐；经过 20 多年的深耕精作、创新探索，A 公司产品在中国市场享有盛誉，其前置过滤器和软水机在中国市场占有率排名第一，成为众多追求高端品质用户的首选品牌。

江苏某环保科技公司（以下简称 **B 公司**）是国内一家专业致力于水处理系统产品的研发、设计、生产、销售的全屋净水系统制造商，其主要产品包括前置过滤器、商用净水器、中央净水机、中央软水机、家用反渗透净水机等，这些产品广泛应用于家居生活用水、商用净水系统以及工业水处理等领域。B 公司的主要产品与 A 公司的产品高度重合，在中国市场形成正面竞争。

B 公司成立于 2010 年之后，总部位于江苏省，拥有两大生产基地。自成立以来，B 公司始终致力于水处理技术的研发与创新，在水处理领域积累了丰富的技术和经验。经过近十年的发展，B 公司已成为中国净水行业的重要参与者之一，在行业内享有良好声誉和市场地位。

作为中国净水行业的一颗新星，B 公司凭借其在技术研发、产品创新以及市场布局等方面的优势，正逐步缩小与 A 公司等国际品牌的差距，对 A 公司在中国市场的地位形成直接挑战。

案件大事记

本案前后共历时 4 年左右，主要过程如图 3－1 所示。

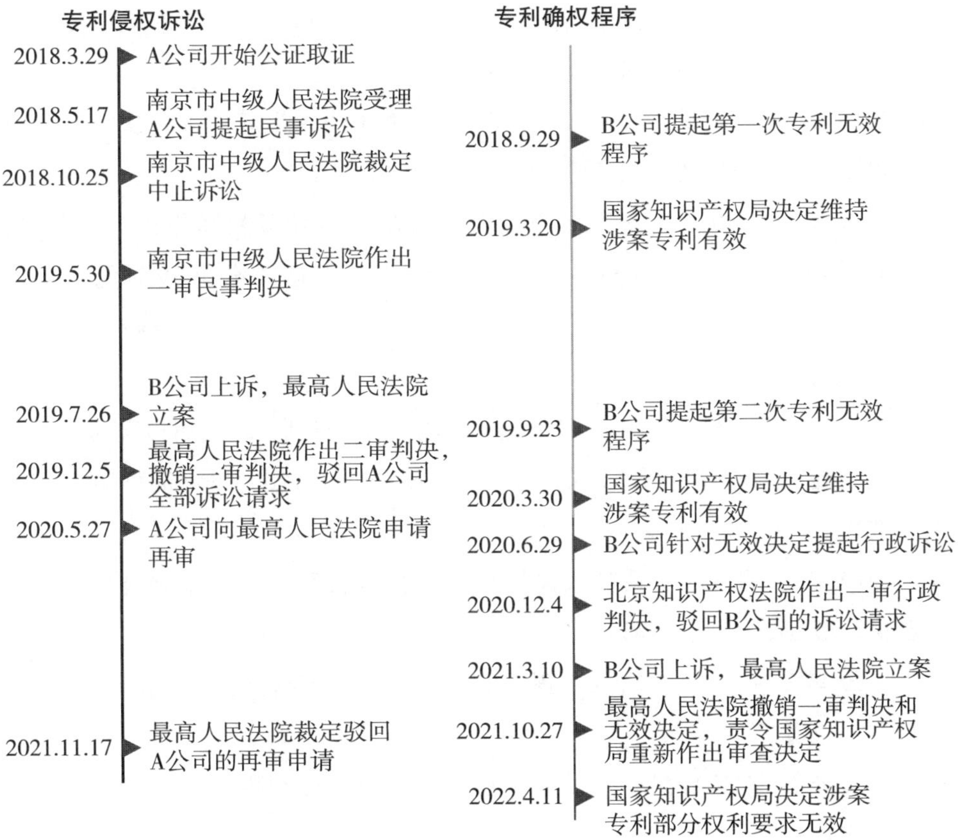

图 3－1　案件大事记

2018 年 3 月 29 日，A 公司发现 B 公司生产的产品可能侵犯其专利权后，在公证员见证下，购买了 6 个 B 公司生产的前置过滤器，完成侵权产品的取证。

2018 年 5 月 17 日，江苏省南京市中级人民法院受理 A 公司诉 B 公司的侵害发明专利权纠纷一案（以下简称**专利侵权案**）。

2018 年 9 月 29 日，针对专利侵权案中的涉案专利，B 公司向国家知识产权局提起无效宣告请求，请求宣告专利权全部无效（以下简称**第一次专利无效**）。

2018 年 10 月 25 日，由于 B 公司以就涉案专利向国家知识产权局提出了无效宣告请求且已被受理为由请求中止审理，南京市中级人民法院就专利侵权案作出一审民事裁定，本案中止诉讼。

2019 年 3 月 20 日，国家知识产权局针对 B 公司提起的第一次专利无效作出审查决定，宣告维持专利权有效。

2019 年 5 月 30 日，南京市中级人民法院就专利侵权案作出一审判决，认定 B 公司侵害 A 公司发明专利权，要求 B 公司赔偿 A 公司 30 万元。

2019 年 7 月 26 日，最高人民法院受理 B 公司因不服专利侵权案一审判决而提起的上诉。

2019 年 9 月 23 日，针对专利侵权案中的涉案专利，B 公司再次向国家知识产权局提起无效宣告请求，请求宣告专利权全部无效（以下简称**第二次专利无效**）。

2019 年 12 月 5 日，最高人民法院就专利侵权案作出二审判决，撤销一审判决，驳回 A 公司全部诉讼请求。

2020 年 3 月 30 日，国家知识产权局就第二次专利无效作出审查决定，维持专利权有效。

2020 年 5 月 27 日，A 公司不服专利侵权案二审判决，向最高人民法院申请再审。

2020 年 6 月 29 日，B 公司不服国家知识产权局就第二次专利无效作出的决定，向北京知识产权法院提起行政诉讼（以下简称**专利无效行政诉讼**）。

2020 年 12 月 4 日，北京知识产权法院就专利无效行政诉讼作出一审判决，驳回 B 公司的诉讼请求。

2021 年 3 月 10 日，最高人民法院受理 B 公司因不服专利无效行政诉讼一审判决而提起的上诉。

2021 年 10 月 27 日，最高人民法院就专利无效行政诉讼作出二审判决，撤销一审判决，撤销国家知识产权局作出的无效宣告请求审查决定，责令国家知识产权局就涉案专利重新作出审查决定。

2021 年 11 月 17 日，最高人民法院就专利侵权案作出再审裁定，驳回 A 公司的再审申请。

2022 年 3 月 7 日，针对最高人民法院关于重新作出审查决定的判决，国家知识产权局就专利无效案举行第二次口头审理。

2022 年 4 月 11 日，国家知识产权局就专利无效案重新作出审查决定，宣告涉案专利部分权利要求无效。

至此，历时四年之久的专利战，以 B 公司在专利侵权诉讼、专利无效程序中的全面胜利而告终。

专利侵权案

一、案件信息

再审申请人（一审原告、二审被上诉人）：A 公司。

被申请人（一审被告、二审上诉人）：B 公司。

案由：侵害发明专利权纠纷。

一审法院：南京市中级人民法院。

二审法院：最高人民法院。

再审法院：最高人民法院。

涉案专利：一种可在饮用水龙头处过滤将使用的饮用水的过滤器组件，共包括 9 项权利要求。

本案一审程序中，南京市中级人民法院作出一审判决：判令被告 B 公司立即停止制造、销售侵害原告 A 公司涉案专利权产品的行为，并赔偿原告 A 公司经济损失及合理费用 30 万元，驳回原告的其他诉讼请求。

本案二审程序中，B 公司不服一审判决，向最高人民法院提出上诉，主张撤销原审判决，驳回 A 公司的全部诉讼请求。经审理，最高人民法院作出二审生效判决，撤销一审判决，驳回 A 公司的全部诉讼请求。

本案再审程序中，A 公司不服最高人民法院作出的二审判决，向最高人民法院申请再审，请求最高人民法院撤销二审判决，维持一审判决。经审查，最高人民法院裁定驳回 A 公司的再审申请。

二、各方核心主张及观点

A 公司作为原告认为，B 公司销售的前置式过滤器的技术特征与其专利权利要求 1 的技术特征完全相同，落入专利权保护范围，应承担侵权法律责任，要求 B 公司应立即停止制造、销售侵犯涉案专利权产品的行为，赔偿原告经济损失 100 万元及为制止侵权所支出的合理费用 10 万元。

根据各方当事人的诉辩主张，本案争议焦点为：（1）B 公司被诉侵权产品是否侵犯专利权；（2）若 B 公司构成侵权，赔偿数额应为多少。

（一）关于被诉侵权产品是否侵犯专利权

经双方举证、质证，南京市中级人民法院认定事实：第一，经原告比对，B 公司被诉的前置过滤器侵权产品均与涉案专利权利要求 1 载明的技术特征相同，落入了权利要求 1 的保护范围，且 B 公司作为被告认可原告的比对意见。第二，B 公司的宣传册中，也展示了被诉的前置过滤器侵权产品。

B 公司作为被告认为，被诉侵权产品未侵害 A 公司的专利权。被诉侵权产品具有合法来源，且使用的是现有技术，并未侵犯原告的专利权。在原告专利申请之前，被告即从浙江某科技公司购买了与原告专利相同的产品，被诉侵权产品也是购自该公司。

B 公司作为被告，提供了浙江某科技公司 2015 年申请、2016 年授权公告的某前置过滤器实用新型专利证书首页打印件、微信聊天记录打印件、网银转款 1 万元的记录打印件，以证明被诉侵权产品使用的专利以及具有合法来源。

➢ **对此，南京市中级人民法院认为：**

认可原告的质证意见，即上述证据无法证明系被诉侵权产品使用的专利，也无法证明被诉侵权产品具有合法来源；且上述证据无法证明被诉侵权产品系现有技术。因此，被告 B 公司提出的合法来源及现有技术抗辩，并无事实及法律依据，不予认可。

➢ **对此，在二审程序中，最高人民法院认为：**

二审期间，B 公司为证明其提出的现有技术抗辩成立，向最高人民法院提交了一篇德国专利及其中文译文作为现有技术，主张不构成侵权行为。

该德国专利在涉案专利申请日之前公开，构成现有技术，目前该专利已失效。

根据最高人民法院《关于审理侵犯专利权纠纷案件应用法律若干问题的解释》第 14 条第 1 款的规定：“被诉落入专利权保护范围的全部技术特征，与一项现有技术方案中的相应技术特征相同或者无实质性差异的，人民法院应当认定被控侵权人实施的技术属于专利法第六十二条[①]规定的现有技术。”**在审查 B 公司现有技术抗辩时，应以涉案专利权利要求为参照，划分并确定被诉落入涉案专利权保护范围的全部技术特征，再判断德国专利中是否公开了相同或无实质性差异的技术特征**。

经上述步骤的具体技术特征比对，本案中被诉落入涉案专利权保护范围的全部技术特征与德国专利公开的相应技术特征并无实质性差异。B 公司关于现有技术抗辩的上诉理由成立。

根据《专利法》第 62 条的规定，在专利侵权纠纷中，被控侵权人有证据证明其实施的技术属于现有技术的，不构成侵犯专利权。B 公司关于未侵犯涉案专利权的上诉理由，予以支持。

➢ **对此，在再审申请审查程序中，最高人民法院认为：**

再审申请审查期间，最高人民法院知识产权法庭作出行政判决，认定涉案专利权利要求 1 不具有创造性。A 公司在本案中请求确定专利权保护范围的依据是涉案专利的权利要求 1，鉴于生效判决已经认定该权利要求 1 不具备创造性，不符合《专利法》第 22 条规定的专利授权条件，因此，二审判决结果并无不当。鉴于涉案权利要求 1 不具备创造性，对再审申请人有关现有技术抗辩的主张是否成立不予评述。

（二）若 B 公司构成侵权，赔偿数额应为多少

B 公司作为被告认为，应驳回 A 公司的诉讼请求，主要理由是：第一，

① 2020 年《专利法》修正后本条已变为第 67 条，下同。

被告主营净水器，被诉侵权产品是净水器的附随赠品，并未从中获利；第二，被告已经不再进行销售，且并不知晓原告专利，不具有侵权的主观故意。因此，被告主观上没有恶意侵权，客观上并未对被诉侵权产品进行其他销售。

➢ **对此，南京市中级人民法院认为：**

关于赔偿损失的数额，原告既未提供因被告侵权所受损失，也未提供被告的侵权获利，且原告在庭审中请求适用法定赔偿。

原告以法定赔偿作为计算方法可以采纳，法院综合考虑以下参考因素酌情确定赔偿数额：

（1）**原告主张的系发明专利，具有一定的创新性和市场应用前景；**

（2）**被告侵权行为的性质为制造、销售侵权产品，且被告公司具有一定的规模；**

（3）**被诉侵权产品包括6个不同型号的产品，均侵害了原告的发明专利权；**

（4）**被诉侵权产品的销售价格及原告专利产品的销售价格；**

（5）**原告为制止侵权行为而支出的合理费用。**

据此，判决被告B公司赔偿原告A公司经济损失及合理费用30万元。

➢ **对此，在二审程序中，最高人民法院认为：**

经二审审理认定，B公司生产、销售被诉侵权产品的行为并未侵害涉案专利权。基于此，原审判决关于构成侵权以及赔偿损失的认定无事实依据，应予以纠正。

专利无效案

一、案件信息

专利权人：A公司。

无效宣告请求人：B公司。

请求宣告无效的专利：与专利侵权案中的涉案专利一致。

本次专利无效程序是本案第二次专利无效，即2019年9月23日，针对涉案专利，B 公司向国家知识产权局提出的无效宣告请求。

2020 年 3 月 30 日，经审查，国家知识产权局作出决定，维持涉案专利的专利权有效。

B 公司不服国家知识产权局作出的上述决定，向北京知识产权法院提起一审行政诉讼；在一审行政诉讼败诉后，继续向最高人民法院上诉。在行政诉讼二审程序中，最高人民法院撤销了北京知识产权法院作出的一审行政判决和国家知识产权局作出的无效宣告请求审查决定，责令国家知识产权局对涉案专利重新作出决定。

2022 年 4 月 11 日，国家知识产权局经重新审理后作出决定，宣告涉案专利的权利要求 1—2、5—7、9 无效，涉案专利在权利要求 3—4、权利要求 8 等剩余权利要求有效的基础上继续维持有效。

二、各方核心主张及观点

B 公司作为请求人认为，权利要求 1 不具备新颖性，不符合《专利法》第 22 条第 2 款的规定；权利要求 1—9 不具备创造性，不符合《专利法》第 22 条第 3 款的规定；基于上述理由，请求宣告涉案专利全部无效。为此，B 公司提交了 3 份证据：

证据 1：德国专利文献 DE43 × × × ×7C1 及其中文译文，公开日期 1994 年 11 月 10 日；

证据 2：欧洲专利文献 EP11 × × × ×9A1 及其中文译文，公开日期 2001 年 6 月 27 日；

证据 3：欧洲专利文献 EP03 × × × ×3A2 及其中文译文，公开日期 1989 年 4 月 5 日。

根据各方当事人的诉辩主张，本案争议焦点为：（1）涉案专利权利要求 1 是否具有新颖性；（2）涉案专利权利要求 1、2、3、4、8 是否具有创造性。

（一）关于权利要求 1 的新颖性

证据 1 涉及一种可反冲洗的过滤装置，并具体公开了：“……过滤器 10 具有圆柱形形状，并且向上利用直径减小的衬套附件 11 可旋转地支承在上壳体部分5中，且利用轴承销12可旋转地支承在下壳体部分8中……”

B公司作为请求人认为，涉案专利中权利要求1中（h）步骤限定了*“所述过滤元件（16）仅仅由带有圆柱形滤网、在周向上延伸的过滤肋条（34）或其他可反向冲洗的过滤材料的被穿流的支撑体形成”*，**其中圆柱形滤网、在周向上延伸的过滤肋条、其他可反向冲洗的过滤材料的被穿流的支撑体，三者为并列“或”的关系**，而由证据1的图1可以看出过滤器10的内部区域是空的，说明其具有带有圆柱形滤网，并隐含公开了其被可反向冲洗的过滤材料的被穿流的支撑体形成，因此，证据1公开了权利要求1的全部技术特征，权利要求1不具备新颖性。

A公司作为专利权人认为，涉案专利权利要求1中（h）步骤对过滤元件的上述限定是指该元件必然包括圆柱形的滤网，而**“在周向上延伸的过滤肋条”、“其他可反向冲洗的过滤材料的被穿流的支撑体”，两者为“或”的并列选择关系**。

➢ **对此，国家知识产权局认为：**

在饮用水过滤器领域，过滤元件通常情况下均具有滤网，不采用滤网的方案难以满足过滤的基本需求。因此，涉案专利权利要求1的**“所述过滤元件（16）仅仅由带有圆柱形滤网、在周向上延伸的过滤肋条（34）或其他可反向冲洗的过滤材料的被穿流的支撑体形成”**所限定的方案应该理解为：

过滤元件16包含两部分，一部分是圆柱形滤网，另一部分可以是“在周向上延伸的过滤肋条”或“其他可反向冲洗的过滤材料的被穿流的支撑体”中的一种。

虽然由证据1的附图1可以看出过滤器10内部为中空结构，隐含了其带有圆柱形滤网，但仅由附图1并无法直接地、毫无疑义地确定过滤器还具有支撑体，且说明书中也缺少关于该支撑体为可反向冲洗的被穿流的过滤材料组成的记载，据此难以断定证据1隐含公开了上述技术特征。

因此，证据1并未公开权利要求1中（h）步骤中“所述过滤元件（16）仅仅由带有圆柱形滤网、在周向上延伸的过滤肋条（34）或其他可反向冲洗的过滤材料的被穿流的支撑体形成”的技术特征，B 公司认为权利要求 1 不具备新颖性的无效理由不能成立。

（二）关于权利要求 1 的创造性

A 公司作为专利权人认为，权利要求 1 相对于证据 1 或证据 2 的区别至少在于：过滤元件仅仅由带有圆柱形滤网、在周向上延伸的过滤肋条或其他可反向冲洗的过滤材料的被穿流的支撑体形成。

B 公司作为请求人认为，即使认为证据 1、证据 2 未明确公开上述区别技术特征，上述三个部件（圆柱形滤网、在周向上延伸的过滤肋条、其他可反向冲洗的过滤材料的被穿流的支撑体）也均是本领域的常规过滤元件组件。因此，权利要求 1 相对于证据 1 和公知常识，或者对于证据 2 和公知常识的结合不具备创造性。

➢ 对此，国家知识产权局认为：

如前所述，涉案专利的过滤元件除具有圆柱形过滤网外还具有特定结构或材质的过滤肋条或支撑体，且由说明书附图 1－2、附图 7－9 也可看出该过滤元件具有周向上延伸排布的肋条，而证据 1、证据 2 的说明书中均没有任何关于肋条或支撑体的记载，由其说明书附图也无法看出相应的过滤元件上设有肋条或是支撑体部件。

此外，B 公司提供的现有证据也不足以表明在过滤元件上除滤网外再设置特定的上述肋条或支撑体为本领域的常规技术手段，本领域技术人员据此也难以预测涉案专利中所述肋条或支撑体与过滤网配合所能带来的技术效果。

因此，B 公司关于权利要求 1 不具备创造性的无效理由均不能成立。

➢ 对此，在最高人民法院责令重新作出决定后，国家知识产权局重新审查后认为：

在创造性的判断中，对区别技术特征应基于现有技术进行客观评价，既要避免“事后诸葛亮”，又要避免“举轻若重”，侵占公众利益。

在证据 1 的基础上结合公知常识得到涉案专利权利要求 1 请求保护的技术方案对本领域技术人员来说是显而易见的，权利要求 1 不具有突出的实质

性特点，不具备创造性。（国家知识产权局给出的具体理由与下述专利无效行政诉讼中最高人民法院给出的理由一致）

（三）关于权利要求2的创造性

B公司作为请求人认为，权利要求2的附加技术特征被证据2、证据3公开或属于公知常识。

➢ **对此，国家知识产权局认为：**

当权利要求1不具备创造性的无效理由不能成立时，B公司关于从属权利要求2不具备创造性的无效理由也不能成立。

在最高人民法院责令重新作出决定后，对此，国家知识产权局认为：

从属权利要求2进一步限定了调节手柄。证据3已经明确公开了可从外部操纵的手轮是控制内部过滤元件转动的一种现有技术的前提下，本领域技术人员有动机根据应用场合和需求在证据1中设置可从外部操纵的与手轮功能和结构类似的手柄，与过滤元件16连接从而控制其转动。因此，**在证据1的基础上结合证据3得到权利要求2的技术方案对本领域技术人员来说是显而易见的**，权利要求2不具有突出的实质性特点，不具备创造性。

（四）关于权利要求3和要求4的创造性

B公司作为请求人认为，从属权利要求3的附加技术特征属于公知常识或者被证据2结合公知常识公开，不具备创造性。

➢ **对此，国家知识产权局认为：**

当权利要求1不具备创造性的无效理由不能成立时，B公司关于从属权利要求3不具备创造性的无效理由也不能成立。

➢ **在最高人民法院责令重新作出决定后，对此，国家知识产权局认为：**

从属权利要求3进一步限定了空心突出部，从属权利要求4引用从属权利要求3。

证据2涉及一种可反冲洗的过滤装置，对比可见，证据2中的反冲洗功能区结构复杂，且工作方式与涉案专利不同，在此基础上，**本领域技术人员通过其与证据1和证据2的结合以及常规手段无法得到涉案专利权利要求3**

要求保护的技术方案，也没有任何证据可以表明上述技术特征是本领域的公知常识，因此请求人认为从属权利要求3不具备创造性的理由不能成立。

基于同样的理由，请求人主张从属权利要求4不具备创造性的无效理由也不能成立。

（五）关于从属权利要求8的创造性

B公司作为请求人认为，从属权利要求8对减压器筒的结构进行了进一步限定，其附加技术特征为本领域的公知常识，因此从属权利要求8不具备创造性。

➢ **对此，国家知识产权局认为：**

当权利要求1不具备创造性的无效理由不能成立时，B公司关于从属权利要求8不具备创造性的无效理由也不能成立。

➢ **在最高人民法院责令重新作出决定后，对此，国家知识产权局认为：**

从属权利要求8对减压器筒的结构进行了进一步限定，该附加技术特征避免减压阀直接接触高压水流，可以保护减压阀，**取得了有益的技术效果。在请求人没有提供任何证据足以证明减压器筒的结构为本领域的公知常识的情况下，其认为从属权利要求8不具备创造性的无效理由不能成立。**

专利无效行政诉讼

一、案件信息

上诉人（一审原告）：B公司。

被上诉人（一审被告）：国家知识产权局。

一审第三人：A公司。

一审法院：北京知识产权法院。

二审法院：最高人民法院。

被诉决定：2020年3月30日，国家知识产权局就涉案专利作出的维持涉案专利的专利权有效的审查决定。

一审程序中，B公司不服被诉决定，向北京知识产权法院提起行政诉讼一审，请求法院撤销被诉决定，责令国家知识产权局重新作出决定。经审理，北京知识产权法院作出一审判决，驳回B公司的诉讼请求。

二审程序中，B公司不服北京知识产权法院作出的一审判决，向最高人民法院提出上诉，请求撤销一审判决及被诉决定，责令国家知识产权局重新作出决定。经审理，最高人民法院认为原审判决认定事实存在错误、适用法律错误，作出二审判决，判令撤销北京知识产权法院一审判决，撤销国家知识产权局作出的无效宣告请求审查决定，责令国家知识产权局就B公司针对涉案专利的发明专利权提出的无效宣告请求重新作出审查决定。

二、各方核心主张及观点

根据各方当事人的诉辩主张，本案在行政诉讼程序中的争议焦点为：（1）涉案专利权利要求1特征（h）的解释；（2）涉案专利权利要求1是否具备新颖性；（3）涉案专利权利要求1是否具备创造性。

（一）关于涉案专利权利要求1特征（h）的解释

北京知识产权法院审理查明，B公司认可在本领域中，过滤元件通常是具有过滤网的。

B公司作为原告认为，被诉决定关于特征“过滤元件仅仅由带有圆形过滤网、在周向上延伸的过滤肋条或其他可反向冲洗的过滤材料的被穿流的支撑体形成”的理解有误，具体理由如下：

首先，从字面意思来看，该特征应理解为包括“过滤元件仅仅由带有圆柱形过滤网、在周向上延伸的过滤肋条形成”（**技术方案一**），或“过滤元件仅仅由带有其他可反向冲洗的过滤材料的被穿流的支撑体形成”（**技术方案二**），两种技术方案，所谓“支撑体”就是指过滤元件本身的外形结构。

被告国家知识产权局关于“过滤元件包含两部分，一部分是圆柱形滤网，另一部分可以是‘在周向上延伸的过滤肋条’或‘其他可反向冲洗的过滤材料的被穿流的支撑体’中的一种”的理解有误。

其次，在该特征中，过滤肋条的限定条件是“在周向上延伸的过滤肋条”，对于支撑体的限定是“其他可反向冲洗的过滤材料的被穿流的支撑体”，由此可以看出支撑体已经具备过滤和反冲洗的功能，已经具备滤网的功能无须再设置滤网。

最后，根据专利侵权案中最高人民法院作出的民事判决书，其记载，“德国专利的上述信息公开了被诉侵权产品内部空的且由可反向冲洗的过滤材料的被穿流的支撑体形成的过滤元件。”据此可以确定，涉案专利的特征（h）包含技术方案二“过滤元件由其他可反向冲洗的过滤材料的被穿流的支撑体形成”。

➢ **对此，北京知识产权法院认为：**

《专利法》第59条[①]规定，发明或者实用新型专利权的保护范围以其权利要求的内容为准，说明书及附图可以用于解释权利要求的内容。

本案中，结合权利要求书的文字记载可知，特征（h）的“过滤元件仅仅由带有圆形过滤网、在周向上延伸的过滤肋条或其他可反向冲洗的过滤材料的被穿流的支撑体形成”其中，“其他”二字指的是除了前述过滤肋条以外的可反向冲洗的过滤材料的被穿流的支撑体形成，故上述特征应当理解为过滤元件包含两部分，一部分是圆柱形滤网，另一部分可以是“在周向上延伸的过滤肋条”或“其他可反向冲洗的过滤材料的被穿流的支撑体”中的一种。

如果按照B公司对上述特征的理解，则其理解的技术方案二不包括圆柱形滤网，这与B公司自认的本领域中过滤元件通常都包括滤网的事实不符。且B公司将技术方案二中的支撑体理解为过滤元件本身的支撑结构而非滤网的支撑结构亦缺乏依据。故被诉决定对技术特征（h）的理解正确。

关于B公司提交的专利侵权案中最高人民法院作出的民事判决书，其记载内容为被控侵权产品与德国专利即本案证据1的比对，不涉及涉案专利权利要求1与证据1的比对，故原告提出根据最高人民法院作出的民事判决书的认定可以确定，涉案专利的特征（h）包含技术方案二“过滤元件由其他

① 2020年《专利法》修正后本条已变为第64条。

可反向冲洗的过滤材料的被穿流的支撑体形成”的主张缺乏依据，不予支持。

➢ **对此，在二审程序中，最高人民法院认为：**

关于涉案专利权利要求 1 的特征（h）的理解，**应当以所属技术领域的技术人员在阅读权利要求书、说明书及附图后所理解的通常含义，界定权利要求的用语。**

涉案专利权利要求 1 明确限定了所述过滤元件由带有圆柱形滤网、在周向上延伸的过滤肋条或其他可反向冲洗的过滤材料的被穿流的支撑体形成。对所属技术领域的技术人员而言，过滤肋条属于一种可反向冲洗的过滤材料的被穿流的支撑体，圆柱形滤网则是与可反向冲洗的过滤材料的被穿流的支撑体并列的部件。因此，特征（h）所限定的过滤元件包含圆柱形滤网以及在周向上延伸的过滤肋条或其他可反向冲洗的过滤材料的被穿流的支撑体两个部分组成。原审判决和被诉决定对此认定正确。

B 公司上诉关于涉案专利的特征（h）中的过滤元件理解为“可反向冲洗的过滤材料的被穿流的支撑体形成”这一种方案，与权利要求记载及所属技术领域的技术人员的通常理解不符，无事实依据，依法不予支持。

另外，最高人民法院在专利侵权案二审中作出的民事判决对 B 公司以证据 1 作为现有技术提出的不侵权抗辩进行了审查，就该案被诉侵权产品的技术特征与证据 1 公开的技术方案进行了比对。而本案是专利权无效确权程序，所比对的对象是涉案专利权利要求 1 请求保护的技术方案与证据 1 公开的技术方案。因此，由于比对对象不同，原审判决和被诉决定在本案中未将 B 公司所主张的上述判决有关内容作为依据来认定事实，适用法律正确，依法予以认可。

（二）关于涉案专利权利要求 1 是否具备新颖性

B 公司作为原告认为，涉案专利的特征“过滤元件仅仅由带有圆形过滤网、在周向上延伸的过滤肋条或其他可反向冲洗的过滤材料的被穿流的支撑体形成”已经被证据 1 公开，涉案专利权利要求 1 不具备新颖性，具体理由如下：

首先，由证据的图 1 可以看出，过滤器 10 内部为中空结构，故证据 1 隐含公开了其带有圆柱形滤网。

其次，证据1的过滤器10是具有过滤和反冲洗的功能，由于其需要进行过滤和反冲洗过程，同时过滤器10和反冲洗槽16之间相对转动，因此过滤器10必然需要维持固定的形状，故证据1的过滤器10本身具有支撑作用，而证据1和涉案专利的反冲洗过程一样，因此，证据1已经明确公开了涉案专利的“过滤元件由可反向冲洗的过滤材料的被穿流的支撑体形成”的技术特征。

➢ **对此，北京知识产权法院认为：**

本案中，证据1公开了一种可反冲洗的过滤装置，虽然由证据1的附图1可以看出过滤器10内部为中空结构，隐含了其带有圆柱形滤网，但**仅由附图1并无法直接地、毫无疑义地确定过滤器还具有支撑体**，且说明书中也缺少关于该支撑体为可反向冲洗的被穿流的过滤材料组成的记载，基于B公司对上述技术特征的错误理解，其关于过滤器10本身的外形结构即为支撑体结构，故证据1公开了涉案专利的特征“过滤元件仅仅由带有圆形过滤网、在周向上延伸的过滤肋条或其他可反向冲洗的过滤材料的被穿流的支撑体形成”的主张缺乏依据。

由此可见，涉案专利权利要求1保护的技术方案与证据1相比至少包括区别特征“过滤元件仅仅由带有圆形过滤网、在周向上延伸的过滤肋条或其他可反向冲洗的过滤材料的被穿流的支撑体形成”。基于此，涉案专利权利要求1相对于证据1具备新颖性。

➢ **对此，在二审程序中，最高人民法院认为：**

关于涉案专利权利要求1是否具备新颖性的判断，**应当适用单独对比的原则，将发明或者实用新型专利申请的各项权利要求分别与每一项现有技术或申请在先但公布或公告在后的发明或实用新型的相关技术内容单独地进行比较**。如果要求保护的发明或者实用新型与对比文件所公开的技术内容完全相同，或者仅仅是简单的文字变换，则该发明或者实用新型不具备新颖性。**对于上述相同的内容应该理解为包括可以从对比文件中直接地、毫无疑义地**

确定的技术内容。

将涉案专利与证据1公开的内容相比较，在证据1的附图1中虽然可以看出过滤器内部为中空结构，但无法直接地、毫无疑义地确定过滤器具有在周向上延伸的过滤肋条或其他可反向冲洗的过滤材料的被穿流的支撑体。

因此，涉案专利权利要求1相对于证据1存在“所述过滤元件（16）仅仅由带有圆柱形滤网、在周向上延伸的过滤肋条（34）或其他可反向冲洗的过滤材料的被穿流的支撑体形成”的区别技术特征。

因涉案专利权利要求1与证据1并非相同的技术方案，原审判决和被诉决定关于涉案专利权利要求1相对于证据1具备新颖性的认定正确，依法予以认可。

（三）关于涉案专利权利要求1是否具备创造性

B公司作为原告认为，涉案专利权利要求1不具备创造性，即使涉案专利权利要求1与证据1相比存在上述区别特征，该特征也属于本领域的公知常识。此外，根据证据1说明书的记载，证据1的反冲洗的过程与涉案专利的反冲洗过程是相同的，故证据1给出了通过在滤网上设置肋条或其他支撑体的技术启示。因此涉案专利权利要求1相对于证据1、本领域公知常识不具备创造性。

➢ **对此，北京知识产权法院认为：**

根据涉案专利说明书第［0043］、［0046］段的记载，水从排出口56向外流出，在通道68产生流，该流引起吸力效应，由此产生一个对过滤网的作用力。由此可见，基于上述区别特征，**权利要求1相对于证据1所要解决的技术问题是增强过滤网的强度**。国家知识产权局作为被告在庭审中明确表示，基于该区别特征，涉案专利实际解决的技术问题是增强过滤网的强度，但在被诉决定中并未认定技术问题，对此应依法予以纠正。

结合权利要求1的特征（f）及（g）可知，在权利要求1的技术方案中，并非水流的运动使得过滤元件进行转动。根据涉案专利说明书第［0043］、［0046］段的记载：水从排出口56向外流出，在通道68产生流，该流引起吸力效应。

而根据证据 1 的记载，部分水流流过涡轮叶片从而使过滤器旋转运动。由此可知，证据 1 是通过部分水流流过涡轮叶片带动过滤器转动。

通过比较二者的技术方案可知，虽然涉案专利和证据 1 反向冲洗的水流流通路径均包括从过滤器内部流向外部，但涉案专利的过滤元件转动的驱动方式与证据 1 通过水流驱动是不同的。

如前所述，由于涉案专利明确记载了水从排出口 56 向外流出，在通道 68 产生流，该流引起“吸力效应”，由此产生一个对过滤网的作用力，为了解决该技术问题，涉案专利采用了区别特征所限定的在过滤网上设置过滤肋条（34）或其他可反向冲洗的过滤材料的被穿流的支撑体，以增强过滤网的强度。

证据 1 未公开该区别技术特征，亦未给出为增强滤网强度设置过滤肋条（34）或其他可反向冲洗的过滤材料的被穿流的支撑体的技术启示，也没有证据显示该区别技术特征属于本领域的公知常识。

因此，涉案专利权利要求 1 相对比证据 1 及本领域公知常识具备创造性。

➢ **对此，在二审程序中，最高人民法院认为：**

根据《专利法》第 22 条第 3 款的规定，创造性，是指与现有技术相比，该发明具有突出的实质性特点和显著的进步，该实用新型具有实质性特点和进步。

判断发明是否具有突出的实质性特点，要判断对所属技术领域的技术人员而言，要求保护的发明相对于现有技术是否显而易见。判断发明对所属技术领域的技术人员来说是否显而易见，要确定的是现有技术整体上是否存在某种技术启示，即现有技术中是否给出将该发明的区别技术特征应用到最接近的现有技术以解决其存在的技术问题的启示，这种启示会使所属技术领域的技术人员在面对相应的技术问题时，有动机改进最接近的现有技术并获得该发明专利技术。

当上述区别技术特征为所属技术领域的常规技术手段时，通常可以认定

存在相应的技术启示。

根据前述事实，权利要求 1 相对于证据 1 的区别技术特征为过滤元件仅仅由带有圆柱形滤网、在周向上延伸的过滤肋条或其他可反向冲洗的过滤材料的被穿流的支撑体形成。由于从证据 1 的附图 1 可以看出过滤器内部为中空结构，且为满足过滤水质的基本需求在过滤元件中安装滤网是该领域技术人员的常规技术手段，各方对于证据 1 隐含带有圆柱形滤网的事实无争议。

因此，进一步地，本案争议集中在证据 1 是否给出了“在周向上延伸的过滤肋条或其他可反向冲洗的过滤材料的被穿流的支撑体”的技术启示。

首先，根据证据 1 说明书及附图记载，证据 1 的过滤器是中空的圆柱形形状并且需要同时满足正向过滤和反向冲洗的要求，所以证据 1 已经公开过滤器应当同时具备过滤作用和反冲洗作用，并且所使用的过滤材料应当在过滤器的圆柱形基础上进行配置的技术方案。

其次，关于涉案专利的反冲洗过程。原审判决认为，涉案专利与证据 1 的反冲洗过程不同，证据 1 存在一个“吸力效应”，因此产生一个对过滤网的作用力，涉案专利为了解决该技术问题采用了上述区别技术特征从而增强过滤网的强度，而证据 1 既未公开上述区别技术特征，也没有给出技术启示。原审判决的上述认定事实存在错误，理由如下：

第一，涉案专利与证据 1 在反冲洗过程中均存在所谓的吸力效应并产生对于过滤网的作用力。

涉案专利在反冲洗过程中，水通过排出口 56 向外流出，在通道 68 中产生流，该流引起吸力效应，通过吸力效应水从过滤元件 16 的内部空间 64 在通道的角度范围中在相反的方向上通过过滤元件 16 向外流到通道中，拖走外部黏附的颗粒。

证据 1 公开了一种可反冲洗的过滤装置，在反冲洗状态时，腔室 22 和反冲洗槽 16 压力降低，与过滤器 10 的内部之间产生了压力差，**这一压力差即涉案专利所述的吸力效应，并引起对于过滤材料的作用力**，涉案专利与证据 1 在反冲洗过程中对过滤网的作用力并无不同。

第二，原审判决认为证据1与涉案专利在反冲洗过程中过滤元件转动的驱动方式不同，因此没有给出技术启示，系事实认定错误。

原审判决认为证据1与涉案专利在反冲洗过程中过滤元件转动的驱动方式不同，因此没有给出技术启示，所依据的技术方案是涉案专利的权利要求2。涉案专利权利要求1的特征（g）记载过滤元件以可围绕纵轴线转动的方式支承，从而所述过滤元件的表面可沿着所述通道运动。权利要求2引用权利要求1，附加技术特征为所述过滤元件与可从外部操纵的调节手柄连接。

根据涉案专利说明书第［0047］段记载，在反冲洗过程中可利用手柄相对于过滤杯转动过滤元件，从而将过滤元件表面扫过通道，将颗粒从整个表面上被吸走运到排出口。

而证据1在反冲洗时部分水流从反冲洗槽16经由涡轮机叶片13流入腔室22并且从那里经由排出阀21流入外界或进入排放系统。由于在流过涡轮机叶片13时造成的过滤器10的旋转运动，整个过滤面多次经过反冲洗槽16，由此产生脉动的反冲洗效果。

可见，涉案专利与证据1驱动过滤元件旋转的方式的不同建立在涉案专利权利要求2附加技术特征的基础上，且上述区别并非为了解决反冲洗过程中水流从过滤元件内部向外流动进行冲洗的问题，而是为了进一步地将过滤元件表面与通道进行充分接触，从而实现整个过滤元件表面的清洁。

因此，该驱动方式的不同并不影响证据1在反冲洗过程中与涉案专利一样会产生对过滤器的作用力，从而产生需要增强过滤器强度的技术问题。原审判决在评价权利要求1的创造性时依据权利要求2限定的技术方案，认定证据1没有给出技术启示的事实认定存在错误。

第三，涉案专利与证据1均为可反向冲洗的过滤装置，均有正向过滤和反向冲洗两种工作模式。

如前所述，证据1已经公开过滤器应当同时具备过滤作用和反冲洗作用，并且所使用的过滤材料应当在过滤器的圆柱形基础上进行配置，还公开了在反冲洗时腔室22和反冲洗槽16中的压力非常大地降低，存在增强过滤器强度的技术问题。

由于过滤器需要在水流冲击下进行工作，其势必与水流存在作用力，为保证过滤器在水流作用下实现其过滤性能，在证据1已经公开过滤材料在圆柱形过滤器的基础上进行配置，以及反冲洗过程中满足水流通过过滤器实现反向冲洗效果的情形下，所属技术领域的技术人员为解决增强过滤网强度的技术问题，会采取在圆柱形过滤器上通过配置具有支撑作用的过滤材料的常规技术手段，而在所属技术领域圆柱形滤网属于满足过滤条件的常规滤网选择方式。

进一步地，**通过在圆柱形过滤器周向上设置肋条或是支撑体部件加固过滤器，也都是所属技术领域的常规技术手段**，且**选择具有一定支撑作用的过滤肋条或者支撑体的设置并未对增强过滤网的强度带来预料不到的技术效果**。

由此可见，现有技术中已给出将上述区别技术特征应用到证据1以解决增强过滤网强度的技术问题的技术启示，所属技术领域的技术人员容易想到将过滤器具体设置为“带有圆柱形滤网、在周向上延伸的过滤肋条或其他可反向冲洗的过滤材料的被穿流的支撑体”。

因此，相对于证据1和公知常识的结合，得到涉案专利权利要求1请求保护的技术方案是显而易见的，涉案专利权利要求1不具有突出的实质性特点，不具备创造性。原审判决和被诉决定关于涉案专利权利要求1具备创造性的认定有误，应依法予以纠正。

疑难争议解析

一、专利无效行政诉讼程序中新证据提交的合法性与采信标准

在专利无效案件的行政诉讼阶段，新证据的提交与采信是一个复杂且关键的问题。在本案例的专利无效案中，B公司在专利无效口头审理结束后，向国家知识产权局提交了最高人民法院在专利侵权案二审程序中作出的终审民事判决书，但未被纳入证据。然而，在专利无效行政诉讼一审程序中，北京知识产权法院接受了该份民事判决书作为新证据，并在判决书中进行了说

理论证。

那么，在专利无效程序中未被采纳的文件，为何能在后续的行政诉讼中作为新证据呢？这涉及专利无效行政诉讼程序中提交新证据的合法性依据以及法院对新证据的采信标准。

《专利审查指南》第 4 部分第 3 章第 4. 3. 1 节对请求人的举证期限规定：

（1）请求人在**提出无效宣告请求之日起一个月内**补充证据的，应当在该期限内结合该证据具体说明相关的无效宣告请求的审查理由，否则，合议组不予考虑。

（2）请求人在提出无效宣告请求之日起一个月后补充证据的，合议组一般不予考虑，但下列情形除外：

①针对专利权人提交的反证，请求人在合议组指定的期限内补充证据，并在该期限内结合该证据具体说明相关无效宣告理由的；

②在口头审理辩论终结前提交技术词典、技术手册和教科书等所属技术领域中的公知常识性证据或者用于完善证据法定形式的公证文书、原件等证据，并在该期限内结合该证据具体说明相关无效宣告理由的。

（3）请求人提交的证据是外文的，提交其中文译文的期限适用该证据的举证期限。

《专利审查指南》第 4 部分第 3 章第 4. 3. 2 节针对专利权人举证进行了规定：“专利权人应当**在指定的答复期限内**提交证据，但对于技术词典、技术手册和教科书等所属技术领域中的公知常识性证据或者用于完善证据法定形式的公证文书、原件等证据，可以在口头审理辩论终结前补充。

专利权人提交或者补充证据的，应当在上述期限内对提交或者补充的证据具体说明。

专利权人提交的证据是外文的，提交其中文译文的期限适用该证据的举证期限。

专利权人提交或者补充证据不符合上述期限规定或者未在上述期限内对所提交或者补充的证据具体说明的，合议组不予考虑。”

根据《专利审查指南》的上述规定，请求人和专利权人在专利无效程序中提交证据有严格的期限要求和情形限制。这些规定明确了在专利无效程序中证据提交的规范性，以确保程序的公正和高效。

然而，在专利行政诉讼程序中，原告是否可以提交新证据呢？最高人民法院《关于行政诉讼证据若干问题的规定》第 2 条以及最高人民法院《关于适用〈中华人民共和国行政诉讼法〉的解释》第 45 条对此进行了规定。

最高人民法院《关于行政诉讼证据若干问题的规定》第 2 条规定，原告或者第三人提出其在行政程序中没有提出的反驳理由或者证据的，经人民法院准许，被告可以在第一审程序中补充相应的证据。

最高人民法院《关于适用〈中华人民共和国行政诉讼法〉的解释》第 45 条规定，被告有证据证明其在行政程序中依照法定程序要求原告或者第三人提供证据，原告或者第三人依法应当提供而没有提供，在诉讼程序中提供的证据，人民法院一般不予采纳。

根据上述司法解释的规定，**原告可以提出其在行政程序中没有提出的反驳理由或者证据；但是，如果原告或者第三人在行政程序中没有提供的证据，属于在行政程序中应当提供而没有提供的，一审法院一般不予考虑**。这意味着，在行政诉讼程序中，原告提交新证据并非绝对禁止，而是需要满足一定条件。

在司法实践中，对于原告在行政诉讼中提交的新证据，法院并非一概不予考虑。例如，在（2010）知行字第 28 号商标行政纠纷案件中，最高人民法院明确指出，“**法院对提交的新证据不予采纳的限定条件是原告依法应当提供而拒不提供，不提供的后果是人民法院一般不予采纳，并非一概不予采纳**。本案中，二审法院考虑复审商标本身权利状况发生多次改变，证据收集本身存在一定的障碍等因素，认定汉方堂公司不存在行政程序中拒不提供证据的情形，并同时**考虑行政诉讼救济价值，对于当事人无不当理由而未能在行政程序中提供有效证明自己主张的证据，应予以充分考虑**，并无不当”。在（2011）知行字第 9 号商标行政纠纷案件中，最高人民法院再次重申了上述规则。

回到本案中，B公司在专利无效审查行政程序中提交的民事判决，并非B公司“应当提供而不提供”，而是在举证期限内该证据尚未产生。因此，尽管国家知识产权局未接受该份民事判决作为新证据，但在专利无效行政诉讼一审程序中，法院可以接受并将其作为新证据进行说理论证。

此外，在司法实践中，即使是属于“在行政程序中应当提供而未提供”的情形，法院对在行政诉讼程序中提交的新证据是“一般不予考虑”，也不是“一概不考虑”。

例如，在（2020）最高法知行终58号专利权无效行政纠纷案中，一审法院认为，原告在本案诉讼中提交的证据8、证据9并未在专利无效程序中提交，并非被诉决定作出的依据，不应作为评判被诉决定是否合法的依据。本案经过二审，最高人民法院认为：“**在专利权无效审查诉讼程序中，一般来说不应当考虑当事人在诉讼中提交的新证据材料。但是，由于公知常识是本领域技术人员在申请日前均已知悉和了解的，对于当事人在专利无效诉讼程序中新提交的公知常识性证据，为避免专利权无效程序的循环往复，故在保障各方当事人有机会充分陈述意见的基础上可以适当采信**。因而，在该案中，原告在原审中提交的证据8、证据9均系《真空技术》高等学校规划教材，证据8的出版日期在涉案专利申请日之后，不能作为本案公知常识证据，故本院仅认定证据9可以作为公知常识证据予以考虑。原审法院认为证据9不应作为评判被诉决定是否合法的依据不当，最高法院依法予以纠正。”

综上，在专利无效行政诉讼程序中，原告提交新证据的合法性依据在于相关司法解释的规定，而法院对新证据的采信标准则需综合考虑证据的性质、提交的原因、对当事人合法权益的影响以及行政诉讼的救济价值等因素。即使属于“在行政程序中应当提供而未提供”的情形，法院也不是绝对不予考虑，而是根据具体案件情况进行判断。这一规则既保障了行政诉讼的公正性，又兼顾了行政程序的严肃性和效率性，体现了司法实践中对证据规则的灵活运用和对当事人合法权益的充分保护。

二、专利侵权纠纷案件适用中止诉讼的情形

专利权侵权纠纷案件，系属民事诉讼程序范畴，由法院依法行使管辖权；而专利权无效审查程序，则归于行政程序序列，由国家知识产权局负责主管。后续针对专利无效所引发的行政诉讼，再由法院予以管辖。二者在审查机制上存在本质差异，分属两个截然不同的体系。当此二程序相互交织、穿插进行之际，专利侵权案件的审理法院对于是否中止审理，享有一定的自由裁量权。而该裁量结果，无论对专利权人抑或被控侵权人而言，均具有举足轻重的意义。

最高人民法院《关于审理专利纠纷案件适用法律问题的若干规定》针对中止审理的相关规定，具体如下：

第4条规定，对申请日在2009年10月1日前（不含该日）的实用新型专利提起侵犯专利权诉讼，原告可以出具由国务院专利行政部门作出的检索报告；对申请日在2009年10月1日以后的实用新型或者外观设计专利提起侵犯专利权诉讼，原告可以出具由国务院专利行政部门作出的专利权评价报告。根据案件审理需要，人民法院可以要求原告提交检索报告或者专利权评价报告。原告无正当理由不提交的，人民法院可以裁定中止诉讼或者判令原告承担可能的不利后果。

侵犯实用新型、外观设计专利权纠纷案件的被告请求中止诉讼的，应当**在答辩期内**对原告的专利权提出宣告无效的请求。

第5条规定，人民法院受理的侵犯实用新型、外观设计专利权纠纷案件，被告在答辩期间内请求宣告该项专利权无效的，人民法院应当中止诉讼，但具备下列情形之一的，可以不中止诉讼：（1）原告出具的检索报告或者专利权评价报告未发现导致实用新型或者外观设计专利权无效的事由的；（2）被告提供的证据足以证明其使用的技术已经公知的；（3）被告请求宣告该项专利权无效所提供的证据或者依据的理由明显不充分的；（4）人民法院认为不应当中止诉讼的其他情形。

第6条规定，人民法院受理的侵犯实用新型、外观设计专利权纠纷案件，

被告在答辩期间届满后请求宣告该项专利权无效的，人民法院不应当中止诉讼，但经审查认为有必要中止诉讼的除外。

第7条规定，人民法院受理的侵犯发明专利权纠纷案件或者经国务院专利行政部门审查维持专利权的侵犯实用新型、外观设计专利权纠纷案件，**被告**在答辩期间内请求宣告该项专利权无效的，人民法院可以不中止诉讼。

依据上述司法解释的规定，当被控侵权人有意向申请中止诉讼时，需着重考量以下因素：

第一，无效请求人主体资格与被告当事人的一致性。依据上述最高人民法院《关于审理专利纠纷案件适用法律问题的若干规定》的相关规定，被控侵权人以涉案专利被请求宣告无效为由申请中止诉讼的，被控侵权人应当是无效请求人。

根据《专利审查指南》第4部分第3章第3.2节的规定，请求人属于下列情形之一的，其无效宣告请求不予受理：（1）请求人不具备民事诉讼主体资格的。（2）以授予专利权的外观设计与他人在申请日以前已经取得的合法权利相冲突为理由请求宣告外观设计专利权无效，但请求人不能证明是在先权利人或者利害关系人的。其中，利害关系人是指有权根据相关法律规定就侵犯在先权利的纠纷向人民法院起诉或者请求相关行政管理部门处理的人。

根据上述规定，任何具备民事诉讼主体资格的人，均可以对发明专利、实用新型专利提起无效宣告请求。在司法实践过程中，真正意图使目标专利被宣告无效的主体，往往出于各式各样的目的，会采用他人名义代为提起对目标专利的无效请求，此即为所谓的“稻草人”策略。

因此，实践中，真正希望将目标专利无效的主体，出于各种目的，往往会以他人的名义代为提起对目标专利的无效请求，这就是所谓的“稻草人”策略。然而，若被控侵权人采用“稻草人”策略对涉案专利提起无效，依据最高人民法院《关于审理专利纠纷案件适用法律问题的若干规定》的相关规定，被控侵权人将无法以涉案专利被请求宣告无效为由，向法院申请中止诉讼。因此，综合考量案件的各类因素，若被控侵权人有意向法院申请中止专利权侵权诉讼，则必须确保无效请求人与被告当事人的一致性，谨慎权衡是否采用“稻草人”策略。

第二，无效请求日与答辩期的关联性。根据最高人民法院《关于审理专利纠纷案件适用法律问题的若干规定》的相关规定，向法院提出请求中止诉讼的，无效请求日应当在答辩期内。

《民事诉讼法》第128条第1款规定，人民法院应当在立案之日起5日内将起诉状副本发送被告，被告应当在收到之日起15日内提出答辩状。《民事诉讼法》第85条第2款、第3款规定，期间开始的时和日，不计算在期间内。期间届满的最后一日是法定休假日的，以法定休假日后的第一日为期间届满的日期。

因此，被控侵权人对涉案专利提起无效宣告请求的日期，应从收到法院的应诉通知书之日起计算15日内。

《专利审查指南》第4部分第3章第4.1节规定，请求人在提出无效宣告请求时没有具体说明的无效宣告理由以及没有用于具体说明相关无效宣告理由的证据，且在提出无效宣告请求之日起一个月内也未补充具体说明的，合议组不予考虑。

根据上述规定，被控侵权人若认为15天答辩期内不足以将无效证据全部整理完成的，可以在答辩期内依据所掌握的理由和证据向国家知识产权局提起无效宣告请求，以确保无效宣告请求日在答辩期内。随后，继续依据《专利审查指南》的规定，在**提出无效宣告请求之日起一个月内补充证据**，并在该期限内结合该证据具体说明相关的无效宣告理由，从而保证无效理由和证据的充分性。

需要特别指出的是，尽管根据最高人民法院《关于审理专利纠纷案件适用法律问题的若干规定》第7条的规定，对于侵犯发明专利权纠纷案件，即使被告在答辩期内请求宣告该项专利权无效的，法院可以不中止诉讼，但是司法实践中，在超过答辩期后请求宣告发明专利权无效的，法院仍将依据案件的具体情况，审查是否有必要中止诉讼。

回到本案，专利侵权案件的涉案专利是发明专利，南京市中级人民法院2018年5月17日立案。专利侵权案件审理过程中，B公司就涉案专利于2018年9月29日向国家知识产权局提出了无效宣告请求且已被受理，并以此为由请求中止审理。南京市中级人民法院认为，涉案发明专利已由被告B公司在审理过程中向国家知识产权局提出无效宣告请求且已被受理，而**本案系侵害发明专利权纠纷，涉案专利权的法律效力与本案争议的事实具有利害关系，国家知识产权局对涉案专利权无效宣告请求的审理结果对本案的审理有实质影响**，因此对被告B公司提出的中止审理请求予以了准许。

通过对本案的深入分析，我们可以清晰地看到，在专利侵权纠纷案件中，是否适用中止诉讼，涉及诸多复杂的法律因素和程序要求。从专利权侵权纠纷案件与专利权无效审查程序的体系差异，到司法解释对于中止审理的具体规定，再到被控侵权人在申请中止诉讼时需重点考量的主体资格、时间限制等因素，每一个环节都紧密相连，相互影响。南京市中级人民法院在本案中的裁判思路和法律适用，为我们提供了宝贵的实践参考，有助于我们进一步理解和把握专利侵权纠纷案件中中止诉讼制度的内涵与外延，对于类似案件的处理具有重要的借鉴意义。

三、现有技术抗辩与专利无效宣告请求的异同

在专利侵权诉讼中，现有技术抗辩与专利无效宣告请求均为应对侵权指控的重要手段。以本案为例，B公司面临专利侵权指控时，一方面提出合法来源抗辩与现有技术抗辩，另一方面对涉案专利提起无效宣告请求，主张涉案专利属于现有技术，缺乏创造性。

现有技术抗辩与专利无效宣告请求在程序启动上均需对现有技术进行检索，并围绕涉案专利权利要求的技术特征展开比对，二者在流程上存在一定相似性。然而，二者在实体意义与程序意义上存在显著差异，不可混同。

现有技术抗辩的法律基础在于《专利法》第67条以及最高人民法院《关于审理侵犯专利权纠纷案件应用法律若干问题的解释》第14条。

《专利法》第67条规定，在专利侵权纠纷中，被控侵权人有证据证明其

实施的技术或者设计属于现有技术或者现有设计的，不构成侵犯专利权。

根据最高人民法院《关于审理侵犯专利权纠纷案件应用法律若干问题的解释》第 14 条规定，被诉落入专利权保护范围的全部技术特征，与一项现有技术方案中的相应技术特征相同或者无实质性差异的，人民法院应当认定被诉侵权人实施的技术属于《专利法》第 67 条规定的现有技术。被诉侵权设计与一个现有设计相同或者无实质性差异的，人民法院应当认定被诉侵权人实施的设计属于《专利法》第 67 条规定的现有设计。

根据上述法律及司法解释规定，现有技术抗辩属于专利侵权诉讼中的不侵权抗辩事由，本质上是一种民事程序中的防御手段，由被告在诉讼中提出，旨在证明被诉侵权技术方案在涉案专利申请日之前已为公众所知，属于现有技术范畴。现有技术抗辩若成立，可快速解决个案纠纷，避免诉讼拖延，但其局限性在于仅能对抗当前侵权指控，仅具个案效力，无法彻底消除专利威胁，故其角色定位为“盾”，主要用于个案防御。

专利无效宣告请求的法律基础则源于《专利法》第 45 条与第 47 条。

《专利法》第 45 条规定，自国务院专利行政部门公告授予专利权之日起，任何单位或者个人认为该专利权的授予不符合本法有关规定的，可以请求国务院专利行政部门宣告该专利权无效。

《专利法》第 47 条规定，宣告无效的专利权视为自始即不存在。

根据上述法律规定，专利无效宣告请求的核心在于对已授权的专利权提出质疑，主张该专利权存在缺陷或侵犯他人权益。对于无效宣告请求的审查，审查范围涵盖新颖性、创造性、实用性等多个要件，而非仅限于是否属于现有技术。专利无效宣告若成功，被宣告无效的专利权视为自始不存在，对所有相关潜在侵权行为，专利权人均不能再主张权利，故其为一种更广泛挑战专利有效性的手段。

现有技术抗辩与专利无效宣告请求在法律效果上存在显著差异。现有技术抗辩若获法院支持，仅意味着被告行为不构成侵权，不影响专利本身的法律状态；而专利无效宣告若获支持，将彻底否定涉案专利的法律效力，使专利权人无法对任何潜在侵权行为主张权利。

在具体应用时，现有技术抗辩只允许被控侵权人根据一份对比文献中记载的一项现有技术方案与公知常识的简单组合来主张现有技术抗辩。需以涉案专利权利要求为参照，划分并确定被诉落入涉案专利权保护范围的全部技术特征，并将上述技术特征与现有技术进行对比；当被诉侵权技术方案中抽象出的全部技术特征中，与一项现有技术相应技术特征相同或无实质性差异时，现有技术抗辩成立。在判断相应技术特征是否无实质性差异时，可以根据相应的技术特征与现有技术公开的技术特征是否构成等同来判断。

专利权无效宣告旨在挑战专利的有效性，通常基于一个或多个更为全面的理由，如不符合《专利法》保护客体、缺乏新颖性或创造性、说明书公开不充分等，而非仅仅依赖一项现有技术方案。

但是，现有技术抗辩和专利权无效宣告在证据上存在较强的关联。现有技术抗辩成立的条件是被诉侵权的技术方案与现有技术公开技术方案相同或并无实质差异，而专利权无效宣告成功的条件之一，是通过比较被诉专利权利要求保护的技术内容与现有技术，判断其是否已在申请日前被公开并容易被本领域技术人员所想到。基于上述原则，一般认为，在专利侵权程序中作为现有技术抗辩的证据，可作为确权程序的对比文件，进而可以用于涉案专利的无效程序。实践中，需根据案件具体情况、成本及商业目标等，对现有技术抗辩和专利无效宣告进行综合运用，以实现最佳法律效果。

四、重要的权利要求解释方法及运用原则

在专利侵权纠纷案件中，专利权利要求的解释系核心问题所在，其直接关系到专利保护范围的界定以及侵权判定的准确性。本案中，专利权人与被控侵权人对涉案专利权利要求中“所述过滤元件（16）仅仅由带有圆柱形滤网、在周向上延伸的过滤肋条（34）或其他可反向冲洗的过滤材料的被穿流的支撑体形成”之表述产生重大争议，此争议甚至直接影响到对涉案专利新颖性的判断，这凸显出权利要求解释之复杂性和重要性。

一种解释认为，上述权利要求描述的技术特征应理解为包括“过滤元件

仅仅由带有圆柱形过滤网、在周向上延伸的过滤肋条形成”（技术方案一），或“过滤元件仅仅由带有其他可反向冲洗的过滤材料的被穿流的支撑体形成”（技术方案二）。

而另一种解释认为，上述权利要求描述的技术特征应理解为包括“过滤元件仅仅由带有圆柱形过滤网、在周向上延伸的过滤肋条形成”（技术方案一），或“过滤元件仅仅由带有圆柱形过滤网、其他可反向冲洗的过滤材料的被穿流的支撑体形成”（技术方案二）。

不同解释所引发之分歧，根源在于专利权利要求语言表述之抽象性以及专利撰写过程中信息损耗与扭曲之不可避免性。

专利通过语言文字对客观存在的技术客体进行描述，并以权利要求书的形式确定其保护范围。专利撰写者需将具象的技术客体转化为抽象的书面文字，而专利权利要求解释者则需将抽象的书面文字还原为具象的技术客体信息，此两次转化过程均涉及专利解释。

在首次解释的过程中，由于专利撰写者知识储备、能力水平及表达形式之差异，加之人类理性之有限性，语言往往难以完全精准地描摹发明创造，使信息在转化过程中出现损耗与扭曲。而在第二次解释过程中，解读者对已授权专利权利要求书之理解，需对权利要求所架构的技术方案进行“血肉还原”，此过程与首次解释时之抽象、概括方向相反，且法律更关注解读者之解读结论，而非发明人或专利撰写者之原始意图。不同专业背景、智力水平及生活经验之人对权利要求书记载之书面文字所还原之技术方案可能存在差异，故专利权人与被控侵权人对权利要求之理解产生分歧在所难免。

为解决上述分歧，在权利要求的解释中，通常采用文义解释、体系解释、合发明目的解释等方法。

文义解释，是指除非有明确不同的定义，应以本技术领域普通技术人员所理解的通常含义来进行解释。最高人民法院《关于审理侵犯专利权纠纷案件应用法律若干问题的解释》第 2 条对此明确规定：“人民法院应当根据权利要求的记载，结合**本领域普通技术人员阅读说明书及附图后对权利要求的**

理解，确定专利法第五十九条[①]第一款规定的权利要求的内容。”该司法解释第3条规定，说明书对权利要求用语有特别界定的，从其特别界定。

当文义解释无法解决权利要求理解存在的分歧时，体系解释法应运而生，即综合考虑专利文献之整体，包括权利要求书、说明书以及专利申请人之陈述等文件，依据各文件间之内在联系理解权利人在具体语境下使用权利要求中的语言的含义。

最高人民法院《关于审理侵犯专利权纠纷案件应用法律若干问题的解释》第3条第1款规定：“人民法院对于权利要求，可以运用说明书及附图、权利要求书中的相关权利要求、专利审查档案进行解释。”第3条第2款进一步规定，“以上述方法仍不能明确权利要求含义的，可以结合工具书、教科书等公知文献以及本领域普通技术人员的通常理解进行解释”。

最高人民法院《关于审理侵犯专利权纠纷案件应用法律若干问题的解释（二）》第6条第1款和第2款规定：“人民法院可以运用与涉案专利存在分案申请关系的其他专利及其专利审查档案、生效的专利授权确权裁判文书解释涉案专利的权利要求。**专利审查档案**，包括专利审查、复审、无效程序中专利申请人或者专利权人提交的书面材料，国务院专利行政部门制作的审查意见通知书、会晤记录、口头审理记录、生效的专利复审请求审查决定书和专利权无效宣告请求审查决定书等。”

例如在本案中，对于“所述过滤元件（16）仅仅由带有圆柱形滤网、在周向上延伸的过滤肋条（34）或其他可反向冲洗的过滤材料的被穿流的支撑体形成”的解释已经不能用文义解释方法可以解决；在此情况下，北京知识产权法院采用了体系解释方法，认为“**如果按照B公司对上述特征的理解，技术方案二不包括圆柱形滤网，这与B公司自认的本领域中过滤元件通常都包括滤网的事实不符**”。从而认定了对上述权利要求的解释。

当文义解释与体系解释均无法发挥作用时，合发明目的解释成为常用之

① 现行《专利法》第64条。

方法。合发明目的的解释是指，根据该发明所在的技术领域、实际要解决的技术问题、所想要获得的技术效果，来综合理解和明确权利要求中技术方案的含义，也可以起到以发明目的限定权利要求边界、防止过度扩张权利的作用。

尽管合发明目的的解释方法没有在法律、司法解释的文件中正式出现，但在司法实践中已经开始较为广泛地运用。最高人民法院发布的《关于充分发挥知识产权审判职能作用推动社会主义文化大发展大繁荣和促进经济自主协调发展若干问题的意见》中第 13 条专门强调："**重视专利的发明目的对专利权保护范围的限定作用**，不应把具有专利所要克服的现有技术缺陷或者不足的技术方案纳入保护范围。"《北京市高级人民法院专利侵权判定指南（2017）》在"关于确定保护范围的解释原则"的条款中亦特别规定了"**符合发明目的的原则**"："在确定专利权保护范围时，不应将不能实现发明目的、效果的技术方案解释到权利要求的保护范围中，即不应当将本领域普通技术人员在结合本领域的技术背景的基础上，在阅读了说明书及附图的全部内容之后，仍然认为不能解决专利的技术问题、实现专利的技术效果的技术方案解释到专利权的保护范围内。"

例如，人民司法刊登的（2018）浙 02 民初 1891 号专利侵权纠纷案中，浙江省宁波市中级人民法院经审理认为：

对于涉案专利权利要求记载的"所述离心区与搅拌机之间设置有余浆回收装置"技术术语的解释，不能脱离说明书、附图及涉案专利的发明目的。在说明书和实施例中记载了"所述余浆回收装置由与离心区相连的倒浆水斜槽、集浆水桶和与搅拌机相连的配浆水桶组成，所述倒浆水槽、集浆水桶和配浆水桶依次相连"，同时载明"本发明的有益效果：结构简单，设置有余浆回收装置""离心后的余浆与原有的普通离心工艺产生的余浆有本质区别，使之具备往复循环使用功能，杜绝环境污染和节约能源"。虽然涉案专利权利要求中关于"余浆回收装置"如何构成并未具体限定，但是从"所述离心区与搅拌机之间设置有余浆回收装置"的表述可以看出，余浆回收装置设置于离心区和搅拌机之间，而涉案专利的发明目的是要实现高效、节能、环保，使余浆离心后能够往复循环使用，**因此，“所述离心区与搅拌机之间设置有余浆回收装置”是指该装置以能够实现余浆的往复循环使用为目的，否则就会对权利要求保护范围的解释过宽，与涉案专利的发明目的相背离**。

回顾与总结

本案中，B 公司面对欧洲净水器领域的老牌企业发起的专利战，在专利侵权诉讼和专利无效宣告程序两条“战线”上均实现了逆转，取得最终胜利，殊为不易。

在专利侵权诉讼程序中，B 公司以专利无效宣告请求获得国家知识产权局受理为由申请中止诉讼。在涉案专利为发明专利，且提出专利无效宣告请求的时间超出答辩期的情况下，南京市中级人民法院一审裁定中止诉讼，对 B 公司而言是一个重大利好，B 公司首战告捷。

但是，在随后的专利无效宣告程序中，国家知识产权局经审理后决定维持 A 公司涉案专利有效，这对 B 公司而言是一个沉重打击。紧接着，在专利侵权诉讼一审程序中，南京市中级人民法院认定 B 公司侵犯 A 公司专利权，判决 B 公司立即停止制造、销售侵害 A 公司发明专利权产品的行为，并赔偿 A 公司经济损失及合理费用 30 万元。

B 公司在专利侵权诉讼程序和专利无效宣告程序中均败诉，使其面临巨大的诉讼压力。本案专利确权程序的行政诉讼一审在北京知识产权法院，《北京知识产权法院十年审判工作白皮书（2014—2024）》公布的数据显示，十年间北京知识产权法院审结的专利行政案件中，撤销被诉行政决定的 852 件，占比为 6.21%。换言之，如果不服国家知识产权局对一件专利作出的无效决定，当事人提起行政诉讼后，在北京知识产权法院获得改判撤销的概率约为 6%，这意味着 B 公司在北京知识产权法院获得改判撤销的概率非常低。同时，B 公司的专利侵权诉讼二审程序在最高人民法院知识产权法庭进行，根据最高人民法院知识产权法庭2024年发布的截至2023年12月31日的数据①，五年来，最高人民法院知识产权法庭民事实体案件改判率为19.6%。也就是说，如果不服一审法院对专利侵权案件作出的一审判决，当事人在最高人民法院知识产权法庭上诉后，最高人民法院知识产权法庭改判的概率约为20%。

B公司在专利侵权诉讼中面临的另一重大不利因素是，在一审程序中，B公司自认被诉侵权产品落入了A公司涉案专利的权利要求的保护范围。这导致在二审程序中，B公司仅能利用现有技术抗辩策略，而现有技术抗辩只能根据一份对比文献中记载的一项现有技术方案与公知常识的简单组合来主张，难度极大。

值得庆幸的是，B公司最终成功检索到一篇德文文献可以作为现有技术抗辩的证据，获得最高人民法院的支持。在此过程中，还出现了一个小插曲：

作为现有技术抗辩的关键证据，该德文文献是在二审程序开庭前不久才检索到的。B公司委托翻译机构抓紧翻译后提交法院，最高人民法院合议组对开庭前临时提交证据的行为极为不满，且A公司代理律师也认为属于“**证据突袭**”，合议组不应当接受该份证据。

但B公司据理力争，由于二审程序中更换代理团队，新的代理团队接手此案时距离开庭的时间已经非常临近，再加上检索和翻译的时间，最终才十分艰难地得到了该份证据。同时，由于该份证据与被诉侵权产品的特征完全一致，属于非常重要的证据，足以影响最终判决结果，所以即使提交时间较晚，也希望合议组充分考虑。在随后的庭审特征对比阶段，B公司代理律师详细地阐述了该现有技术证据与被诉侵权产品的技术方案的相同之处，使法官充分地理解了其中的技术内容。

最终，最高人民法院接受了B公司的现有技术抗辩，认定B公司实施的技术属于现有技术的，不构成侵犯专利权，并判决驳回A公司的全部诉讼请求。

---

① 参见姜旭：《成立5年来，最高人民法院知识产权法庭取得了哪些成绩?》，载《中国知识产权报》2024年3月4日版。

虽然B公司利用现有技术抗辩赢得了专利侵权诉讼，但非常意外的是，在专利无效宣告程序中，北京知识产权法院仍然认定A公司的涉案专利有效，支持国家知识产权局作出的无效审查决定，驳回原告B公司的诉讼请求。

《最高人民法院知识产权法庭年度报告（2022）》公布的数据显示，最高人民法院2022年审结的855件行政二审实体案件中，以发回重审方式结案3件，占比为0.4%，以改判方式结案50件，占比为5.8%，整体发改率为6.2%，这意味着B公司想在最高人民法院赢下专利无效行政诉讼二审，难度非常大。即使如此，B公司并没有止步于专利侵权诉讼的胜利，坚持在专利确权程序中提起行政诉讼上诉，并在最后成功在最高人民法院获得支持，责令国家知识产权局重新作出决定。

2022年4月11日，国家知识产权局就专利无效案重新作出审查决定，宣告涉案专利部分权利要求无效，其中被宣告无效的权利要求，正是B公司制造的产品落入的权利要求保护范围。至此，B公司的侵权风险彻底解除。

A公司是世界上最早发明并制造水处理设备的公司之一，面对这样的竞争对手发起的专利战，B公司有信心敢于应诉，在面临不利诉讼结果时敢于承担、坚持反击，在面临小胜时又坚持乘胜追击直至完全胜利，这种精神是B公司获得最终胜利的重要因素之一。

八年鏖战终和解，健康护理行业国内新锐与日本百年名企实现双赢

——日本某株式会社与天津某科技公司、北京某连锁商业公司侵害发明专利权纠纷案

➢ 案件导航

个人健康护理　日本　百年企业　化学领域　无效决定被撤销
再审和解　北京知产法院　最高法院　八年

➢ 案件亮点

本案是跨国企业与本土创新力量博弈的经典缩影。作为拥有百年历史的日化巨头，日本某株式会社自1999年起布局中国技术专利，其核心产品在中国市场占据先发优势。而成立于2006年的B公司，凭借对本土消费需求的精准把握和技术迭代能力，迅速成长为个人护理用品领域的国产领军企业。这场跨越八年的专利攻防战中，日本某株式会社展现出跨国企业成熟的维权体系：通过三次线下购买、四次网络取证构建完整证据链，辅以专业鉴定强化技术比对。天津某科技公司则两次发起专利无效挑战，在第二次无效宣告成功后引发专利效力“生死轮回”——从行政决定到两审司法裁判，最终国家知识产权局又重新认定专利有效。尤为值得关注的是，即便涉案专利于2019年自然失效，双方仍持续投入司法资源展开程序博弈：日本某株式会社凭借百年企业的战略定力坚持诉讼程序，天津某科技公司则依托本土市场优势在再审阶段促成全面和解。这场较量既体现了跨国企业对核心专利的全生命周期管理智慧，也揭示了中国

企业在技术突围中从被动防御到主动博弈的成长轨迹，为全球化竞争格局下的知识产权战略提供了多维度的启示样本。

产业背景

一、产业发展情况

蒸汽热敷眼罩，作为一种眼部护理工具，对于干眼症和眼部疲劳具有良好的缓解作用，同时也有助于消除因眼周血液循环不畅所形成的青色黑眼圈。在现代生活中，蒸汽眼罩作为眼部护理产品日益普及，这一趋势与消费电子产品的广泛流行紧密相连，反映了科技进步与消费者需求变迁的交融。

蒸汽眼罩的概念起源于20世纪80年代的日本，当时日本社会对眼部健康的重视程度日益增加，人们发现短暂的热敷能为眼部带来舒适感。而热敷的方法在中国古代已被广泛应用，中医中的“热熨疗法”便是将加热后的中药或其他传热物体用布包裹，熨敷于患病部位，以温热之力促进经络、血脉的畅通，达到温经通络、行气活血、散寒止痛、祛瘀消肿的效果。然而，传统的中医眼部热熨疗法存在热度不均、持续时间短、使用不便等局限性。

日本某株式会社（同时也是本案涉案专利的专利权人）敏锐洞察到了这一市场需求，成功研发并推出了全球首款蒸汽眼罩。这款眼罩内置特殊的自发热物质，与空气接触后发生化学反应产生热量并释放蒸汽，同时眼罩内还添加了美容成分或药物，随着蒸汽的释放，这些成分也一同被释放，模拟热敷效果，能够有效缓解眼部疲劳。

随着中日贸易的繁荣和文化交流的加深，日本的蒸汽眼罩产品于2000年前后逐渐进入中国市场。起初，国内蒸汽眼罩市场主要依赖日本产品进口，价格昂贵且品种有限。然而，随着中国经济的快速发展和消费者购买力的提升，城市白领及工薪阶层对眼部健康的关注度不断提高，国内企业开始自主研发蒸汽眼罩产品并推向市场，逐渐占据了更大的市场份额。

中国的蒸汽眼罩产品在短时间内实现了快速迭代升级，在发热技术、材质选择、功能与应用等方面均取得了显著进步。从最初的以热敷为主的蒸汽眼罩，到后来考虑瞳孔安全的C形加热结构蒸汽眼罩，再到如今兼顾瞳孔安全与心理安全的蒸汽眼罩，每一次升级都体现了对功能与安全的双重关注。

如今，蒸汽眼罩的应用范围已非常广泛，几乎涵盖了所有需要眼部护理的场景。它不仅可以有效缓解因长时间使用电子设备、阅读或工作而引起的眼部疲劳和干涩，还能改善睡眠质量、缓解眼部浮肿和淡化黑眼圈。此外，蒸汽眼罩的热敷效果对于霰粒肿、眼睑痉挛、睑缘炎等眼部疾病也具有一定的辅助治疗作用。据市场研究机构估计，2022 年，我国一次性蒸汽眼罩的销售额近 20 亿元。①

二、案件当事人情况

日本某株式会社（以下简称 **A 公司**）成立于 18 世纪 80 年代末，是一家历史超过 100 年的世界知名日用品公司。A 公司总部位于日本东京都中央区，全球员工超过 3 万人，主要业务包括卫生与生活护理、健康与美容护理、生命护理和化妆品等四个领域，产品直接面向一般消费者。2002 年 8 月，A 公司斥资 3000 万美元在中国创建了子公司。蒸汽眼罩是 A 公司在中国的一个爆款产品，深受中国消费者的信任和喜爱。早在 1999 年，A 公司就蒸汽眼罩的相关技术向中国国家知识产权局申请了“蒸汽发生垫”的发明专利，并于 2004 年 8 月获得授权。

天津某科技公司（以下简称 **B 公司**）成立于 2006 年左右，是一家规模化的医疗与个人护理用品企业，致力于暖贴、蒸汽眼罩、蒸汽面罩、水凝胶贴敷料、养生草本产品等健康护理类产品的研发、生产销售。B 公司自 2006 年开始生产发热暖贴系列产品，是国内较早生产蒸汽眼罩的企业，对蒸汽眼罩行业的成长与发展起了重要推动作用。B 公司不断推陈出新，仅蒸汽眼罩系列就有瞳保圈眼罩、呼吸孔眼罩、穴位眼罩、环保眼罩等多样化的产品，在原材料应用、配方工艺开发以及市场营销模式创新等方面都保持着行业内领先水平，成为国内蒸汽眼罩产品的头部企业。除国内市场外，B 公司还向国外出口，在国际市场上，公司代工生产的产品已远销欧洲、北美、中东、东南亚等二十几个国家和地区。

---

① 参见中研普华产业研究院：《2022—2027 年中国蒸汽眼罩行业市场全面分析及发展趋势调研报告》，载中研网，https：//www. chinairn. com/news/20231025/170805109. shtml。

因此，A 公司与 B 公司在蒸汽眼罩市场发生直接竞争，随着市场竞争逐渐激烈，引发了一场长达八年的专利拉锯战。

北京某连锁商业公司（以下简称 **C 公司**）是一家亚洲著名的零售集团在中国的子公司，成立于 2008 年，是国内知名的化妆品和护理用品连锁超市，销售的商品涵盖护肤、彩妆、健康、母婴和个人护理等五大品类。由于 C 公司销售了 B 公司生产的蒸汽眼罩产品，因此也被迫卷入 A 公司与 B 公司的专利战中。

案件大事记

本案前后共历时八年左右，主要过程如图 4－1 所示。

图 4－1　案件大事记

2016年1月29日，A公司委托律师与公证人员进入B公司官网，对B公司许诺销售被诉侵权产品的行为进行了保全证据公证。

2016年1月29日，A公司委托律师与公证人员在天猫、1688网站购买了B公司生产的被诉侵权产品，并就上述网上购买行为过程进行了保全证据公证。

2016年2月1日，A公司委托律师与公证人员一起到C公司的销售点，以消费者的身份购买了被诉侵权产品，带走宣传页、发票，完成了与上述行为相关的保全证据公证。

2016年2月3日，A公司委托律师与公证人员共同完成了对从国家主管机构网站下载的A公司的两项专利（包含涉案专利在内）的保全证据公证。

2016年6月14日，A公司再次对B公司作为供应商在1688网站销售、许诺销售被诉侵权产品的行为进行了保全证据公证。

2016年6月29日，A公司针对B公司的一家销售渠道商深圳某公司在1688网站中销售、许诺销售被诉侵权产品的行为进行了保全证据公证。

2016年7月27日，北京某知识产权司法鉴定中心受A公司代理律所委托，出具鉴定报告，对A公司公证购买的被诉侵权产品与涉案专利权利要求的技术特征是否相同或实质相同给出鉴定意见。

2016年8月8日，A公司向北京知识产权法院起诉（以下简称**专利侵权案**），主张B公司生产、销售、许诺销售的蒸汽眼罩产品侵犯专利权，C公司立即停止销售、许诺销售B公司被控侵权产品，且B公司和C公司共同赔偿A公司损失350万元。

2016年9月20日，北京知识产权法院受理专利侵权案。

2016年10月13日，就专利侵权案中的涉案专利，B公司向国家知识产权局提出第一次无效宣告请求，主张专利权全部无效（以下简称**第一次专利无效**）。

2017年2月21日，就B公司提出的第一次专利无效，国家知识产权局作出无效宣告请求审查决定，维持专利权有效。

2017 年 11 月 27 日，就专利侵权案中的涉案专利，B 公司再次向国家知识产权局提出无效宣告请求，主张专利权全部无效（以下简称**第二次专利无效**）。

2018 年 4 月 11 日，国家知识产权局就 B 公司提起的第二次专利无效作出决定，宣告专利权全部无效。

2018 年 4 月 28 日，就专利侵权案，北京知识产权法院作出裁定，驳回原告 A 公司的起诉。

2018 年 7 月 19 日，北京知识产权法院受理 A 公司因不服国家知识产权局的决定所提起的行政诉讼（以下简称**专利无效行政诉讼**）。

2019 年 4 月 2 日，A 公司在专利侵权案中的涉案专利的专利权到期，专利权因届满终止。

2019 年 11 月 26 日，北京知识产权法院就专利无效行政诉讼一审作出判决，撤销国家知识产权局作出的无效宣告审查决定，并责令国家知识产权局重新审查。

2019 年 12 月 10 日，B 公司作为原审第三人，因不服专利无效行政诉讼一审判决向最高人民法院提起上诉，同时国家知识产权局作为原审被告也提起上诉；2020 年 6 月 28 日，最高人民法院受理立案。

2021 年 8 月 13 日，最高人民法院就专利无效行政诉讼二审作出终审判决，驳回上诉、维持原判。

2022 年 2 月 14 日，B 公司不服专利无效行政诉讼二审判决，向最高人民法院提出再审申请。

2022 年 9 月 27 日，根据最高人民法院作出的专利无效行政诉讼二审生效判决，国家知识产权局就专利无效案重新组成合议组。

2022 年 11 月 16 日，国家知识产权局就专利无效案在充分阅卷的基础上重新作出专利无效审查决定，维持涉案专利的专利权有效。

2023 年 6 月 7 日，在 B 公司向最高人民法院提出的再审申请审查期间，B 公司与 A 公司达成《和解协议》。

2023 年 6 月 9 日，B 公司向最高人民法院提交撤诉申请书，撤回专利无效行政诉讼的再审申请。

2023 年 7 月 27 日，最高人民法院作出裁定，准许 B 公司撤回再审申请。

至此，由 A 公司发起的专利战，经过八年的反复博弈后，在 A 公司获得胜诉生效判决的情况下，最终以 A 公司与 B 公司达成双赢的和解协议而告终。

专利侵权案

一、案件信息

一审原告：日本某株式会社。

一审被告：天津某科技公司。

一审被告：北京某连锁商业公司。

案由：侵害发明专利权纠纷。

一审法院：北京知识产权法院。

涉案专利：一种可作用于皮肤或者黏膜的蒸汽发生垫，该专利一共 7 项权利要求。

本案一审程序审理期间，国家知识产权局作出无效宣告审查决定，宣告涉案专利权利要求全部无效。基于此，北京知识产权法院作出裁定，驳回原告 A 公司的起诉。

二、各方核心主张及观点

A 公司作为原告认为，B 公司大量生产与原告专利产品相近似的蒸汽眼罩产品，不仅冠以其自有品牌进行销售和许诺销售，且对外大量宣传，接受其他企业委托的代工生产，侵犯了原告的专利权，要求：

第一，B 公司立即停止生产、销售、许诺销售侵犯 A 公司专利权的眼罩产品的行为，销毁有关被控侵权产品的全部宣传资料以及删除其在互联网上登载的有关被控侵权产品的宣传内容，销毁被控侵权产品的库存、用于生产被控侵权产品的专用设备、模具；

第二，C公司立即停止销售、许诺销售被控侵权产品，并销毁被控侵权产品的库存，删除和销毁被控侵权产品的宣传信息和资料；

第三，B公司和C公司赔偿A公司损失300万元，以及为了调查和制止被告的侵权行为支出的合理费用50万元，合计350万元。

被告B公司辩称，鉴定比对显示其产品未落入涉案专利权保护范围，A公司的证据不能证明B公司实施了侵权行为，且其索赔金额无事实依据，应当依法驳回A公司的全部诉讼请求。

被告C公司辩称，第一，认可B公司的上述观点；第二，C公司为生产经营目的，通过合法渠道从B公司购买被诉侵权产品，其无从也难以了解产品的每个部分是否侵犯了他人的专利权，主观上无过错，产品有合法来源且已支付合理对价。综上，应当驳回A公司的全部诉讼请求。

专利无效案

一、案件信息

专利权人：A公司。

无效宣告请求人：B公司。

请求宣告无效的专利：与专利侵权案中的涉案专利一致。

本次专利无效程序是本案第二次专利无效，即2017年11月27日，针对涉案专利，B公司向国家知识产权局提出的无效宣告请求。

2018年4月11日，国家知识产权局审查后作出决定，涉案专利的专利权全部无效。

A公司不服国家知识产权局作出的宣告涉案专利的专利权无效的决定，向北京知识产权局提起行政诉讼。经北京知识产权法院一审、最高人民法院二审后，最高人民法院作出生效判决，撤销国家知识产权局作出的宣告涉案专利的专利权无效的决定，并责令国家知识产权局重新作出决定。

2022年11月16日，**国家知识产权局重新成立合议组后，在充分阅卷的**

基础上作出审查决定，维持涉案专利的专利权有效。

二、各方核心主张及观点

B 公司作为请求人认为，涉案专利的说明书不符合《专利法》第 26 条第 3 款，权利要求 1—7 不符合《专利法》第 26 条第 4 款、《专利法》第 22 条第 3 款，请求宣告涉案专利权利要求 1—7 全部无效。为此，B 公司提交了 6 份证据，并明确以证据 1 作为最接近的现有技术。

根据各方当事人的诉辩主张，本案争议焦点为：（1）涉案专利是否符合《专利法》第 26 条第 3 款的规定；（2）涉案专利是否符合《专利法》第 26 条第 4 款的规定；（3）权利要求 1—3 是否具有创造性。

（一）关于涉案专利是否符合《专利法》第 26 条第 3 款的规定

《专利法》第 26 条第 3 款规定，说明书应当对发明或者实用新型作出清楚、完整的说明，以所属技术领域的技术人员能够实现为准；必要的时候，应当有附图。摘要应当简要说明发明或者实用新型的技术要点。

B 公司作为请求人认为，权利要求 4 中的“粘结层”不属于通用术语，说明书中也未对其结构作出说明，本领域技术人员不知道如何实现释放蒸汽和在其内部放置美容组分或者药物等发明目的，因此说明书公开不充分，不符合《专利法》第 26 条第 3 款的规定。

A 公司作为专利权人认为，包含美容组分或药物组分的“粘结层”属于现有技术，涉案专利说明书公开充分，符合《专利法》第 26 条第 3 款的规定。

➢ 对此，国家知识产权局认为：

涉案专利权利要求 1—7 均不具备《专利法》第 22 条第 3 款规定的创造性，应予以全部无效，故对于请求人提出的其他无效理由不再予以评述。

➢ 在最高人民法院责令国家知识产权局重新作出决定后，国家知识产权局对上述无效理由进行评述如下：

涉案专利权利要求 4 进一步限定独立权利要求 1 的蒸汽发生装置在要贴覆到皮肤上的表面上形成了一个粘结层。同时，权利要求 5 引用权利要求 4，进一步限定在所述粘结层中包含有美容组分或者药物。

虽然未对粘结层的具体成分进行披露，但**对于本领域技术人员而言，结合本专利蒸汽发生装置的用途，也可根据具体需要和使用目的及场景，在现有已知材料中进行选择合适的粘结层成分**，原因在于这些粘结层的材料和结构是已有技术，例如凝胶一类既可粘结，又可以存储某些其他成分，类似市面上幼儿退烧贴上的凝胶层的类似的粘结层等具有包含一定成分药物的功能。

因此，对于本领域技术人员而言，粘结层在本专利中并非属于技术手段不清楚，导致不知道如何实现内部放置美容组分或药物的技术，至于哪些结构或成分配比的粘结层可释放蒸汽或让蒸汽部分或全部通过等也是本领域技术人员可根据使用场景、对象、温度等可在现有技术中具备相应功能的材料中进行选择的，并非因“粘结层”未作结构或具体成分说明，而导致公开不充分。故而对请求人上述主张不予支持。

（二）关于涉案专利是否符合《专利法》第26条第4款的规定

《专利法》第26条第4款规定，权利要求书应当以说明书为依据，清楚、简要地限定要求专利保护的范围。

B公司作为请求人认为：

（1）权利要求1中的“一种利用化学能的蒸汽发生部件”属于功能性限定，并非所有化学能用于涉案专利可以达到“一个表面释放的蒸汽量为0.01mg/cm^2·min”的效果，因此得不到说明书支持。

（2）权利要求1中“可渗水薄层”属于上位概括式的功能性限定，而说明书中仅给出了渗水性为4000g/m^2·24h或8000g/m^2·24h或更高的这种具有特定要求的可渗水薄层，而权利要求1未对可渗水薄层的材料及渗水性能进行限定，故而“可渗水薄层”也得不到说明书的支持。

（3）权利要求1中对蒸汽量进行了“作用于皮肤或者黏膜上的所述蒸汽发生装置的一个表面释放的蒸汽量为0.01mg/cm^2·min”限定，其限定了蒸汽量的数值以及计算公式，但并未限定采用该计算公式的检测条件，同时实例仅给出一个非常小的范围（0.80—1.98mg/cm^2·min），实施例6—10中是权利要求 1 的上述数据的 80 倍，因此权利要求 1 所记载的蒸汽量范围，得不到说明书的支持且保护范围不清楚。

A 公司作为专利权人认为，请求人关于“可渗水薄层”导致权利要求 1 得不到说明书支持的无效理由已经在此前的无效程序中提到，因此适用“一事不再理”原则；并且权利要求 1 中的“利用化学能的蒸汽发生部件”、“可渗水薄层”、“作用于皮肤或者黏膜上的所述蒸汽发生装置的一个表面释放的蒸汽量为 0.01mg/cm^2 · min”均能够得到说明书的支持，因此权利要求 1 符合《专利法》第 26 条第 4 款的规定。

➢ **对此，国家知识产权局认为：**

涉案专利权利要求 1—7 均不具备《专利法》第 22 条第 3 款规定的创造性，应予以全部无效，故对于请求人提出的其他无效理由不再予以评述。

➢ **在最高人民法院责令国家知识产权局重新作出决定后，国家知识产权局对上述无效理由进行评述如下：**

（1）涉案专利权利要求 1 中限定一种利用化学能的蒸汽发生部件，表明该蒸汽发生部件是通过化学反应释放蒸汽来实现的，而不是说只要利用化学能就必然属于上述技术特征范围内；同时，权利要求 1 还用“从作用于皮肤或者粘膜上的所述蒸汽发生装置的一个表面释放的蒸汽量为 0.01mg/cm^2 · min 或者更多，所述蒸汽量通过公式 X 确定”来进一步限定上述蒸汽发生部件的蒸汽量，换言之，**这种功能性限定是用化学能和蒸汽量删除了不属于化学能和上述蒸汽量范围内的材料作为蒸汽发生部件**。同时，本领域技术人员根据说明书中相应记载能够清楚地明了通过上述特征可筛选适合作为蒸汽释放部件的材料，并且在说明书中给出了确定能够实现蒸汽量大于等于 0.01mg/cm^2 · min 范围的一些具体实施方式，可以明确的是，**并不应该仅局限于说明书给出的具体实施例中的材料，而是具有上述公式计算出来的符合上述蒸汽量的材料可作为具有相同或相似功能的材料用来制作蒸汽发生部件**，因此请求人的上述主张并不成立。

（2）权利要求 1 限定了该蒸汽发生装置包括一个可渗水薄层，涉案专利说明书第 8 页第 1—2 段记载了可用于可渗水薄层的各种材料和可供选择的渗水性要求，本领域技术人员结合说明书中的记载，能够明了该可渗水薄层的渗水性需要根据作用到皮肤或者黏膜上的蒸汽量以及蒸汽温度来确定，且同时也能理解，具体实施方式中的材料、渗水性也仅是示意性的，而非唯一的实现手段。即该可渗水薄层能够由本领域技术人员根据具体情况进行选择和调整，只要作用到皮肤或粘膜上的蒸汽量及温度满足需要即可。

（3）涉案专利权利要求 1 中已经明确记载了蒸汽发生装置表面所释放的蒸汽量以及该蒸汽量的具体计算公式，即"从作用于皮肤或者粘膜上的所述蒸汽发生装置的一个表面释放的蒸汽量为 0.01mg/cm^2 · min 或者更多，所述蒸汽量通过公式 X 确定"，本领域技术人员根据上述记载能够清楚地明了该蒸汽量应当如何计算，即有关该蒸汽量的数值以及计算公式的保护范围是清楚的。至于请求人所强调的蒸汽量计算公式的检测条件，已在涉案专利说明书第6 页第 5 段中予以记载："当该蒸汽发生装置直接在一托盘天平上时在常温常压下称量精度能够达到以 1 毫克为单位并且在 15 分钟后对其重量进行测定"，这里的测试条件是最不苛刻的常温常压条件，托盘天平是为了称量精度。**本领域技术人员可知常温常压意味着不需要特殊实验条件**。因而，在此基础上是否将该测定条件记载于权利要求书中并不会对蒸汽量的具体计算公式本身带来不清楚的缺陷。

因此，请求人的上述无效理由不能成立。

（三）关于权利要求 1 的创造性

B 公司作为请求人认为：

以证据 1 作为最接近的现有技术，权利要求 1 与证据 1 之间的区别技术特征在于：①蒸汽量大于 0.01mg/cm^2 · min；②所述蒸汽量通过公式（以下简称公式 X）确定；③从所述蒸汽发生装置的所述表面释放的蒸汽的温度为 50℃或者更低。

然而上述区别技术特征①、特征②、特征③均属于公知常识，且上述区别技术特征②属于本领域技术人员基于证据 5 给出的技术启示容易想到的，上述区别技术特征③属于本领域技术人员基于证据 2 给出的技术启示容易想到的，因此涉案专利权利要求 1 相对于证据 1 和公知常识的结合，或证据 1、证据 2 和公知常识的结合，或证据 1、证据 5 和公知常识的结合，或证据 1、证据 5、证据 2 和公知常识的结合不具备《专利法》第 22 条第 3 款规定的创造性。

A 公司作为专利权人认为：

证据 1 的“温热湿敷贴”“开设有发散口 12 的主体 3 的底部”“海绵 5”与权利要求 1 中的“蒸汽发生装置”“可渗水薄层”“温度调整材料”均不存在对应关系，证据 1 中也未公开关于蒸汽量和蒸汽温度的限定，这些区别特征既未被证据 2、证据 5 给出技术启示，也不属于公知常识。特别是：

第一，证据 1 的说明书附图 3 示出的发散口（12）是三个大的开口，其不是可渗水的，是可透水的，证据 1 中与可渗水薄层对应的是海绵 5，因此证据 1 中的设有温热湿敷发散口（12）的主体（3）的底部并不对应于权利要求 1 中的可渗水薄层。

第二，证据 2 中的干敷与涉案专利中的湿敷对温度的要求是不同的，因此证据 2 不能给出蒸汽温度为 50℃或者更低的技术启示。

➢ **对此，国家知识产权局认为：**

涉案专利权利要求 1 请求保护一种蒸汽发生装置，与涉案专利具有相同技术领域的证据 1 公开了一种温热湿敷贴。

将权利要求 1 与证据 1 对比可见：

第一，证据 1 中的主体（3）上部、发热剂（9）、铝箔（8）、软质厚纸（7）、主体分隔部（4）、湿敷液注入海绵（6）共同作用来产生蒸汽，因此相当于证据 1 中的“利用化学能的蒸汽发生部件”。

第二，证据 1 中的主体（3）底部设有温热湿敷发散口（12），蒸汽从温热湿敷发散口（12）散出，即设有温热湿敷发散口（12）的主体（3）底部具有渗水功能，因此相当于证据 1 中的“可渗水薄层”。

第三，证据 1 中的下部海绵（5）位于湿敷液注入海绵（6）和主体（3）

底部之间，使蒸汽发生部件与皮肤之间形成间隔，显然海绵（5）能够对蒸汽温度进行调整，因此相当于权利要求1中的“温度调整材料”。

通过比对可知，涉案专利权利要求1与证据1之间的区别在于：

①权利要求1还限定了从作用于皮肤或者黏膜上的所述蒸汽发生装置的一个表面释放的蒸汽量为0.01mg/cm^2·min或者更多。

②所述蒸汽量通过公式X确定。

③从所述蒸汽发生装置的所属表面释放的蒸汽的温度为50℃或者更低。

对于上述区别技术特征①，其实际解决的技术问题是限定蒸汽发生装置的蒸汽量最小值。

首先，与0.01mg/cm^2·min数值相当的蒸汽量是一个非常小的蒸汽量，本领域技术人员应当知道该蒸汽量是现有的如证据1的温热湿敷贴的蒸汽发生垫均能实现的蒸汽量；其次，虽然证据1中并未明示从温热湿敷发散口（12）散出的蒸汽量的具体数值，但是如前所述，证据1中已经公开了利用蒸汽打开毛孔使湿气导入皮肤中，在此基础上，本领域技术人员可根据所需要的湿润程度来选择蒸汽量的具体数据，例如将蒸汽量选择为0.01mg/cm^2·min或者更多，这无须本领域技术人员付出创造性的劳动。

对于上述区别技术特征②，其实际解决的技术问题是如何对蒸汽量进行量化计算。

证据5公开了公式Y，该公式给出了在每平方米表面面积下24小时内所透过蒸汽的蒸汽量的计算公式，虽然证据5中公开的蒸汽量计算公式Y与上述区别技术特征②中的蒸汽量计算公式X相比，对于蒸汽重量、蒸汽作用的表面面积的单位不同，测试时间也不同，但不同物理单位的换算属于本领域技术人员的公知常识，且本领域技术人员容易想到根据所测量产品的实际情况来设置测试时间，例如将测试时间设置为15分钟，这不需要付出创造性的劳动。

综上，在证据5给出了对蒸汽量进行量化计算的技术启示的基础上，本领域技术人员结合本领域公知常识容易想到对证据1的温热湿敷贴所发生的蒸汽量进行量化计算，从而得到上述区别技术特征②，这不需要付出创造性劳动。

对于上述区别技术特征③，其实际解决的技术问题是如何避免人体被低温烫伤。

证据2公开了当一种热敷剂与人体紧密接触时，有时需要在一定的恒定皮肤温度下，更具体的是在不超过44℃的温度下，将皮肤热敷起来，这样皮肤才不会出现低温烫伤，并且皮肤的患处可以长时间置于38—44℃的范围内，这一范围是安全的，不会引起低温烫伤，并且也适于热身效应。

由此可见，证据2公开了对人体皮肤进行热敷操作时为避免低温烫伤应限定38—44℃的安全范围，并且证据2所公开的38—44℃的范围在本专利所限定的50℃或者更低的范围之内，即证据2公开了上述区别技术特征③，在证据2给出的这一教导下，本领域技术人员容易想到当证据1的温热湿敷贴所产生的蒸汽作用到人体的皮肤或黏膜的部分的表面时，蒸汽温度不应高于44℃，即蒸汽发生装置的表面释放蒸汽的温度应小于50℃，以避免人体低温烫伤，从而得到上述区别技术特征③，这不需要付出创造性的劳动。

1. 关于专利权人认为“证据1中的设有温热湿敷发散口（12）的主体（3）的底部并不对应于权利要求1中的可渗水薄层”的意见

首先，如前所述，证据1中的设有温热湿敷发散口（12）的主体（3），蒸汽从温热湿敷发散口（12）散出，即设有温热湿敷发散口（12）的主体（3）底部能够实现渗水功能，因此证据1中的设有温热湿敷发散口（12）的主体（3）底部与权利要求1中的可渗水薄层的功能是相同的。

其次，涉案专利权利要求1中仅记载了可渗水薄层，而并未对可渗水薄层的具体结构进行任何限定，因此可渗水薄层包括了所有能够实现渗水功能的薄层，且由于权利要求1中并未包含关于透水的技术特征，不应认为权利要求1的可渗水的限定排除了可透水的情形，即使证据1中的发散口是可透水的，其也在权利要求1的保护范围内。

最后，即使考虑到可渗透薄层开口的大小问题，对于本领域技术人员而言，无论采用本身具备渗水效果的材料，或者带有能实现渗水效果的孔的材料均是本领域技术人员的常规选择，属于本领域的公知常识。

2. 关于专利权人认为“证据2不能给出蒸汽温度为50℃或者更低的技术启示”的意见

虽然证据2中并未记载通过蒸汽将热量作用于皮肤，而涉案专利中明确记载是通过蒸汽将热量作用于皮肤，但是对于个体来讲，人体皮肤对于防止低温烫伤的安全温度范围应当是基本确定的，并且人体皮肤或黏膜避免低温烫伤的安全温度范围与传递热量的介质无关，因此在证据2已经给出对人体皮肤进行热敷操作时为避免低温烫伤应限定38—44℃的安全范围的技术教导下，本领域技术人员必然会想到无论是通过蒸汽还是其他介质将热量传递到人体的皮肤或黏膜的部分的表面时，蒸汽温度均应限定38—44℃的安全范围内，即蒸汽发生装置的表面释放蒸汽的温度应小于50℃，因此证据2给出了将蒸汽温度限定为50℃或者更低的技术启示。

综上，本领域技术人员在证据1的基础上，结合证据2、证据5和本领域公知常识得到权利要求1的技术方案是显而易见的，涉案专利权利要求1不具备《专利法》第22条第3款规定的创造性。

➢ **在最高人民法院责令国家知识产权局重新作出决定后，国家知识产权局重新审查后对涉案专利权利要求1的创造性评述如下：**

以证据1为最接近现有技术，涉案专利权利要求1请求保护一种蒸汽发生装置，与涉案专利具有相同技术领域的证据1公开了一种温热湿敷贴。

将权利要求1与证据1对比可见，涉案专利权利要求1与证据1之间的区别在于：

①权利要求1还限定了从作用于皮肤或者黏膜上的所述蒸汽发生装置的一个表面释放的蒸汽量为0.01mg/cm^2·min或者更多；所述蒸汽量通过公式X确定；

②从所述蒸汽发生装置的所属表面释放的蒸汽的温度为50℃或者更低。

对于上述区别技术特征①，其实际解决的技术问题是快速增加释放充足蒸汽的同时保持较低的温度。

对于上述区别技术特征②，其实际解决的技术问题是如何避免人体被低温烫伤。

关于区别技术特征①，B公司作为请求人认为，水蒸气透过量（WVT）的定义为本领域公知常识，即“在一定水蒸气压差和材料厚度一定的条件下，$1m^2$的试样在24h内透过的蒸汽量，单位为$g/m^2 \cdot 24h$”（参见证据5），根据上述水蒸气透过量的定义本领域技术人员容易想到通过t时间内蒸汽渗透膜重量的变化值与蒸汽通过面积及时间t的比值来粗略计算蒸汽表面释放的蒸汽量，无须付出创造性劳动。

上述观点不能成立，具体理由如下：

首先，证据1发明目的是治疗肩部、肘部和膝盖等患处的疼痛，并不需要特别湿润，其中在软质厚纸7上部具有铝箔8，铝箔8上部重叠有发热剂9，软质厚纸7和铝箔8相当于本专利温度调整材料，证据1已明确记载其作用是考虑到防止急剧发热以及温度平均化而设置，没有动机增加在证据1的温热湿敷贴的蒸汽释放量，这与涉案专利增加释放充足蒸汽及保持较低温度的作用不尽相同。

其次，水蒸气透过量（WVT）的定义为本领域公知常识，但未有现有技术或公知常识的证据来证明“所述蒸汽量通过公式X确定”均属于本领域常用技术手段；相反地，即使证据5披露了WVT测定，也是公开了在压差和材料一定条件下，$1m^2$的试样在24h内透过的蒸汽量，单位为$g/m^2 \cdot 24h$，而上述区别技术特征①就专利权人基于特定的产品实际需求，例如面部桑拿或蒸汽毛巾等，所设计的计算公式，即打开该蒸汽发生装置后15分钟测定重量变化；而证据1中的温热湿敷贴需要在治疗部位保持相对长的一段时间，并未给出设定如此之公式的技术启示，也没有证据表明由于需要测定水蒸气透过量，就容易想到如前所述的公式。

可见无论是在证据1的基础上结合证据5或者公知常识，都不足以破坏涉案专利权利要求1的创造性。

（四）关于权利要求2的创造性

B公司作为请求人认为，权利要求2的附加技术特征属于公知常识，不具备创造性。

➢ **对此，国家知识产权局认为：**

权利要求2是权利要求1的从属权利要求，其附加技术特征为“从作用于皮肤或者黏膜上的蒸汽发生装置的表面释放出的蒸汽量为0.5mg/cm^2·min或者更多”。

虽然证据1中并未明示从温热湿敷发散口（12）散出的蒸汽量的具体数值，但是如前所述，**证据1中已经公开了利用蒸汽打开毛孔使湿气导入皮肤中，在此基础上，本领域技术人员可根据所需要的湿润程度来选择蒸汽量的具体数据，例如将蒸汽量选择为0.5mg/cm^2·min或者更多，这无须本领域技术人员付出创造性的劳动**。因此，在其引用的权利要求1不具备创造性的情况下，权利要求2也不具有突出的实质性特点和进步，因而不具备《专利法》第22条第3款规定的创造性。

➢ **在最高人民法院责令国家知识产权局重新作出决定后，国家知识产权局重新审查后认为：**

经重新审查，权利要求1具备创造性。在其引用的权利要求1具备创造性的情况下，权利要求2也具备《专利法》第22条第3款规定的创造性。

（五）关于权利要求3的创造性

B公司作为请求人认为，权利要求3的附加技术特征被证据3、或证据6公开、或属于公知常识，不具备创造性。

➢ **对此，国家知识产权局认为：**

权利要求3是权利要求1的从属权利要求，其附加技术特征为“在所述蒸汽发生装置的表面或者内部具有美容组分或者药物，并且所述美容组分或者药物伴随蒸汽一起释放出来”，证据3公开了“在一次性取暖袋的一个表面上形成粘性层，以直接或隔着内衣粘贴到皮肤上，在使用取暖袋作为热敷包的情况下，该粘性层可以含有皮肤可吸收的药物”，即证据3公开了在热敷装置表面涂覆可供皮肤吸收的药物的技术内容。

在证据3的技术启示下，本领域技术人员容易想到可根据实际需要在热敷装置表面涂覆不同的组分，例如根据美容护肤的需要可以将药物替换为美容组分，进而本领域技术人员容易想到在蒸汽发生装置的表面设置药物或美容组分，使得蒸汽释放时药物或美容组分随着蒸汽一起释放出来。

至于美容组分或者药物在蒸汽发生装置的内部，在满足美容组分或者药物能够随着蒸汽一起释放出来的前提下，无论是将美容组分或者药物置于蒸汽发生装置表面或是内部均是本领域技术人员的常规选择。

综上，在权利要求 1 不具备创造性的情况下，权利要求 3 也不具有突出的实质性特点和进步，因而不具备《专利法》第 22 条第 3 款规定的创造性。

➢ **在最高人民法院责令国家知识产权局重新作出决定后，国家知识产权局重新审查后认为：**

经重新审查，权利要求 1 具备创造性。在其引用的权利要求 1 具备创造性的情况下，权利要求 3 也具备《专利法》第 22 条第 3 款规定的创造性。

专利无效行政诉讼

一、案件信息

再审申请人（二审上诉人、一审第三人）：B 公司。

再审被申请人（二审上诉人、一审被告）：国家知识产权局。

一审原告、二审被上诉人：A 公司。

一审法院：北京知识产权法院。

二审法院：最高人民法院。

再审法院：最高人民法院。

被诉决定：2018 年 4 月 11 日，国家知识产权局作出的宣告涉案专利权利要求全部无效的决定。

一审程序中，A 公司不服被诉决定，向北京知识产权法院提起行政诉讼一审，请求法院撤销被诉决定，责令国家知识产权局重新作出决定。经审理，北京知识产权法院作出一审判决，撤销国家知识产权局已作出的无效宣告请求审查决定，并责令重新作出审查决定。

二审程序中，B 公司及国家知识产权局均不服一审判决，提出上诉，请求撤销原审判决，维持被诉决定，驳回 A 公司的原审诉讼请求。经审理，最高人民法院作出二审判决，驳回上诉、维持原判。

再审程序中，B 公司不服二审判决，向最高人民法院提出再审申请，请求撤销一审判决、二审判决，依法改判认定涉案专利无效。

在再审申请审查期间，因 B 公司找到一份可用于判断涉案专利权利要求 1 的创造性的公知常识证据，在 B 公司与 A 公司沟通谈判后，A 公司经慎重评估，为避免诉讼风险，决定与 B 公司达成和解。

2023 年 6 月 7 日，A 公司与 B 公司签署和解协议。2023 年 6 月 9 日，B 公司向最高人民法院提交《撤诉申请书》，撤回对专利无效行政诉讼的再审申请。2023 年 7 月 27 日，最高人民法院作出行政裁定，准许 B 公司撤回再审申请。

二、各方核心主张及观点

根据各方当事人的诉辩主张，本案争议焦点：

（1）被诉决定是否存在程序违法情形；

（2）被诉决定关于涉案专利权利要求 1 不具备创造性的认定是否有误，焦点集中在被诉决定关于涉案专利权利要求 1 与对比文件 1 的区别特征和涉案专利实际解决的技术问题的认定是否有误，具体为：

第一，被诉决定是否遗漏了可渗水薄层和温度调整材料的区别特征；

第二，被诉决定对区别特征的划分是否有误；

第三，被诉决定对涉案专利实际解决的技术问题的认定是否有误。

（一）关于是否存在程序违法情形

A 公司作为原告主张，被诉决定认定的下述事实和理由，均未在无效请求书和口头审理中提及：

（1）权利要求 1 与证据 1 的区别特征①实际解决的技术问题；

（2）与 $0.01\mathrm{mg/cm^2\cdot min}$ 数值相当的蒸汽量是一个非常小的蒸汽量：本领域技术人员应当知道该蒸汽量是现有的如证据 1 的温热湿敷贴的蒸汽发生垫均能实现的蒸汽量；

（3）本领域技术人员可根据所需要的湿润程度来选择蒸汽量的具体数据；

（4）在证据 3 的技术启示下，本领域技术人员容易想到可根据实际需要在热敷装置表面涂覆不同的组分，例如根据美容护肤的需要可以将药物替换为美容组分；

（5）虽然权利要求 7 中具体限定了构成温度调整材料的多种材料，但是这些材料均是本领域公知的材料，本领域技术人员容易想到利用这些公知的材料形成多孔构件作为温度调整材料以将蒸汽温度保持在 50℃或者更低。

被诉决定上述认定均未给原告陈述意见的机会，违反听证原则，构成程序违法。

➢ **对此，北京知识产权法院认为：**

所谓听证原则，是指在作出审查决定之前，应当给予审查决定对其不利的当事人针对审查决定所依据的理由、证据和认定的事实陈述意见的机会，即审查决定对其不利的当事人已经通过通知书、转送文件或者口头审理被告知过审查决定所依据的理由、证据和认定的事实，并且具有陈述意见的机会。

本案中，首先，第三人提交了相关证据并在无效宣告行政程序中明确提出以证据 1 为最接近的现有技术并结合其他证据陈述了其对权利要求 1 有无创造性的意见，而权利要求 1 相对于证据 1 的区别特征①实际解决的技术问题属于权利要求 1 创造性评述中必然涉及的问题，原告针对上述具体理由已有充分发表意见的机会，国家知识产权局在各方当事人陈述意见的基础上作出客观的认定，并无不妥。

其次，对于其他权利要求创造性评述过程中所涉及的公知常识的认定，在本案第三人已明确提出相关理由，原告针对该具体理由已有充分发表意见的机会，国家知识产权局在各方当事人陈述意见的基础上，站在本领域技术人员的角度作出相应认定，亦无不妥。

据此，国家知识产权局并未违反听证原则，原告上述主张缺乏事实和法律依据，应不予支持。

（二）关于涉案专利权利要求1的可渗水薄层的区别技术特征认定

A公司作为原告认为，被诉决定错误认定证据1中主体（3）底部设有的温热湿敷发散口（12）相当于权利要求1中的可渗水薄层，遗漏了权利要求1与证据1的区别特征。对比文件1中的温热湿敷发散口或带有发散口的主体的底部均不是渗水性的，且温热湿敷发散口不是有形材料，不可能相当于涉案专利的可渗水薄层。

国家知识产权局及B公司则认为，设有温热湿敷发散口的主体底部相当于涉案专利权利要求1中的可渗水薄层。

➢ **对此，北京知识产权法院认为：**

在专利无效宣告程序中，权利要求的解释一般应当以其记载的内容为准，**当权利要求中某一技术术语的文义表述含糊不清，或者对该术语可能存在多义理解时，应当根据说明书及附图的描述对该术语进行解释**，亦即是，如果权利要求中所用技术术语含义含糊不清或产生多义理解，而说明书的对应文字内容部分或附图描述明确、清晰，本领域技术人员通过阅读说明书和附图内容可以理解权利要求书对应术语含义时，应当用说明书的文字内容及附图来确定权利要求中对应词语的含义。

本案中，**涉案专利权利要求1并未限定可渗水薄层的具体结构，并不必然意味着权利要求1限定的可渗水薄层可以为任何一种可能结构，还要结合说明书记载的内容进行综合判断**。

涉案专利说明书记载有“贴覆到皮肤或黏膜上的蒸汽发生装置表面需要由一层可渗水的薄层制成。该能够渗水的薄层利用ASTM方式所测定的渗水性必须为4000g/m^2·24h或更高，最好为8000g/m^2·24h或更高”；从涉案专利说明书实施例1—4及附图也看出，附图标记4代表可渗水薄层。可见，权利要求1所述可渗水薄层是与皮肤或黏膜接触贴覆的，即可渗水薄层在蒸汽发生装置使用时与皮肤直接接触，同时，可渗水薄层是具有一定渗水性的有形的材料构成。

相对而言，在证据1技术方案中，当使用该膏药布时，蒸汽是从主体

（3）底部的温热湿敷发散口（12）散发出来的，亦即是，皮肤接触蒸汽的部位是温热湿敷发散口（12），而这个发散口（12）是海绵（5）的一部分；从证据1附图3可以看出，该温热湿敷发散口（12）存在三个孔，但并没有有形的物质层。

因此，证据1中主体（3）底部设有的温热湿敷发散口（12）不能相当于权利要求1中的可渗水薄层。被诉决定相关认定错误，原告上述主张具有事实和法律依据，依法应予纠正。

➢ **对此，在二审程序中，最高人民法院认为：**

确定发明的区别特征和实际解决的技术问题是创造性评判的重要环节，直接影响着评判结论的客观性。

区别特征是发明或实用新型区别于申请日以前已有的技术即现有技术的技术特征。区别特征的认定，应以对比文件公开的技术内容为准。在创造性评判中，区别特征是通过比对涉案专利所要求保护的技术方案和最接近的现有技术所公开的技术内容得来的，是发明不同于最接近的现有技术之处。在认定区别特征时经常涉及对涉案专利权利要求的解释。1992年《专利法》第59条[①]规定："发明或者实用新型专利权的保护范围以其权利要求的内容为准，说明书及附图可以用于解释权利要求。"最高人民法院《关于审理专利授权确权行政案件适用法律若干问题的规定（一）》第2条规定："人民法院应当以所属技术领域的技术人员在阅读权利要求书、说明书及附图后所理解的通常含义，界定权利要求的用语。权利要求的用语在说明书及附图中有明确定义或者说明的，按照其界定。"据此，当权利要求中某一技术术语的含义表述含糊不清或对该术语可能存在多种理解，而本领域技术人员通过阅读权利要求书、说明书和附图后可以明确其含义的，应当以本领域技术人员阅读说明书及附图后所理解的含义界定该技术术语的含义。

本案中，对于被诉决定是否遗漏了可渗水薄层的区别特征，各方争议主

① 2020年《专利法》修正后本条已变为第64条。

要集中在如何解释涉案专利权利要求1中的可渗水薄层及对比文件1中设有温热湿敷发散口的主体底部能否相当于涉案专利权利要求1中的可渗水薄层。

涉案专利权利要求及说明书虽未记载可渗水薄层的具体结构，但说明书记载了“贴覆到皮肤或黏膜上的蒸汽发生装置表面需要由一种可渗水的薄层制成。”可见，涉案专利中的“可渗水薄层”应满足以下三个条件：（1）设置在蒸汽发生装置表面，且与皮肤或黏膜相贴覆；（2）是具有薄层结构的有形材料；（3）具有渗水功能。

关于条件1，对比文件1的主体底部设置在蒸汽发生装置表面，剥下下部标签后，其主体底部贴覆于皮肤表面，故满足该条件。

关于条件2，对比文件1的主体底部是薄层结构，且为有形材料，故亦满足该条件。

特别说明的是，原审法院以温热湿敷发散口是海绵（5）的一部分，发散口没有有形的物质层为由，认定被诉决定认定有误，原审法院的上述认定缺乏事实依据，具体而言：

首先，由对比文件1的说明书及附图可见，对比文件1中的温热湿敷发散口设置于主体底部，并非海绵（5）的一部分。

其次，**被诉决定并未将对比文件1中的温热湿敷发散口认定为可渗水薄层，而是将设有温热湿敷发散口的主体底部认定为可渗水薄层**。

故温热湿敷发散口是否是有形的物质层，不影响对设有温热湿敷发散口的主体底部是有形物质层的认定。

关于条件3，涉案专利中，可渗水薄层的作用是使一定量的蒸汽通过，对比文件1中蒸汽可以从主体底部所带有的温热湿敷发散口中发出，具有与涉案专利中的可渗水薄层相同的渗水功能，故亦满足该条件。

特别说明的是，A公司主张，“从证据1附图3可以看出，对比文件1中的温热湿敷发散口是大的开口，对水没有任何阻拦作用，水不可能从发散口渗出，因此发散口或者带有发散口的主体的底部不是渗水性的”，该观点于法无据，具体而言：**说明书附图具有示意性，只有能够从说明书附图中直接**

地、毫无疑义地确定的技术特征才属于公开的内容，由附图中推测的内容，或者无文字说明、仅仅是从附图中测量得出的尺寸及其关系，不应当作为已公开的内容。对比文件 1 的权利要求及说明书中均未记载温热湿敷发散口是大的开口，A 公司仅凭附图中所显示的三个孔就认定发散口的大小，于法无据。

综上，被诉决定将对比文件 1 中的带有温热湿敷发散口的主体底部相当于涉案专利的可渗水薄层，并无不当，应予以确认。

（三）关于涉案专利权利要求 1 的温度调整材料的区别技术特征认定

A 公司作为原告认为，被诉决定错误认定证据 1 中的海绵（5）相当于权利要求 1 中的温度调整材料，遗漏了权利要求 1 与证据 1 的区别特征。对比文件 1 中，与发热剂紧邻的铝起到导热和均热作用，厚纸起到隔热作用，从厚纸到湿敷液注入海绵（6）再到海绵（5）均起到一定的温度调整作用，故热量传导到海绵（5）时的温度基本应当已经在合理范围了。对比文件 1 中海绵（5）的主要作用不在于温度调整而在于与皮肤的直接接触或近距离接触，以释放水蒸气，其相当于涉案专利权利要求 1 中的可渗水薄层更符合本领域技术人员的一般认知，而不能相当于权利要求 1 中的温度调整材料。因此，被诉决定认定有误。

国家知识产权局及 B 公司则认为，对比文件 1 中的下部海绵（5）能够对蒸汽温度进行调整，相当于涉案专利权利要求 1 中的温度调整材料。因此，被诉决定对此认定正确。

➢ **对此，北京知识产权法院认为：**

本案中，涉案专利说明书第 8 页第 5 段至第 9 页第 4 段记载了温度调整材料的多层堆叠方式、材质和作用等，总体而言，温度调整材料主要是通过两种方式来调整温度：

一是隔热，让热量传导速率适当降低，避免短时间内传导到表面过多的热量，引起气体快速膨胀和可渗水薄层一侧的温度过高；

二是降低水汽通过量，避免可渗水薄层一侧水汽量过高。

相对而言，证据1技术方案中与发热剂紧邻的铝箔（8）起到导热和均热作用、厚纸（7）起到隔热作用，从厚纸（7）到湿敷液注入海绵（6）再到海绵（5）均起到一定的温度调整作用，故热量传导到海绵（5）时的温度基本应当已经在合理范围了，证据1中海绵（5）的主要作用不在于温度调整而在于与皮肤的直接接触或近距离接触，用于释放水蒸气。

因此，证据1中的海绵（5）相当于权利要求1所述可渗水薄层更符合本领域技术人员的一般认知，而不能相当于权利要求1中的温度调整材料。被诉决定相关认定错误，原告上述主张具有事实和法律依据，依法应予纠正。

> **对此，在二审程序中，最高人民法院认为：**

本案中，对于被诉决定是否遗漏了温度调整材料的区别特征，各方争议主要集中在如何解释涉案专利权利要求1中的温度调整材料及对比文件1中的海绵（5）能否相当于涉案专利权利要求1中的温度调整材料。

对于温度调整材料，涉案专利权利要求1并未限定其具体结构，故应解释为具有温度调整功能的材料。对比文件1中，空气从气孔进入，发热剂发热，热量依次向下部传递用以加热温热湿敷液注入海绵（6），从而使温热湿敷蒸汽散发。由此可知，蒸汽从温热湿敷液注入海绵（6）处生成，经过海绵（5）最终达到患处。**由于海绵属于多孔材料，隔热调温属于其固有属性，因此，本领域技术人员可以确定海绵（5）具有温度调整的功能**。被诉决定将其相当于温度调整材料并无不当，二审法院予以确认。

需要说明的是，虽然对比文件1中的海绵（5）具有渗水功能，但涉案专利权利要求1既未限定温度调整材料的结构、材质，也未排除温度调整材料同时具有渗水功能的情况。而且，涉案专利说明书记载：“最好温度调整材料3的渗水性利用ASTM方式测定为不低于$4000g/m^2 \cdot 24h$”“代替前述的温度调整材料3，可渗水的内袋2i也可以具有与温度调整材料3相同的附加功能”。可见，涉案专利中的温度调整材料也可同时具有调整温度和渗水的功能。故对比文件1中的海绵（5）具有渗水功能并不影响对其相当于涉案专利权利要求1中的温度调整材料的认定。

A公司的上述意见和原审判决的上述认定，缺乏事实依据，不予认可。

（四）关于被诉决定对区别特征的划分是否有误

国家知识产权局在被诉决定中认定，涉案专利权利要求1与对比文件1之间的区别特征在于：

（1）从作用于皮肤或者黏膜上的所述蒸汽发生装置的一个表面释放的蒸汽量为0.01mg/cm^2·min或者更多；

（2）所述蒸汽量通过公式X确定；

（3）从所述蒸汽发生装置的所述表面释放的蒸汽的温度为50℃或者更低。

➢ **对此，在二审程序中，最高人民法院认为：**

权利要求技术方案通常由多个技术特征构成，为避免割裂发明所作的贡献，在认定和划分区别特征时，应在全面、准确理解专利技术方案的基础上，将权利要求中记载的各部分内容与其在技术方案中所起的作用、产生的技术效果、解决的技术问题等结合起来综合考虑，而非简单依据权利要求中的文字描述及标点、段落等将权利要求机械切块。如果技术方案中的多处内容之间互不依存、彼此独立，通过各自所发挥的不同作用分别解决不同的技术问题、产生不同的技术效果，则应将其划分为不同的技术特征。

被诉决定所认定的上述区别特征1、特征2实质上是通过公式的方式定义蒸汽发生装置的一个表面释放的蒸汽量。特征1中的蒸汽量通过特征2的公式计算得出，是特征2公式所定义的从蒸汽释放开始到15分钟内产生的蒸汽量的平均值，其代表的是快速释放充足蒸汽的能力。因此，**应当将上述两个特征作为一个区别特征进行考量。被诉决定将其认定为两个区别特征，将割裂技术特征之间的联系，影响对发明所作贡献的客观评判。**

因此，涉案专利权利要求1与对比文件1的区别特征为：

（1）从作用于皮肤或者黏膜上的所述蒸汽发生装置的一个表面释放的蒸汽量为0.01mg/cm^2·min或者更多；所述蒸汽量通过公式X确定；

（2）从所述蒸汽发生装置的所述表面释放的蒸汽的温度为50℃或者

更低。

（五）关于被诉决定对涉案专利实际解决的技术问题的认定是否有误

国家知识产权局在被诉决定中认定了三个区别特征，并基于上述三个区别特征分别确定了涉案专利实际解决的技术问题：

（1）对于区别技术特征①“权利要求1还限定了从作用于皮肤或者黏膜上的所述蒸汽发生装置的一个表面释放的蒸汽量为0.01mg/cm^2·min或者更多”，其实际解决的技术问题是限定蒸汽发生装置的蒸汽量最小值；

（2）对于区别技术特征②“所述蒸汽量通过公式X确定”，其实际解决的技术问题是如何对蒸汽量进行量化计算；

（3）对于区别技术特征③“从所述蒸汽发生装置的所属表面释放的蒸汽的温度为50℃或者更低”，其实际解决的技术问题是如何避免人体被低温烫伤。

➢ **对此，在二审程序中，最高人民法院认为：**

在发明与最接近的现有技术存在多个区别特征的情况下确定发明实际解决的技术问题，应全面把握发明构思，考虑区别特征与发明整体技术效果的关系，据此确定是将这些区别特征作为一组特征整体考虑以确定发明实际解决的技术问题，还是将其相对独立看待并分别确定发明实际解决的技术问题。

区别特征给发明带来的技术效果是确定发明实际解决的技术问题的基础。如果区别特征之间紧密联系，通过协同作用产生同一技术效果或紧密关联的技术效果，共同对整个技术方案产生影响，则应将其作为一组技术特征整体考虑，在后续寻找技术启示的环节中亦然。此外，在确定区别特征给发明带来的技术效果时，不能仅局限于区别特征自身固有的性能，而应将区别特征置于完整的技术方案中，考虑区别特征的引入对整个技术方案产生的影响。

本案中，整体来看，涉案专利权利要求1是通过蒸汽发生部件、可渗水薄层、温度调整材料的选择和设置，保证蒸汽发生装置表面释放的蒸汽量和蒸汽温度控制在权利要求1限定的参数范围内，以实现快速释放充足蒸汽并保持较低温度的技术效果。区别特征①是对蒸汽量的限定，区别特征②是对蒸汽温度的限定，两者看似彼此独立，分别产生不同的技术效果，但对于本领域技术人员来说，通常情况下，温度较高时短时间释放的蒸汽较多，温度较低时短时间释放的蒸汽量则较少。涉案专利旨在同时实现短时间释放大量蒸汽与保持较低温度两个看似矛盾的技术效果。也就是说，在涉案专利中，区别特征①、特征②两个看似独立的特征，是紧密联系、彼此协同、共同实现涉案专利的技术效果的。因此，在确定本专利解决的技术问题时也应将两个区别特征作为一个整体考虑。据此，**涉案专利实际要解决的技术问题是快速释放充足蒸汽的同时保持较低的温度**。

（六）关于涉案专利权利要求 1 的创造性

北京知识产权法院认为：

被诉决定未将涉案专利权利要求 1 所述“可渗水薄层”“温度调整材料”认定为权利要求 1 与证据 1 的区别特征，属于遗漏认定区别特征；在未全面理解涉案专利技术方案、未正确认定权利要求 1 与证据 1 的区别特征的情况下，被诉决定认定涉案专利权利要求 1 不具备创造性，缺乏事实和法律依据，依法应予纠正。

在此基础上，被诉决定认定权利要求 1 的从属权利要求 2—7 不具备创造性，同样缺乏事实和法律依据，亦应予以纠正。

➢ **对此，在二审程序中，最高人民法院认为：**

国家知识产权局在被诉决定中，基于其认定的三个区别特征分别确定了涉案专利实际解决的技术问题，并分别在现有技术中寻找技术启示，进而认定涉案专利权利要求 1 不具备创造性。

被诉决定基于区别特征自身的固有属性分别确定本专利实际解决的技术问题，并分别寻找技术启示，并未整体考虑上述区别特征整体带来的技术效果，忽略了发明通过技术特征之间的相互联系、配合所作出的贡献，将影响创造性评判的客观性。被诉决定据此认定本专利权利要求 1 不具备创造性，并在此基础上认定权利要求 1 的从属权利要求 2—7 不具备创造性，缺乏事实与法律依据。

因此，原审法院判决适用法律及对区别特征的认定虽有误，但判决撤销被诉决定，并无不当，裁判结果正确，应予以维持。

疑难争议解析

一、关于说明书公开不充分的无效理由适用及其实践分析

在本案中，B 公司提出涉案专利的权利要求 4 中的“粘结层”并非通用术语，且说明书中未明确其结构，导致本领域技术人员无法实现释放蒸汽和在其内部放置美容组分或者药物等发明目的，因而主张说明书公开不充分。那么，在何种情形下可以适用“说明书公开不充分”的无效理由，以及如何运用该理由以提高在国家知识产权局或法院获得支持的可能性，下面进行重点探讨。

我国《专利法》第 26 条第 3 款明确规定，说明书应当对发明或者实用新型作出清楚、完整的说明，以所属技术领域的技术人员能够实现为准。此规定旨在确保专利申请人充分公开技术方案，以便社会公众，尤其是所属领域的技术人员能够实现该方案，体现了专利制度“以公开换保护”的核心原则。若本领域普通技术人员依据说明书无法实现权利要求保护的技术方案，或仅能实现部分内容，则说明书公开不充分。

进一步而言，所属技术领域的技术人员能够实现，是指其依据说明书记载内容，能够实现该发明或实用新型的技术方案，解决其技术问题，并产生预期技术效果。需要注意的是，该规定仅要求技术方案能解决基本技术问题，实现基本技术效果即可，无须实现说明书记载的全部技术效果，尤其是最佳技术效果。对于明显夸大技术效果或声称解决多个技术问题的专利申请，只要所属领域的技术人员能够确定发明或实用新型可解决其中一个技术问题，具有有益技术效果，即满足《专利法》第 26 条第 3 款的规定。

《专利审查指南》第 2 部分第 2 章第 2. 1. 3 节列举了五种被认为“技术方案不能实现”的典型情形：

一是说明书中只给出任务和/或设想，或者只表明一种愿望和/或结果，而未给出任何使所属技术领域的技术人员能够实施的技术手段；

二是说明书中给出了技术手段，但对所属技术领域的技术人员来说，该手段是含糊不清的，根据说明书记载的内容无法具体实施；

三是说明书中给出了技术手段，但所属技术领域的技术人员采用该手段并不能解决发明或者实用新型所要解决的技术问题；

四是申请的主题为由多个技术手段构成的技术方案，对于其中一个技术手段，所属技术领域的技术人员按照说明书记载的内容并不能实现；

五是说明书中给出了具体的技术方案，但未给出实验证据，而该方案又必须依赖实验结果加以证实才能成立。

回归本案，涉案专利的权利要求 4 中的“粘结层”初步理解似乎应属于上述第一种或第二种情形，即“只给出任务和/或设想，而未给出任何能够实施的技术手段”，或者“说明书中给出了技术手段，但该手段是含糊不清的，根据说明书记载的内容无法具体实施”的情形。然而，国家知识产权局认为，尽管涉案专利说明书未对粘结层的具体成分进行披露，但**本领域技术人员结合涉案专利蒸汽发生装置的用途，可根据具体需要和使用目的及场景，在现有已知材料中选择合适的粘结层成分**，原因在于这些粘结层的材料和结构是已有技术。

从本案针对该无效理由各方的不同观点也可以看出，与新颖性和创造性的判断中会使用客观的对比文件不同，对于说明书公开是否充分的判断，更依赖判断主体的主观性。因此，国家知识产权局在以该理由判断专利权是否无效时，会更加谨慎。根据国家知识产权局对外公开的 5.2 万件无效决定数据（截至 2021 年 9 月），初步检索到只有 65 个无效决定是以“说明书公开不充分”为理由作出专利无效或部分无效的决定的①，占比约为 0.125%，也就是千分之一的概率。

由于我国目前的专利审查程序中，并没有单独设置授权后的修改程序，使专利权人没有主动修改授权专利中存在的形式问题等瑕疵的机会。因此，

① 参见吴征：《深度丨中国专利的十字路口》，载微信公众号“企业专利观察”2023 年 8 月 13 日，https://mp.weixin.qq.com/s/eRjNkxc9_ENeJo-ZByfV_A。

实践中，专利权人、国家知识产权局、法院等往往会利用确权程序（包括无效程序及其后续相关的司法程序），对专利文本中存在的瑕疵进行解释和澄清，从而在维护专利权稳定性的基础上，弥补专利文本的缺陷。这也是“说明书公开不充分”的无效理由被支持的概率较低的重要原因之一。

二、关于权利要求得不到说明书支持的无效理由适用

在本案中，B 公司提出，权利要求 1 所涉及的“一种利用化学能的蒸汽发生部件”属于功能性限定之情形。B 公司进一步指出，并非所有化学能用于涉案专利均能使该专利达到“一个表面释放的蒸汽量为 0.01mg/cm^2 · min”的效果，故此权利要求存在得不到说明书支持的问题。

欲准确界定权利要求是否得到说明书支持，需先明确相关法律规范与原则。我国《专利法》第 26 条第 4 款明确规定，权利要求书应当以说明书为依据，清楚、简要地限定要求专利保护的范围。该规定的核心在于确保专利权人所获得的保护范围与其技术贡献相匹配，防止专利权人将未完成或未公开的技术内容纳入权利要求的保护范围，从而维护公众利益与专利制度的公平性。

在专利实践中，权利要求通常由说明书记载的一个或多个实施方式或实施例概括而成。然而，由于专利撰写人的专业水平差异或专利权人有意扩大保护范围等因素，权利要求的概括是否恰当成为专利确权程序中的审查重点。根据《专利审查指南》第 2 部分第 2 章第 3.2.1 节的规定，在判断权利要求概括是否恰当时，应参照相关现有技术进行综合分析。具体而言，若权利要求采用上位概念概括或并列选择方式概括，而其中包含专利权人推测的内容，且该内容的效果难以预先确定和评价，则应认定该概括超出了说明书公开的范围；若权利要求的概括使所属技术领域的技术人员有充分理由怀疑其中的下位概念或选择方式不能解决发明或实用新型所要解决的技术问题，并达到相同的技术效果，则应认定该权利要求未得到说明书的支持。

此外，还需探讨“权利要求得不到说明书支持”与“说明书公开不充分”之间的关系。虽然《专利法》第 26 条第 3 款针对说明书的规定，而第

4 款针对权利要求的规定，但在专利确权程序中，对说明书是否公开充分的审查仅涉及与权利要求相关的技术方案。当权利要求限定的技术方案存在模糊不清且说明书未能弥补该缺陷时，就会出现《专利法》第 26 条第 3 款和第 4 款的竞合问题。

一般认为，说明书是权利要求的基础，只有说明书符合清楚、完整的要求，权利要求才能有清楚的依据。因此，在权利要求所限定的技术方案存在不清楚、公开不充分的争议时，应优先考虑是否适用《专利法》第 26 条第 3 款。只有在确认说明书中已对相关技术方案作出清楚、完整的说明后，才有必要进一步审理权利要求的保护范围是否清楚。综上所述，当《专利法》第 26 条第 3 款和第 4 款竞合时，应优先适用第 3 款，若第 3 款的理由未获支持，再考虑适用第 4 款。

三、区别技术特征的准确认定及合理划分

在专利诉讼案件中，区别技术特征的准确认定与合理划分是创造性评价的关键环节，其直接关系到专利是否具备创造性的认定，进而影响案件的最终判决结果。下面将结合本案具体案例，深入分析区别技术特征的认定与划分问题，探讨其在实践中的难点与应对策略。

本案中，**各方对于区别技术特征的认定存在较大分歧**，尤其是对于“温度调整材料”这一技术特征是否属于区别技术特征，以及如何划分权利要求 1 与对比文件 1 之间的区别特征等问题，产生了不同的观点和结论：

（1）B 公司作为无效请求人认为，证据 1 中的海绵（5）与权利要求中的温度调整材料对应，因此“温度调整材料”**不属于**区别技术特征。

（2）A 公司作为专利权人认为，证据 1 的海绵（5）与权利要求中的温度调整材料不存在对应关系，且温度调整材料的区别特征既未被证据 2、证据 5 给出技术启示，也不属于公知常识，因此“温度调整材料”**属于**区别技术特征。

（3）国家知识产权局通过对比权利要求 1 与证据 1，认为证据 1 中的下部海绵（5）位于湿敷液注入海绵（6）和主体（3）底部之间，能够对蒸汽

温度进行调整，相当于权利要求 1 中的“温度调整材料”。因此“温度调整材料”**不属于**区别技术特征。

（4）北京知识产权法院指出，涉案专利说明书详细记载了温度调整材料的多层堆叠方式、材质和作用等，其主要通过隔热和降低水汽通过量两种方式来调整温度。而证据 1 中与发热剂紧邻的铝箔（8）起到导热和均热作用、厚纸（7）起到隔热作用，从厚纸（7）到湿敷液注入海绵（6）再到海绵（5）均起到一定的温度调整作用，但**海绵（5）的主要作用在于与皮肤的直接接触或近距离接触，用于释放水蒸气**，因此证据 1 中的海绵（5）相当于权利要求 1 所述可渗水薄层更符合本领域技术人员的一般认知，而不能相当于权利要求 1 中的温度调整材料，故“温度调整材料”**属于**区别技术特征。

（5）最高人民法院认为，涉案专利权利要求 1 中的温度调整材料未限定具体结构，应解释为具有温度调整功能的材料。一方面，**对比文件 1 中海绵（5）属于多孔材料，隔热调温是其固有属性，且对比文件 1 中的海绵（5）具有渗水功能并不影响其相当于涉案专利权利要求 1 中的温度调整材料的认定**；另一方面，根据涉案专利说明书记载，**涉案专利中的温度调整材料也可同时具有调整温度和渗水的功能**。因此“温度调整材料”**不属于**区别技术特征。

综上所示，针对“温度调整材料”这一技术特征是否可以被认定为区别技术特征，无效请求人、专利权人观点不同，国家知识产权局、北京知识产权法院、最高人民法院等审查机构对此观点也不一致。实践中，对区别技术特征的认定不一致是一种常见现象，其原因主要来自技术层面和法律层面。从技术层面来看，对涉案专利技术方案的理解错误是导致区别技术特征认定错误的重要原因之一。例如，对技术特征的功能、作用、结构等理解不准确，或者对技术方案的整体架构和各部分之间的相互关系把握不够清晰，都可能导致在认定区别技术特征时出现偏差。从法律层面来看，含糊评述区别技术特征以及对比文件公开范围的认定不清，也是引发区别技术特征认定不一致的重要因素。例如，在对比文件公开的是上位概念而涉案专利涉及的是下位概念时，但在认定时却错误认为对比文件公开了涉案专利的特征。

这种认定不一致的情况对专利诉讼案件的审理和判决产生了重大影响。一方面，不同的认定结果可能导致创造性判断结论的大相径庭，进而影响专利的效力和当事人的合法权益。另一方面，认定不一致也会增加案件的复杂性和审理难度，导致司法资源的浪费和诉讼效率的降低，损害司法的权威性和公信力。

此外，权利要求技术方案通常由多个技术特征构成，如何准确划分区别技术特征，也是实践中影响准确认定区别技术特征的一大难点。例如，本案中国家知识产权局、最高人民法院在区别技术特征划分上存在明显不同：

国家知识产权局认为，通过比对可知，涉案专利权利要求 1 与证据 1 之间的区别在于：①权利要求 1 限定了从作用于皮肤或者黏膜上的所述蒸汽发生装置的一个表面释放的蒸汽量为 0.01mg/cm^2 · min 或者更多；②所述蒸汽量通过公式 X 确定。

而最高人民法院则认为，上述区别特征①、特征②实质上是通过公式的方式定义蒸汽发生装置的一个表面释放的蒸汽量。特征①中的蒸汽量通过特征②的公式计算得出，是特征②公式所定义的从蒸汽释放开始到 15 分钟内产生的蒸汽量的平均值，其代表的是快速释放充足蒸汽的能力。因此，应当将上述两个特征作为一个区别特征进行考量。即涉案专利权利要求 1 与对比文件 1 的区别特征为：从作用于皮肤或者黏膜上的所述蒸汽发生装置的一个表面释放的蒸汽量为 0.01mg/cm^2 · min 或者更多，所述蒸汽量通过公式 X 确定。

鉴于上述难点，为准确划分并认定区别技术特征，通常可采用下述策略与方法：

其一，全面、准确理解专利技术方案。在认定和划分区别技术特征时，必须全面、准确地理解专利技术方案，深入研究权利要求书和说明书的记载，明确各技术特征在技术方案中的地位、作用和相互关系。不仅要关注技术特征的字面含义，还要结合说明书中的具体实施方式和技术效果，对技术特征进行广义解释，确保对技术方案的整体把握和理解符合本领域技术人员的认知水平和实践要求。

其二，综合考虑技术特征的关联性和技术效果。在划分技术特征时，要充分考虑技术特征之间的关联性和技术效果。如果技术方案中的多个技术手段之间紧密联系、相互依存，共同解决同一技术问题、产生相应技术效果，则应当将其作为一个特征来整体考量，以确保这种通过技术手段之间相互配合作出的贡献不会被忽略。相反，如果多个技术手段之间互不依存、彼此独立，通过各自发挥不同作用分别解决不同的技术问题、产生不同的技术效果，则应当将其划分为不同的技术特征。此外，在划分过程中，还应关注技术特征所产生的技术效果对技术方案创造性的影响，将具有显著技术效果的技术特征合理地划分为区别技术特征，以准确评价专利的创造性。

其三，遵循法律标准和审查原则。在认定区别技术特征时，要严格遵循相应的法律标准和审查原则，确保认定过程的合法性和公正性。例如，在对比文件公开范围的认定上，要明确上位概念与下位概念之间的关系，合理判断对比文件是否公开了涉案专利的技术特征。同时，在评述区别技术特征时，要避免含糊其词，应当清晰、准确地阐述认定的理由和依据，确保认定结论具有充分的法律依据和技术支撑。

四、多区别特征下准确认定专利实际解决的技术问题

当一件专利与最接近的现有技术存在多个区别技术特征时，如何基于这些区别特征确定专利实际解决的技术问题，是司法实践与审查工作中的难点。特别是，需要判断是将这些区别特征作为一组特征整体考虑以确定该专利实际解决的技术问题，还是将其相对独立看待并分别确定发明实际解决的技术问题。

例如本案中，涉案专利权利要求 1 与证据 1 之间的区别在于：①权利要求 1 还限定了从作用于皮肤或者黏膜上的所述蒸汽发生装置的一个表面释放的蒸汽量为 0.01mg/cm^2 · min 或者更多；所述蒸汽量通过公式 X 确定；②从所述蒸汽发生装置的所述表面释放的蒸汽的温度为 50℃或者更低。

最高人民法院深入剖析后指出，区别特征①对蒸汽量的限定与区别特征②对蒸汽温度的限定，虽然表象上彼此独立且产生不同技术效果，但实质上紧密相连、协同作用，共同实现了涉案专利在短时间内释放大量蒸汽且保持较低温度这一矛盾技术效果的统一，故涉案专利实际解决的技术问题被精准界定为**在快速释放充足蒸汽的同时维持较低温度**。

然而，国家知识产权局经重新审理后仍认为，对于上述区别特征①，其实际解决的技术问题是**快速释放充足蒸汽的同时保持较低的温度**；对于上述区别特征②，其实际解决的技术问题是**如何避免人体被低温烫伤**。

由此可见，国家知识产权局在重新审理后，仍然未能充分考量区别特征间的内在联系与协同效应，陷入了一一对应、分别确定技术问题的局限。

一般而言，当技术方案存在多个区别技术特征时，需要依据区别特征在整体方案中所能达到的客观技术效果确定其实际解决的技术问题，这既非简单罗列区别特征自身性能，也不局限于说明书明确记载的内容。具体而言：

（1）**协同作用情形**：若不同区别技术特征之间紧密关联，通过相互配合产生同一技术效果或紧密关联的技术效果，共同影响整个技术方案，此时应将这些特征作为一个有机整体考量，综合其协同作用所达成的技术效果来确定专利实际解决的技术问题，并以此为指引整体性地寻求技术启示，而非分散寻找针对各特征的启示。

（2）**独立作用情形**：若各区别技术特征之间互不依存，独立发挥不同作用以分别解决不同技术问题、产生不同技术效果，则应依据区别技术特征**自身**的固有属性分别确定专利实际解决的技术问题，并针对每个问题分别寻找技术启示。

此外，在分析过程中，还应审慎评估各区别技术特征对整个技术方案的贡献，对于未对技术效果产生实质性贡献的区别技术特征，应予以合理排除，避免将其作为确定技术问题的不当依据。

综上，在多区别技术特征情境下认定专利实际解决的技术问题，需综合考量特征间的相互关系、整体技术方案的技术效果，精准把握专利实质创新点与技术改进方向，如此才能为后续的专利侵权判定、专利稳定性评估等提供坚实基础，确保专利保护范围与创新贡献度相匹配。

回顾与总结

本案自2016年A公司对B公司提起专利侵权诉讼，至2023年双方最终达成和解协议，前后历时八年之久。其间，涉案专利因保护期届满于2019年4月自然失效。A公司作为专利权人，在专利侵权诉讼中展现出丰富的经验和成熟的诉讼策略；而B公司作为被诉侵权人，在面对强大诉讼压力时所表现出的顽强抗辩精神与不懈努力，亦值得肯定。本案的诉讼历程，为专利侵权诉讼领域提供了诸多值得深入探讨与总结的经验与教训。

在本案中，A公司在提起专利侵权诉讼之前所进行的精心取证工作，充分体现了其专业性和严谨性。涉案专利产品为蒸汽眼罩，结构相对简单，涉案专利亦仅有七项权利要求，包括一项独立权利要求和六项从属权利要求。然而，A公司并未因产品结构与专利权利要求的简洁性而轻视取证工作。自首次取证至正式提起诉讼，A公司耗时长达半年，其间多次采取线上线下相结合的方式进行取证，并且每一次取证均委托公证机构进行严格公证。在正式提交侵权诉讼时，A公司所提交的证据材料多达2000余页。专利侵权取证在司法实践中素以难度大而著称，其难点主要在于证据易灭失、证据形式单一以及收集与固定证据的难度较大。因此，对于专利权人而言，在提起专利侵权诉讼之前，无论专利或专利产品本身复杂与否，均应秉持谨慎态度，细致入微地进行取证工作，以避免因证据不足而增加不必要的诉讼成本。

A公司提起专利侵权诉讼的时间节点选择，亦彰显了其诉讼策略的精妙之处。2016年，A公司对B公司提起专利侵权诉讼时，涉案专利距离保护期届满仅余三年时间。A公司选择在专利权临近失效的前几年展开专利诉讼战，通过法律手段打击市场竞争对手，迫使其放弃生产线、退出市场，从而在专利权失效后仍能凭借前期诉讼所形成的市场优势，继续稳固并扩大自身的市场份额。这一诉讼策略，不仅体现了A公司对专利制度的深刻理解与灵活运用，更为其在激烈的市场竞争中赢得了有利地位。

B 公司在本案中的顽强抗辩，是其最终能够与 A 公司达成和解的关键因素。在专利无效宣告程序中，B 公司虽成功使涉案专利被宣告无效，但在随后的专利行政诉讼一审及二审程序中却屡遭败绩。对于大多数被诉侵权人而言，在最高人民法院作出二审终审判决后，往往会选择放弃进一步的法律救济途径。然而，B 公司并未放弃，而是坚持提出再审申请，并在再审审查期间找到了判断涉案专利创造性的关键性公知常识证据。这一关键证据的出现，成功促使 A 公司重新评估诉讼风险，最终选择与 B 公司进行和解。本案的诉讼历程充分表明，在专利侵权诉讼这一复杂的法律对抗过程中，只要当事人不放弃任何努力，穷尽所有法律程序与救济手段，诉讼结果便存在无限可能。这亦是专利诉讼充满挑战与魅力之处，值得每一位法律从业者与市场主体深刻反思与借鉴。

走在“悬崖”边上，四千万判赔额下造纸设备行业领军企业的救赎之路

——瑞典某公司与江苏某机械公司发明专利权侵权纠纷案

➢ 案件导航

造纸设备　欧洲　百年企业　机械领域　四千万判赔额

涉案专利无效　南京中院　最高法院　四年

➢ 案件亮点

本案展现了产业技术迭代背景下中外企业于国内的专利交锋。拥有220年历史的工业巨头瑞典某公司，凭借深度参与中国造纸业现代化的历史积淀，以其拥有的相关发明专利发起凌厉攻势——通过展会监控、客户现场取证、网络证据保全构建严密证据链，在南京市中级人民法院一审获判4000万元全额赔偿，创下木工机械领域赔偿纪录。面对技术先导者的专利壁垒以及近乎完美的侵权举证体系，本土央企子公司江苏某机械公司另辟蹊径，启动专利稳定性审查：组建的技术团队以12组横跨72年的关键证据构建“技术进化图谱”，从1950年英国专利的基础结构，到20世纪80年代欧洲专利的改进，结合三组美国专利的技术，辅以四部行业典籍，系统论证涉案专利系现有技术与公知技术的组合，最终促使国家知识产权局宣告涉案专利权全部无效。这场历时四年的攻防战，既凸显我国司法对专利实质创新标准的坚守，更揭示本土企业运用制度规则实现技术突围的战略路径——当遭遇跨国专利狙击

时，通过技术考古学般的证据挖掘与体系化论证，可实现对权利基础的精准解构，这为应对跨国技术壁垒提供了具有参考价值的范本。

产业背景

一、产业发展情况

造纸产业是与国民经济和社会事业发展关系密切的重要基础原材料产业。造纸设备作为造纸产业中游的重要细分市场，其技术水平关乎产业整体发展水平。

根据纸浆造纸的工艺流程，造纸设备可以分为备料设备、制浆设备、造纸机及整饰加工机械。其中，备料设备是在蒸煮或磨浆前，按蒸煮或磨浆工艺要求进行预处理和加工的设备，分为非木材纤维备料设备和木材纤维备料设备，例如切草机、剥皮机、削片机等。制浆设备是将植物原料分离成纤维过程所用的设备，包括蒸煮器、磨木机、热磨机、洗浆机、漂浆机、打浆机和废液回收设备等。造纸机全套设备包括流浆箱、网部、压榨部、烘干部、压光机、卷纸机，以及传动部等主机和水、真空、润滑、热回收等辅助系统。

纸浆是造纸产业中最重要的原材料，根据公开数据，从 2018 年至 2023 年，我国纸浆产量及消费量不断增加，如图 5 - 1 所示。到 2023 年，我国纸浆产量达到 8823 万吨，纸浆消费总量达到 1. 1899 亿吨。未来，随着国内制浆生产线规模不断扩大及对制浆质量要求不断提高，纸浆制造设备需求将进一步上涨。

下游市场对造纸设备行业发展具有重要促进作用，下游产业不断扩张有利于造纸设备行业市场开拓与产品研发。以消费量巨大的生活用纸为例，如图 5 - 2 所示，从 2018 年到 2023 年，我国生活用纸消费量呈稳定增长态势，至 2023 年，我国生活用纸消费量超过 1100 万吨，是全球最大的生活用纸消费国。随着人们对生活用纸质量要求越来越高，造纸产业对造纸设备技术要求逐步提升，也将进一步推动造纸设备更新升级。整体来看，在未来相当长的一段时间内，我国造纸设备行业将保持较高景气，行业需求潜力巨大。

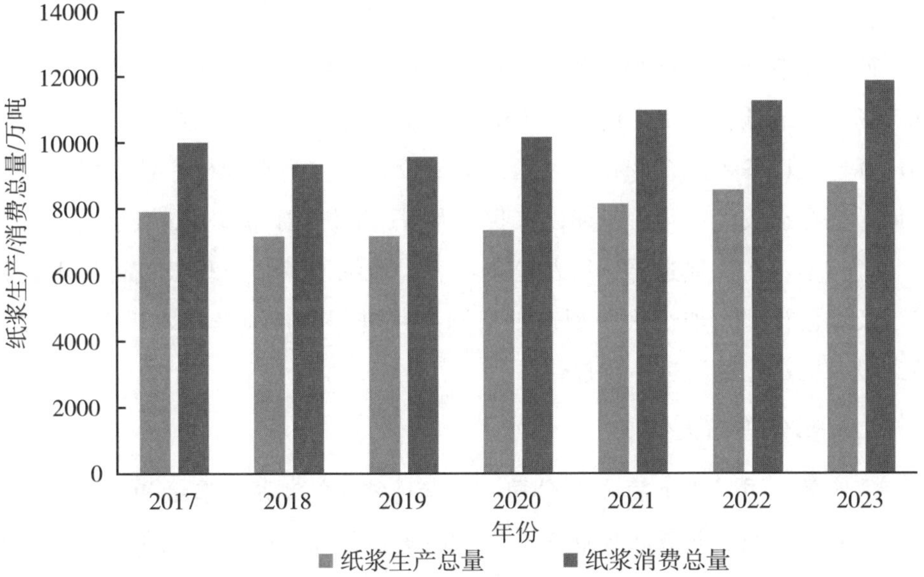

图 5－1　2017 年至 2023 年我国纸浆生产总量及消费总量

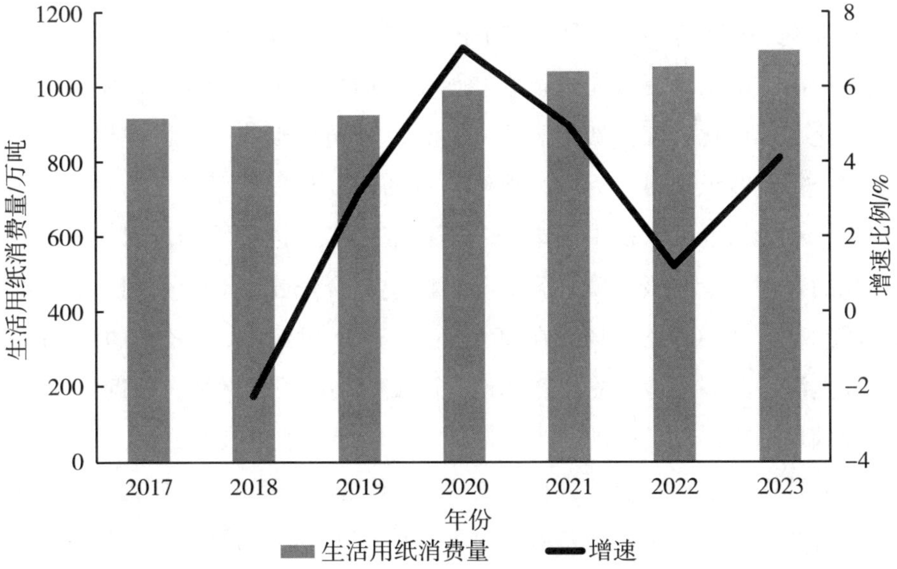

图 5－2　2017 年至 2023 年我国生活用纸消费量及增速

资料来源：《中国造纸工业 2023 年度报告》，2024 年 5 月 6 日中国造纸协会通过。

造纸设备行业专业性强，涉及机械、化工、材料、防腐等多个技术性领域。而我国造纸设备行业发展历程较短，行业整体技术水平相对滞后。从国际市场看，造纸设备生产商主要集中在欧洲、美国、日本等制造业发达地区，与国际造纸设备领先企业相比，国内造纸设备供应商在规模、技术以及质量方面，都存在较大差距，长期以来我国大型造纸机械设备均依赖进口。

近年来，在“制造强国”战略引领下，造纸设备企业积极进行技术创新发展及绿色转型，加快大中型造纸机国产化进程，行业技术水平逐步提高，造纸设备国产化进程进一步加快。

二、案件当事人情况

瑞典某公司（以下简称 **A 公司**）是全球领先的制浆、造纸和能源产业的开发者和供应商，业务布局涵盖北美、南美、欧洲、中东、非洲、亚太地区（包括中国），产业历史可以追溯到1797 年，距今已超过220 年。该公司在全球拥有 17, 500 名员工，2022 年净销售额约为 51 亿欧元。

20 世纪 30 年代，A 公司就向中国供应了造纸机等设备。此后，A 公司持续为中国造纸工业提供先进技术和设备，助力中国造纸业从传统手工生产向机械化、现代化转变。新中国成立后，A 公司积极响应中国建设需求，参与了多个重点造纸项目，为中国造纸工业的恢复与发展贡献了力量。改革开放以来，A 公司继续深耕中国市场，不仅带来了先进技术和设备，还引入了现代化的管理理念和服务模式，如与中国企业合作建立合资公司，实现技术与资源共享，共同开拓市场。在 20 世纪末至 21 世纪初，A 公司加大在华投资，在上海、无锡等地建立生产基地、研发中心和服务网络，贴近中国市场，更好地满足客户需求，推动了中国造纸业和能源产业的技术升级。

江苏某机械公司（以下简称 **B 公司**），始建于 1958 年，是我国某中央企业的子公司。B 公司大力发展木质和非木质人造板加工机械，历经 60 余年发展，已成长为中国专业从事人造板设备研发、制造、销售的高新技术企业和行业骨干企业，形成了人造板机械、造纸制浆机械两大系列 50 多个品种的高新技术产品群，产品销售至非洲、东欧、印度、拉丁美洲、中东、俄罗斯和东南亚等世界各地。

近年来，B 公司大力发展新型系列热磨系统、制浆盘磨机等设备，不断加大产业化升级及产品结构调整的步伐，积极向造纸制浆装备延伸。

B 公司将主营产品从人造板机械装备向造纸制浆机械装备延伸，进一步加剧了与 A 公司在国内市场的竞争，双方在专利上的较量也就难以避免，本案正是发生在造纸制浆领域的热磨机产品专利。

案件大事记

本案前后共历时四年左右，主要过程如图 5－3 所示。

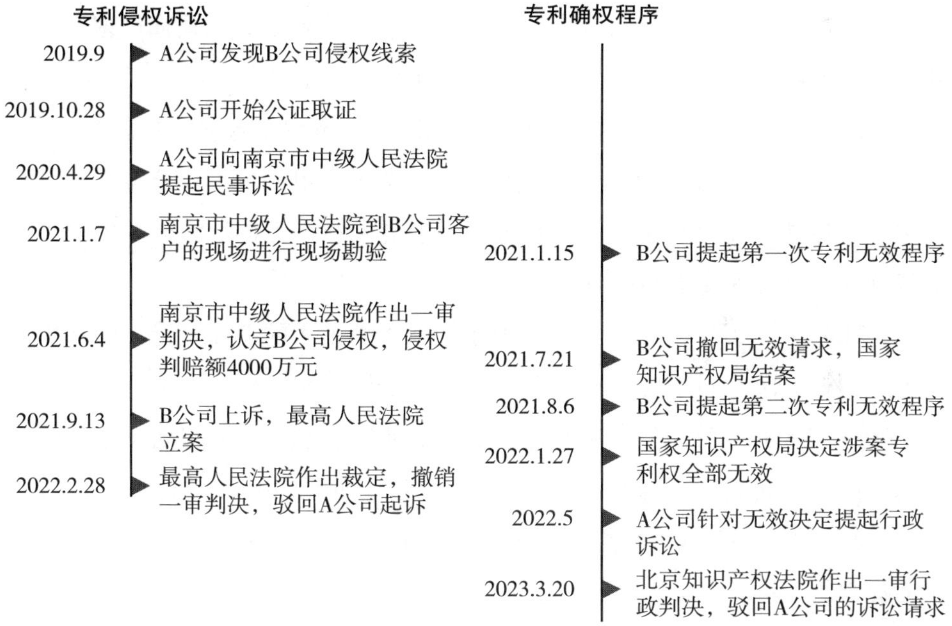

图 5－3　案件大事记

2019 年 9 月，A 公司工作人员参加上海国际家具生产设备及木工机械展览会时，发现参展的厂商包括 B 公司，A 公司工作人员获得了 B 公司的产品简介，认为 B 公司许诺销售的热磨系统中"盘壳"外形与 A 公司的专利产品非常近似。同时，A 公司在参加研讨会和浏览相关网页时也发现，B 公司对其研发、生产、销售的热磨机产品均有大量宣传和报道。

2019 年 10 月 28 日，A 公司委托代理律师到 B 公司的某客户处，对 B 公司生产的 BM 热磨系列产品进行了热磨机外观的拍照公证，并对 B 公司研发、生产、销售热磨机的事实进行了网络证据的公证取证。

2020 年 4 月 29 日，A 公司向江苏省南京市中级人民法院起诉（以下简称**专利侵权案**），主张 B 公司生产的热磨机盘壳产品侵犯专利权。

2021 年 1 月 7 日，依原告 A 公司申请，南京市中级人民法院前往天津市某木业有限公司进行现场勘验，对铭牌上显示生产厂家为被告 B 公司的“热磨机”现场拍照和测量。

2021 年 1 月 15 日，针对专利侵权案中的涉案专利，B 公司向国家知识产权局提起无效宣告请求（以下简称**第一次专利无效**）。

2021 年 4 月 19 日，南京市中级人民法院公开审理了专利侵权案。

2021 年 6 月 4 日，南京市中级人民法院作出一审判决，B 公司立即停止制造、销售侵害 A 公司名称为“盘壳”发明专利权产品的行为，并赔偿 A 公司经济损失及合理费用共计 4000 万元。

2021 年 7 月 21 日，因 B 公司提交了撤回无效请求的书面申请，针对 B 公司提起的第一次专利无效，国家知识产权局发出结案通知书。

2021 年 8 月 6 日，针对专利侵权案中的涉案专利，B 公司向国家知识产权局再次提出无效宣告请求（以下简称**第二次专利无效**）。

2021 年 9 月 13 日，最高人民法院受理 B 公司因不服专利侵权案一审判决而提起的上诉。

2021 年 12 月 9 日，国家知识产权局对第二次专利无效举行口头审理。

2022 年 1 月 27 日，国家知识产权局对第二次专利无效作出审查决定，宣告专利权全部无效。

2022 年 2 月 28 日，最高人民法院对专利侵权案作出二审裁定，撤销一审判决，驳回 A 公司起诉。

2022 年 5 月，A 公司不服国家知识产权局就第二次专利无效作出的审查决定，向北京知识产权法院提起行政诉讼（以下简称**专利无效行政诉讼**）。

2022 年 12 月 9 日，北京知识产权法院公开审理了专利无效行政诉讼。

2023 年 3 月 20 日，北京知识产权法院就专利无效行政诉讼作出一审判决，驳回 A 公司的诉讼请求。

专利侵权案

一、案件信息

上诉人（一审被告）：B 公司。

被上诉人（一审原告）：A 公司。

案由：侵害发明专利权纠纷。

一审法院：南京市中级人民法院。

二审法院：最高人民法院。

涉案专利：该专利用于一种热磨机系统，一共 3 项权利要求，其中权利要求 1 为独立权利要求，权利要求 2 和权利要求 3 为引用权利要求 1 的从属权利要求。

本案一审程序中，南京市中级人民法院作出一审判决，判令被告 B 公司立即停止制造、销售侵害原告发明专利权产品的行为，赔偿原告 A 公司经济损失及合理费用共计 4000 万元。

本案二审程序中，B 公司不服一审判决，向最高人民法院提出上诉，主张撤销一审判决，驳回 A 公司的全部诉讼请求。最高人民法院受理后查明，二审审理期间，国家知识产权局作出无效宣告请求审查决定书，宣告涉案专利权全部无效。基于此，最高人民法院作出二审裁定，驳回 A 公司起诉。

二、各方核心主张及观点

A 公司作为原告认为，被告 B 公司许诺销售的产品与其专利产品非常近似，要求 B 公司立即停止侵犯原告发明专利权的行为，包括停止制造、销售侵害原告发明专利权的产品，赔偿经济损失及维权费用共计人民币 4000 万元，销毁制造涉案专利产品的模具和设备。

依原告申请，南京市中级人民法院至天津某木业公司进行现场勘验，对铭牌上显示生产厂家为被告 B 公司的“热磨机”现场拍照和测量。

此外，南京市中级人民法院向该天津某木业公司调取了其向被告 B 公司购买被诉侵权产品的购货发票，发票载明了日期，以及支付款项的金额、购买的产品规格型号。庭审中，双方当事人对南京市中级人民法院现场勘验取得的照片和数据发表了比对意见。

根据各方当事人的诉辩主张，本案争议焦点为：（1）被诉侵权产品是否落入涉案发明专利权的保护范围；（2）若落入保护范围，被告应承担何种民事责任；（3）若落入保护范围，赔偿金额应为多少。

（一）关于被诉侵权产品是否落入涉案发明专利权的保护范围

B 公司作为被告认为，被诉侵权产品未落入涉案发明专利权的保护范围：

第一，被诉侵权产品的内部沟槽不是一个圆形，存在多个圆心；

第二，在勘验过程中，存在测量误差；

第三，被诉侵权产品缺少“所述盘壳气密地包围所述磨浆盘”这一必要技术特征，涉案专利是通过内部磨浆元件转动或磨浆提供热量，使腔体内部保持能量和压力状态，因而具有“气密”的效果，而被诉侵权产品磨浆时需要加入蒸汽和压缩空气，是机械密封，不具有“气密”的效果；

第四，被诉侵权产品缺少“所述阀具有就在所述沟槽的沿径向所见外部的前方的可调节开口”这一必要技术特征。

➢ **对此，南京市中级人民法院认为：**

将现场勘验的被诉侵权产品的照片和数据与原告专利权利要求 1 进行比对，被诉侵权产品是一种磨浆机的盘壳，盘壳内设有两块磨浆盘，两块磨浆盘相向设置，旋转方向相反，用于机械地离解和加工纤维材料。盘壳气密地包围两块磨浆盘，其上设有用于已加工的纤维材料的出口。在盘壳的内部沿着其周缘具有沟槽，沟槽沿周向半径连续增加，且该增加过程一直增加到出口处，出口切向地设置成沟槽的直接延续部分，在出口处设有用于控制磨浆流出的泄放阀，该泄放阀具有就在沟槽的沿径向所见外部的前方的可调节开口。上述特征与原告专利权利要求1均能一一对应。

1. 关于被告抗辩的“被诉侵权产品的内部沟槽不是一个圆形，存在多个圆心”的问题

专利权保护以其权利要求书为准，涉案专利权利要求1中并未对沟槽形状做具体限定，只是限定沟槽沿着周向具有连续增加的半径，因此本院以动盘圆心作为参照点，测量出被诉侵权产品的沟槽沿着周向多个半径数据符合客观事实，可以证明出被诉侵权产品的沟槽沿着周向具有连续增加的半径，并且该增加的半径一直增加到出口。

2. 关于被告提出的测量误差问题

误差在实际测量中无法实现完全避免，本次勘验过程中，本院使用相同的测量工具，在相同的环境温度下对被诉侵权产品进行连续测量，所得数据可以作为认定被诉产品是否侵权的事实依据，被告在未提交充分反驳证据的情况下，仅以测量存在误差为由否定本院测量数据准确性的抗辩意见，依据不足，不予采纳。

3. 关于被告抗辩的“被诉侵权产品缺少‘所述盘壳气密地包围所述磨浆盘’这一必要技术特征”问题

《专利法》第59条第1款的规定①，发明或者实用新型专利权的保护范围以其权利要求的内容为准，说明书及附图可以用于解释权利要求的内容。

涉案专利权利要求1对于该技术特征描述为“所述盘壳（3）气密地包围所述磨浆盘（1、2）并设有用于已加工的纤维材料的出口（8）”，该技术特征应理解为盘壳包围磨浆盘，并对盘壳内的介质起到密封作用，以使盘壳中的介质不在除进出口以外的地方产生泄漏，**并未限定盘壳内部磨浆时是否需要外部添加蒸汽或压缩空气。且被告亦未就被诉侵权产品磨浆时需要加入蒸汽和压缩空气进行举证。**

---

① 2020年《专利法》修正后本条已变为第64条。

根据涉案专利说明书［0002］和［0006］中的记载，从涉案专利背景技术和涉案专利的技术方案角度阐述了在磨浆过程中纤维材料会产生热量、蒸汽、水，并没有限定涉案专利盘壳内是否需要添加蒸汽或压缩空气。

综上，被告以被诉侵权产品磨浆时需要加入蒸汽和压缩空气，因而不具有“气密”的效果的抗辩理由不能成立。

4. 对于被告抗辩“被诉侵权产品缺少‘所述阀具有就在所述沟槽的沿径向所见外部的前方的可调节开口’这一必要技术特征”的问题

从现场勘验的照片来看，被诉侵权产品的泄放阀上具有一扇形齿轮和控制该扇形齿轮动作的螺杆，在需要控制压力时转动该螺杆以驱动扇形齿轮沿沟槽径向方向动作，实现泄放阀对压力的控制，因此被告的该点抗辩理由与事实不符，不予采纳。

（二）关于被告应承担何种民事责任

南京市中级人民法院认为：

根据《专利法》第 11 条第 1 款规定，B 公司未经专利权人 A 公司许可，为生产经营目的制造、销售、许诺销售侵权产品，侵害了 A 公司的涉案发明专利权，依法应当停止侵权并承担赔偿 A 公司经济损失及其合理费用的民事责任。

《专利法》第 65 条①规定，侵犯专利权的赔偿数额按照权利人因被侵权所受到的实际损失确定；实际损失难以确定的，可以按照侵权人因侵权所获得的利益确定。本案中，原告作为其赔偿数额依据所提交的证据，仅能证明其销售热磨机成套设备的价格，并不足以证明其因侵权所遭受的实际损失，故**依据被告销售侵权产品所获利益来确定其应承担的赔偿数额**。

综合在案证据，被告销售侵权产品的数量至少 30 台，具体如下：

（1）本院现场勘验的位于天津某木业公司的热磨机 1 台，以及（2019）某内经字第 × × × 号公证书记载位于菏泽某木业公司内的热磨机 1 台。

---

① 2020 年《专利法》修正后本条已变为第 71 条。

（2）（2019）某内经字第×××号公证书记载被告公司出口肯尼亚、越南、印度、马拉维、巴基斯坦、孟加拉国、俄罗斯等国家的某系列热磨机10台。

（3）（2020）苏宁某证字第×××号公证书记载，某微信公众号发布文章（发布时间为2020年12月）所称，被告三年多共销售近20台新一代木质纤维制备系统。**该数量虽为第三方发布，但该文章中所提及“菏泽某木业”，与（2019）某内经字第×××号公证书内容相互印证，故在无其他证据否定其内容真实性的情况下，对该文章内容真实性予以确认，并作为本案赔偿数额的参考依据。**

（4）被告自己运营的微信公众号发布文章中所称的，公司销售给东莞某纸业公司、浙江某环保纸业公司、广西某投资公司、江苏某纸业公司等企业的热磨机系统共计不低于14套。

因上述证据所证明被告销售的热磨机系列产品可能存在重复计算，故综合认定被告销售侵权产品的数量为不少于30台。

上述被告销售的热磨机系列产品中，产品型号分为三种。**对于上述各型号产品是否均采用相同技术特征的问题，被告作为热磨机系列产品的生产商，其有能力提供证据证明上述产品技术特征，但在法院要求原告诉讼代理人出具保密承诺书后，仍以涉及其技术秘密为由，拒绝提供其所销售产品的技术原理相关证据，故推定其所销售上述热磨机系列产品的技术特征均与现场勘验的热磨机技术特征一致。**

（三）关于赔偿金额

南京市中级人民法院认为：

关于赔偿责任，依据前述认定，被告B公司销售的侵权产品热磨机系统至少30套，**参照其在微信公众号中宣称的单套平均价格**（2019年8月新签合同超1800万元，其中东莞某纸业公司新签磨浆系统改造热磨系统3套，浙江某环保纸业公司从木片上料到全套磨浆系统2套；2020年8月，江苏某纸业公司与被告公司签订9套制纤生产线，销售额近7000万元），以及从天津某木业公司调取的销售发票金额180万元，**综合认定被告B公司销售的侵权产品热磨机系统单价约为600万元/套**，即（1800万元+7000万元+180万元）/（3套+2套+9套+1套）=600万元/套。

考虑案涉专利对于被告B公司销售侵权产品的贡献度，热磨机为热磨成套设备的主要部件，以及被告生产成本等因素，酌情认定被告销售被诉侵权产品单件利润为200万元，故其因侵权行为所获利益至少为6000万元（200万元×30套）。本案中，原告主张4000万元经济损失及其合理费用的诉讼请求，不超过被告所获利益数额，因此予以全额支持。

因判令被告B公司停止生产和销售侵权产品足以制止侵权，故对原告A公司要求被告B公司销毁生产涉案专利产品模具和设备的诉讼请求不再予以支持。

专利无效案

一、案件信息

专利权人：A公司。

无效宣告请求人：B公司。

请求宣告无效的专利：与专利侵权案中的涉案专利一致。

本次专利无效程序是本案第二次专利无效，即2021年8月6日，针对涉案专利，B公司向国家知识产权局提出的无效宣告请求。

经审查，国家知识产权局作出决定，涉案发明专利权全部无效。

二、各方核心主张及观点

B公司作为请求人认为，权利要求1没有以说明书为依据，不符合《专利法》第26条第4款的规定；权利要求1的保护范围不清楚，基于引用关系，权利要求2—3保护范围也不清楚，不符合《专利法实施细则》第20条第1款的规定①；权利要求1—3相对于证据3不具备新颖性，不符合《专利

① 2023年《专利法实施细则》修订后本条已变为第23条。

法》第22条第2款的规定；权利要求1相对于证据3结合公知常识不具备创造性；权利要求2的附加技术特征被证据2或证据3或公知常识公开，权利要求3的附加技术特征被证据2或公知常识公开，因此，权利要求2—3也不具备创造性，据此请求宣告涉案专利的专利权全部无效。为此，B公司提交了12份证据：

证据1：授权公告日为1999年5月19日、授权公告号为CN23××××6Y的中国实用新型专利说明书；

证据2：授权公告日为1990年4月17日、专利号为US4××××71的美国专利文献及其相关部分中文译文；

证据3：公开日为1950年8月9日、公开号为GB6××××8的英国专利文献及其相关部分中译文；

证据4：公开日为2001年11月8日、公开号为W001/8×××9A1的PCT国际专利文献及其相关部分中译文；

证据5：授权公告日为1987年4月1日、专利号为EP00××××6B1的欧洲专利文献及其相关部分中译文；

证据6：授权公告日为1981年8月11日、专利号为US42××××2的美国专利文献及其相关部分中文译文；

证据7：公开日为1968年12月24日、公开号为US34××××9的美国专利文献及其相关部分中译文；

证据8：公开日为1969年4月8日、公开号为US34××××4的美国专利文献及其相关部分中译文；

证据9：《中高密度纤维板制造与应用》，徐咏兰编，吉林科学技术出版社，2002年9月第1版第1次印刷；

证据10：《木工机械（木材加工专业）》，吴金柱主编，高等教育出版社，2002年7月第1版，2006年9月第2次印刷；

证据11：《制浆造纸机械与设备（下）》，陈克复主编，中国轻工业出版社，2003年5月第2版，2003年5月第1次印刷；

证据12：《盘磨机与磨浆过程自动控制》，刘长恩编著，黑龙江科学技术出版社，1994年6月第1版第1次印刷。

国家知识产权局主要针对涉案专利权利要求不具备创造性的无效理由进行了评述，并鉴于权利要求1—3不具备创造性应予以无效，故未针对其他证据、证据使用方式予以评述。

（一）关于权利要求1的创造性

B公司作为请求人认为，权利要求1相对于证据3结合公知常识不具备创造性，证据9—10证明权利要求1中的技术特征“出口设有用于控制流出所述盘壳的流动的泄放阀，所述阀具有就在所述沟槽的沿径向所见外部的前方的可调节开口”是公知常识，证据12证明盘壳内部形成“沟槽”是公知常识。

A公司作为权利人认为：

第一，证据9没有公开板式孔阀的开口的具体位置，证据10同样没有公开排料装置的出口的设置位置的限定，它们都不能证明权利要求1的“所述阀具有就在所述沟槽的沿径向所见外部的前方的可调节开口”是公知常识；证据12不能证明盘壳中形成“沟槽”是公知常识。

第二，证据3与涉案专利所解决的技术问题不同，证据3是用同一个机器来实现现有技术中的打浆机和精磨机的功能，尽管其壳体外形采用蜗壳状，但其需要在该壳体外配套设置较粗的排放支管u和用于调整“回流”大小的分配阀及相应管道w，各个部件需要通力配合缺一不可；涉案专利是消除并改进盘壳内的纤维紊流流动。

➢ **对此，国家知识产权局认为：**

权利要求1保护一种用于设有磨浆盘的磨浆机的盘壳。

关于技术特征“所述磨浆盘（1、2）相对彼此以相反方向旋转用于机械地离解和加工纤维材料”，涉案专利说明书第12段记载：“磨浆机包括安装在盘壳3中的静止磨浆盘（定子）1和旋转磨浆盘（转子）2，磨浆块4、5分别附连在定子和转子上，磨浆块4、5在它们之间形成磨浆间隙6”，可见，磨浆盘 1 是静止的，磨浆盘 2 是旋转的，本领域技术人员能够确定，权利要求 1 中限定的上述技术特征应当是指磨浆盘 2 相对于磨浆盘 1 旋转，用于机械地离解和加工纤维材料。

关于技术特征“该沟槽沿周向看具有连续增加的半径”，涉案专利说明书第 5 段记载了“该沟槽的半径在盘壳中的磨浆间隙的开口外侧沿周向连续增加。该半径应连续增加一直到通向泄放阀的出口”，第 12 段记载了“沿周向的该沟槽 10 的半径在盘壳 3 中的磨浆间隙 6 的开口外侧连续增加”，**结合专利权人在口头审理当庭明确的“沟槽的半径是从磨浆机的轴心到沟槽底部的距离，是沿周向连续增加，到标记 8 的位置增大到最大”，本领域技术人员能够确定**，权利要求 1 中限定的“半径”是指从磨浆机的轴心到沟槽底部的距离。

关于技术特征“所述阀具有就在所述沟槽的沿径向所见外部的前方的可调节开口”，涉案专利说明书第 13 段记载了“该开口 11 就在沟槽 10 径向所见外部的前方”，**结合专利权人在口头审理当庭明确的“沿径向”可以理解为“沿切向”，合议组能够推断出**，权利要求 1 中的上述技术特征是指所述阀具有位于所述沟槽的沿切向所见外部的前方的可调节开口。

证据 3 公开了一种用于打浆和精磨造纸原料的改良机器，该机器可以对造纸生产的碎解造纸原料进行磨浆处理。

将权利要求 1 保护的技术方案与证据 3 相比较，二者的区别在于：沟槽的设置以及出口与沟槽的位置关系。具体而言，涉案专利的盘壳的内部沿着其周缘形成有沟槽，该沟槽沿周向看具有连续增加的半径，且该增加的半径一直增加到所述出口，所述出口切向地设置成所述沟槽的直接延续部分。

基于上述区别技术特征的确定，权利要求 1 保护的技术方案相对于证据 3 实际解决的技术问题是：如何进一步减小纤维材料在盘壳中的紊流流动。

关于上述区别技术特征：

首先，从证据 3 附图 2 可看出，上述盘壳状结构的周向壳体构件分别与环 e 和环 g 的上下端之间具有一定深度的槽状空间，机器工作时部分原料不可避免地会旋入上述槽状空间。也就是说，该槽状空间也能起到导引原料并减少其在上述盘壳状结构中紊流流动的作用。

其次，从证据 3 附图 3 中涡螺壳 t 的形状，结合本领域中涡螺壳的结构特点，本领域技术人员能够得出涡螺壳 t 的内底面与环 e 和环 g 的中心即机器的轴心之间的距离沿周向看连续增加。

此外，本领域中磨浆盘通常都是对称分布的，进一步地结合证据 3 的附图 1 中环 e 和环 g 的设置方式，本领域技术人员能够显而易见地得出，上述槽状空间的底面与轴心之间的距离沿周向看连续增加，且一直增加到原料从泄放支路 u 顶端排出机器的出口，该出口也切向地设置成上述槽状空间的直接延续部分。

综上所述，**本领域技术人员结合本领域的普通技术知识，能够从证据 3 显而易见地获得上述区别技术特征，并将其用于证据 3**，以进一步减小纤维材料在盘壳中的流动。

因此，在证据 3 的基础上结合本领域的常规技术手段得到权利要求 1 保护的技术方案，对于本领域技术人员来说是显而易见的，权利要求 1 不具有实质性特点，不符合《专利法》第 22 条第 3 款有关创造性的规定。

关于专利权人认为的“证据 3 与涉案专利所解决的技术问题不同”的问题，**虽然证据 3 记载的要解决的技术问题是同一个机器来实现现有技术中的打浆机和精磨机的功能，但其客观上公开了涉案专利权利要求 1 限定的大部分技术特征，并给出了相应的技术启示**，本领域技术人员能够显而易见地确定其公开的机器的上述盘壳状结构能够在原料被处理时客观上引导原料的流动，起到减小浆料紊流流动的作用，其客观上能够解决本专利相同的技术问题，这并不存在技术障碍。

（二）关于权利要求 2—3 的创造性

国家知识产权局认为：

权利要求 2 是权利要求 1 的从属权利要求，权利要求 3 是权利要求 1—2

中任一项的从属权利要求，它们分别进一步限定了“所述沟槽形成为在所述盘壳的周缘中的加宽部”和“所述沟槽从截面中看形成有圆形底部”。

至于权利要求 2 的附加技术特征，综上所述，蜗壳状壳体是半径逐渐增加的圆盘状结构，被广泛使用在流体收集领域，沿周向看具有连续增加的半径，**本领域技术人员在蜗壳状壳体内部设置沟槽时，容易想到**将沟槽形成为所述壳体的周缘中的加宽部，以增强其导流和防止阻塞的技术效果。

至于权利要求 3 的附加技术特征，具有圆形底部的沟槽是本领域常见的结构，因其流畅的底部构造，导流和防止阻塞效果较好，**本领域技术人员容易想到**将沟槽设置成从截面中看形成的圆形底部。**这些都是本领域的常规技术手段，且它们产生的技术效果也是本领域技术人员可以合理预期的**。

因此，在它们引用的权利要求不具备创造性的情况下，权利要求 2 和权利要求 3 也不符合《专利法》第 22 条第 3 款有关创造性的规定。

专利无效行政诉讼

一、案件信息

一审原告：A 公司。

被上诉人（一审被告）：国家知识产权局。

一审第三人：B 公司。

一审法院：北京知识产权法院。

被诉决定：2022 年 1 月 27 日，国家知识产权局作出的宣告涉案专利权利要求全部无效的审查决定。

一审程序中，A 公司不服被诉决定，向北京知识产权法院提起行政诉讼一审，请求法院撤销被诉决定，责令国家知识产权局重新作出决定。经审理，北京知识产权法院作出一审判决，驳回 A 公司的诉讼请求。

二、各方核心主张及观点

A 公司不服被诉决定，向北京知识产权法院提起行政诉讼一审，主张撤销被诉决定，并责令国家知识产权局重新作出决定。

在行政诉讼一审庭审中，原告明确在权利要求 1 不具备创造性的情况下，不再主张其他从属权利要求的创造性。

根据各方当事人的诉辩主张，本案争议焦点为：（1）被诉决定是否遗漏了权利要求 1 的区别技术特征；（2）证据 3 是否公开了涉案专利权利要求 1 的“沟槽”技术特征；（3）涉案专利权利要求 1 是否具备创造性。

三、一审法院裁判理由及结果

（一）关于被诉决定是否遗漏了区别技术特征

A 公司作为原告认为，涉案专利权利要求 1 与证据 3 还存在以下区别技术特征，即“并且所述出口（8）设有用于控制流出所述盘壳（3）的流动的泄放阀（9），所述阀（9）具有就在所述沟槽（10）的沿径向所见外部的前方的可调节开口（1）”。

➢ **对此，北京知识产权法院认为：**

涉案专利中的泄放阀具有位于沟槽的径向可见外部的前方的可调节开口，其隐含了泄放阀位于沟槽的径向可见外部的前方，即出口的外部。证据 3 中的可手动调节的分配阀或旋塞 v 位于出口与管道 w 的交叉处（参见证据 3 附图 4），用于导通泄放支路 u 与出口和/或管道 w，当其仅导通泄放支路 u 与出口时，所起的作用与本专利中泄放阀的作用相同，**但设置位置并不相同**。因此，证据 3 未公开原告主张的上述特征。

对于涉案专利权利要求 1 与证据 3 存在的上述区别技术特征，在磨浆领域，不带有循环管路的盘型磨浆机也是常用的磨浆机。**对于不设置循环管路的磨浆机，在出口外部设置带有可调节开口的泄放阀，以调节排出浆料的流量以及盘壳内的压力，属于本领域的常规技术手段。根据盘壳的结构特点，将可调节开口设置在沟槽的径向所见外部的前方，从而便于浆料沿着沟槽顺畅地流向可调节开口，也是本领域技术人员容易想到的，属于本领域的常规设置。**

（二）证据3是否公开了涉案专利权利要求1的“沟槽”技术特征

A公司作为原告认为，涉案专利在槽状空间的基础上，通过周缘内壁额外设置一定深度和宽度的渠道再形成沟槽，即使盘壳的内部沿着其周缘形成有沟槽。被诉决定根据涉案专利沟槽可以有多种实施方式，推导出证据3具有沟槽是错误的。涉案专利因为设置了沟槽，因此纤维材料沿着沟槽而行而不是在整个盘壳中，证据3中纤维材料是在整个盘壳中流动的。证据3中槽状空间实际上是涉案专利的盘壳周缘，其就是为了容纳浆料，不涉及涉案专利所述“将从磨浆间隙中出来的浆料集中在相对整个内部空间而言较狭窄的通道导流出去来减少紊流”的技术构思。

➢ **对此，北京知识产权法院认为：**

被诉决定认为权利要求1与证据3的区别在于，沟槽的设置以及出口与沟槽的位置关系。

对于该区别技术特征，证据3公开了原料通过各个圆盘之间的通道进入配置有切向泄放支路的涡螺壳，这提供了线性流动，从而确保高流速和纤维处理；从附图1可看出涡螺壳t为深度变化的沟槽结构，结合附图1、附图4可看出沟槽结构沿同向看具有连续增加的半径，且增加的半径一直增加到出口，出口切向地设置成沟槽结构的直接延续部分。证据3的涡螺壳t为半径（深度）连续增加的沟槽结构，为原料提供了线型流动，显然其能够减小原料的紊流流动，从而降低磨浆机的能耗，减少盘壳磨损并降低纤维积聚和发生阻塞的危险，与涉案专利“沟槽”的位置、形状及作用均相同。

因此，证据3公开了权利要求1中的技术特征“所述盘壳（3）的内部沿着其周缘形成有沟槽（10），该沟槽（10）沿周向看具有连续增加的半径，且该增加的半径一直增加到所述出口（8），所述出口（8）切向地设置成所述沟槽（10）的直接延续部分”。国家知识产权局对此认定有误，应予以指正。

（三）关于涉案专利权利要求1是否具备创造性

➢ **对此，北京知识产权法院认为：**

被诉决定虽对部分事实认定错误，即对涉案专利要求1相对于证据3的区别技术特征认定错误，但审查程序合法、结论正确。**在证据 3 的基础上结合本领域的常规技术手段以获得权利要求 1 所要求保护的技术方案，对本领域技术人员来说是显而易见的**，涉案专利权利要求 1 不具备创造性。

疑难争议解析

一、关于无效程序中请求人当庭新增或变更证据组合方式的分析

在本案专利无效程序中，B 公司作为请求人提交了 12 份证据，并通过多种证据组合方式来评价涉案专利权利要求的创造性，例如，针对涉案专利权利要求 1 的创造性，B 公司使用了以下证据组合：

（1）证据 3 + 公知常识；

（2）证据 1 + 证据 2 + 公知常识；或者，证据 1 + 证据 4 + 公知常识；或者，证据 1 + 证据 5 + 公知常识；或者，证据 1 + 证据 8 + 公知常识；

（3）证据 1 + 证据 2 + 证据 7 + 公知常识；或者，证据 1 + 证据 4 + 证据 7 + 公知常识；或者，证据 1 + 证据 5 + 证据 7 + 公知常识；或者，证据 1 + 证据 8 + 证据 7 + 公知常识；

（4）证据 6 + 证据 2 + 公知常识；或者，证据 6 + 证据 4 + 公知常识；或者，证据 6 + 证据 5 + 公知常识；或者，证据 6 + 证据 8 + 公知常识；

（5）证据 6 + 证据 2 + 证据 7 + 公知常识；或者，证据 6 + 证据 4 + 证据 7 + 公知常识；或者，证据 6 + 证据 5 + 证据 7 + 公知常识；或者，证据 6 + 证据 8 + 证据 7 + 公知常识。

上述证据组合非常复杂，达 17 种之多。B 公司如此操作的目的之一是避免遗漏可能被法院采信的证据组合。进一步而言，倘若请求人在提交专利无效宣告请求的书面申请时未能说明某证据组合作为无效理由，在口头审理开庭中还能否当庭新增或变更用以评价权利要求创造性的证据组合方式呢？司法实践中对此争议较大。

一种观点认为，对请求人当庭新增或变更的证据组合方式应当不予考虑，理由是：

其一，违反《专利审查指南》规定。若国家知识产权局予以接受并进行审理，将违反《专利审查指南》第4部分第3章第4.1节审查范围的规定或第4部分第3章第4.2节无效宣告理由的增加的规定。《专利审查指南》明确规定了无效宣告请求的审查范围和理由增加的时限，旨在确保程序的公正性和效率。请求人在规定期限内未提出相关理由，事后新增或变更证据组合方式，显然超出了《专利审查指南》所规定的范围，不利于程序的稳定性和可预测性。

其二，证据突袭。当庭新增或变更的证据组合方式，本质上是一种证据突袭，作为另一方当事人的专利权人没有充分的时间进行考虑应对，对专利权人一方而言显失公平。专利无效程序涉及双方当事人的重大权益，应当保障双方在程序中的平等地位和充分的陈述意见的机会。如果允许请求人当庭新增或变更证据组合方式，专利权人可能因时间紧迫而无法进行有效的反驳和应对，从而影响对其合法权益的保护。

其三，权利放弃。无效宣告请求人一方在提出无效宣告请求后，有一个月的时间补充无效宣告理由和证据，有充裕的时间增加无效宣告理由而不作为，那么增加无效宣告理由的权利在法律上就不应该再予以保护。根据权利行使的诚实信用原则，请求人应当在规定的期限内积极行使自己的权利，充分履行举证责任。如果请求人故意拖延或遗漏相关理由，然后在庭审中突然提出，这种行为不应得到法律的支持，否则将破坏法律程序的严肃性和公正性。

另一种观点则认为，出于提高行政效率的考虑，在不违反听证原则的情况下，对请求人当庭新增或变更的证据组合方式可以视情况考虑接受，具体而言：

其一，行政效率：在一些情况下，请求人在提交无效宣告请求书及意见陈述书时，可能由于各种原因未能充分考虑或准确表述所有的证据组合方式。如果在口审中允许其新增或变更，可以避免程序的重复和拖延，提高行政效率。

其二，听证原则：只要专利权人在口审过程中有机会对新增或变更的证据组合方式充分陈述意见，其实体权益就不会受到影响，从而可以实现实体公正和程序公正的平衡。

例如，（2017）京行终1201号专利无效行政诉讼案：

五洲公司在无效宣告请求书及其随后提交的意见陈述书中，主张涉案专利权利要求2相对于证据2和公知常识的结合不具备创造性，其在将权利要求2与证据2进行特征对比时明确主张证据2的附图3（第一实施例），未明确提及证据2的附图5（第二实施例）。

在无效宣告口审中，五洲公司主张证据2的附图5公开了权利要求2的技术特征，国家知识产权局对此进行审查并作出宣告专利权全部无效的决定。

专利权人台达公司不服国家知识产权局的决定，提起行政诉讼，认为五洲公司在口头审理中引入证据2的附图5（第二实施例），国家知识产权局对此进行审查并作出宣告本专利全部无效的结论，违反请求原则和听证原则。

➢ **对此，北京市高级人民法院认为：**

参照《专利审查指南》的规定，请求人可以在提出无效宣告请求之日起一个月内增加无效宣告理由，或者补充具体说明。**请求人在提出无效宣告请求之日起一个月后增加无效宣告理由的，复审和无效审理部**[①]**一般不予考虑，而非绝对不予考虑。**

虽然五洲公司在无效宣告请求书中在将本专利权利要求2与证据2进行特征对比时明确主张证据2的附图3（第一实施例）、未明确提及证据2的附图5（第二实施例），但是在口头审理程序中，五洲公司将证据2的附图5（第二实施例）也纳入现有技术的范围，但台达公司在口头审理过程对上述实施方式也充分陈述了意见。

复审和无效审理部出于行政效率的目的，使用证据2的附图5（第二实施

① 原国家知识产权局专利复审委员会。

例），并未超出五洲公司所提无效理由的范围，也未违反请求原则和听证原则。

再如，（2011）高行终字第1505号专利无效行政诉讼案：

➢ **对此，北京市高级人民法院认为：**

王某涵在无效宣告请求书中将证据1作为基础与证据2或者与证据2、3的结合用于评价本专利权利要求1的创造性，而在口头审理中主张以证据3作为最接近的现有技术与公知常识或与证据2或与证据2、1的结合用于评价本专利权利要求1的创造性，**该组合方式的变更虽然超出了《专利审查指南》规定的增加无效理由的期限，但菲利浦公司在口头审理中已经对变更后的组合方式充分陈述了意见，其实体权益并未受到影响**。

因此，复审和无效审理部第14219号决定仅采用证据3与证据1的结合，对本专利权利要求1是否具有创造性作出结论，并未影响菲利浦公司的实体权益，未违反专利评审的请求原则。

综合上述两种观点，对请求人当庭新增或变更的证据组合方式是否考虑，一般应考量下述因素：

（1）请求原则与听证原则

请求原则是指专利复审和无效审理部门只能在请求人提出的无效宣告理由和证据的基础上进行审查，不能主动引入新的理由或证据。听证原则是指在专利复审和无效审理过程中，应当保障当事人的陈述权和申辩权，确保其有机会对涉及自身权益的事项发表意见。当庭新增或变更证据组合方式是否违反请求原则和听证原则，需要综合考虑其是否超出了请求人原有理由的范围，以及专利权人是否有机会进行充分的意见陈述。

（2）行政效率与程序公正

行政效率是衡量专利复审和无效审理工作的重要标准之一。在保证程序公正的前提下，提高行政效率有助于减少当事人的诉累，节约行政资源。允许请求人在口审中新增或变更证据组合方式，可以在一定程度上避免因程序问题导致的重复审理，提高审理效率。然而，这并不意味着可以随意突破程序规定，损害程序公正。在具体操作中，应当严格把握尺度，确保行政效率与程序公正的平衡。

（3）权利行使与权利放弃

请求人在专利无效程序中应当依法行使自己的权利，积极履行举证责任。如果请求人在规定期限内未提出相关理由，事后又试图通过新增或变更证据组合方式来弥补，这种行为可能构成权利放弃。权利放弃是当事人对其合法权益的处分行为，一旦放弃，就不得再主张。因此，在判断是否允许请求人当庭新增或变更证据组合方式时，应当考虑其是否存在故意拖延或放弃权利的情形。

综上所述，在专利无效程序中，请求人当庭新增或变更证据组合方式是一个涉及多个法律原则和利益平衡的复杂问题。在具体案件中，应当根据请求原则、听证原则、行政效率、程序公正以及权利行使与权利放弃等多方面因素，综合判断是否允许请求人当庭新增或变更证据组合方式。同时，请求人在提交无效宣告请求书及意见陈述书中应将可能的证据组合方式全部予以完整说明，即使这可能使无效理由变得冗长，且多数理由显得没有必要；对于确实提交无效宣告请求书及意见陈述书时均未能想到或遗漏的证据组合方式，可以在口审结束前积极尝试向国家知识产权局提出新增或变更。

二、专利侵权诉讼中法院现场勘验的适用与程序要求

本案专利侵权诉讼一审程序中，南京市中级人民法院在开庭前，应原告A公司申请，前往B公司客户处进行现场勘验，对B公司生产的热磨机进行现场拍照和测量。但是B公司认为，南京市中级人民法院的现场勘验未通知B公司，“现场勘验数据”没有实施人、在场人的签名或盖章，程序违法，且技术测量方案不能测出被诉产品的真实特征，不能作为定案依据。

那么，我们需要深入分析，专利侵权诉讼中法院现场勘验的法律依据，以及应符合何种程序要求。

（一）法院现场勘验的法律依据及适用情形

最高人民法院《关于适用〈中华人民共和国民事诉讼法〉的解释》（以下简称《民事诉讼法司法解释》）第124条第1款规定，人民法院认为有必

要的，可以根据当事人的申请或者依职权对物证或者现场进行勘验。

根据该规定，专利侵权诉讼中法院进行现场勘验，可以依当事人的申请开展现场勘验，也可以依职权主动进行现场勘验。在专利侵权诉讼案件中，常见的需要做现场勘验的情形主要涉及：

第一，大型机械设备或产品。当事人不可能将大型的机器设备提交到法庭，而有关照片往往也只能反映这些产品的外部特征，当专利所要保护的技术方案涉及内部结构特征时，不做现场勘验不能全面、准确地查明被诉侵权产品的结构特征。如本案涉案专利产品为热磨机，不仅重量重，且价格昂贵，原告 A 公司若自费购买这样一套设备成本巨大，即使买下也不可能将其提交至法院。

第二，建筑工程。在很多涉及建筑工程的专利侵权案件中，安装于建筑工程的专利产品，需要做现场勘验才能更为准确地观测。

第三，产品制造方法。为核实事实，需要到被告的生产车间进行现场勘验。

（二）法院现场勘验的程序要求

《民事诉讼法》第 83 条第 1 款规定，勘验物证或者现场，勘验人必须出示人民法院的证件，并邀请当地基层组织或者当事人所在单位派人参加。当事人或者当事人的成年家属应当到场，拒不到场的，不影响勘验的进行。

最高人民法院《关于民事诉讼证据的若干规定》第 43 条第 1 款进一步细化规定，**人民法院应当在勘验前将勘验的时间和地点通知当事人**。当事人不参加的，不影响勘验进行。

勘验的目的在于查明案件事实，是针对有可能成为认定案件事实的证据而展开的证据调查活动。此项活动，直接涉及诉讼当事人的民事权益。为此，为保障勘验活动程序的公开以及勘验结果的客观，根据上述法律及司法解释规定，法院在进行勘验前，应当将勘验相关事项通知当事人，如勘验的时间、地点等具体事项。而在本案中，南京市中级人民法院在进行现场勘验前未通知被告 B 公司，应属于违反法定程序。

另外，根据最高人民法院《关于民事诉讼证据的若干规定》第43条第2款的规定，当事人可以就勘验事项向人民法院进行解释和说明，可以请求人民法院注意勘验中的重要事项。这有利于当事人配合、协助法院开展勘验活动。从另一个角度而言，若当事人未获通知参加勘验，则当事人无法就勘验中的重要注意事项向法院进行解释和说明，不利于现场勘验的准确性，对未参加现场勘验的当事人不公平。

《民事诉讼法》第83条第3款明确规定，勘验人应当将勘验情况和结果制作笔录，由勘验人、当事人和被邀参加人签名或者盖章。

最高人民法院《关于民事诉讼证据的若干规定》第43条第3款进一步明确规定，人民法院勘验物证或者现场，应当制作笔录，记录勘验的时间、地点、勘验人、在场人、勘验的经过、结果，由勘验人、在场人签名或者盖章。对于绘制的现场图应当注明绘制的时间、方位、测绘人姓名、身份等内容。

上述法律及司法解释条款，对勘验要求进行了较为详细的规定。若法院在现场勘验后制作的笔录，没有勘验人、在场人签名或者盖章，则该笔录的真实性和合法性存疑。

（三）勘验笔录的证据能力及质证程序

无论法院的现场勘验活动的开展是基于当事人的申请还是依职权进行，作为证据使用的勘验笔录，应经当事人的庭审质证，通过双方当事人对勘验笔录的庭审对抗活动，保障当事人的程序权益，以便法院对勘验笔录的证据能力、证明力大小作出认定，最终认定案件事实。

但是，司法实务中，存在一些错误的认识。比如，有观点认为，对于依职权启动的勘验，法官亲自参与了勘验活动，勘验笔录的结论具有当然的正确性。当事人对勘验笔录是否进行庭审质证，均不影响案件事实的认定。勘验笔录即使在未经当事人庭审质证的情况下，也可作为认定案件基本事实的证据。上述观点存在不当。根据《民事诉讼法》第66条、第141条、第142条的规定，勘验笔录为庭审调查的内容之一，且当事人经法庭许可，可以向勘验人发问，对勘验有异议的，有权要求重新进行勘验等。由此，对于作为证据使用的勘验笔录，应依法保证当事人质证的权利。当事人要求重新进行勘验的，人民法院应根据当事人的异议事由，依法决定是否准许。

三、专利无效程序中无文字说明附图公开技术特征的认定难点与分析

本案中，针对涉案专利提出的无效宣告请求，证据 3 的附图是否公开了“泄放阀”和“沟槽”两个技术特征，是主要的争议点。虽然国家知识产权局审查决定及北京知识产权法院一审判决就涉案专利全部权利要求不具备创造性这一结论相同，但二者具体认定路径相异，反映出在无文字说明情况下，附图公开技术特征认定的复杂性与实践难题。

（1）关于“泄放阀”技术特征认定分歧

国家知识产权局审查决定指出，依据证据 3 的附图 3 显示，用于原料从泄放支路 u 顶端排出机器的出口切向地设置成上述盘壳状结构的直接延续部分，分配阀或旋塞 v 设置在其中，对应于涉案专利的泄放阀，即**证据 3 的附图公开了“泄放阀”的技术特征**。

而北京知识产权法院作出的一审判决则称，从证据 3 的附图 4 可看出，证据 3 中的可手动调节的分配阀或旋塞 v 位于出口与管道 w 的交叉处，用于导通泄放支路 u 与出口和/或管道 w，当其仅导通泄放支路 u 与出口时，**所起的作用与本专利中泄放阀的作用相同，但设置位置并不相同**，即证据 3 的附图未公开“泄放阀”的技术特征。

（2）关于对于“沟槽”技术特征认定分歧

国家知识产权局审查决定明确认定，**证据 3 的附图未公开“沟槽”的技术特征**，权利要求 1 保护的技术方案与证据 3 的区别在于“沟槽的设置以及出口与沟的位置关系”，具体而言，涉案专利的盘壳的内部沿着其周缘形成有沟槽，该沟沿周向看具有连续增加的半径，且该增加的半径一直增加到所述出口，所述出口切向地设置成所述沟槽的直接延续部分。

北京知识产权法院一审判决则认为，**结合证据 3 附图 1、附图 4 可看出**，证据 3 的涡螺壳为半径（深度）连续增加的沟槽结构，为原料提供了线型流动，显然其能够减小原料的紊流流动，从而降低磨浆机的能耗，减少盘壳磨损并降低纤维积聚和发生阻塞的危险，**与涉案专利“沟槽”的位置、形状及作用均相同**。即证据3的附图1和附图4已经公开“沟槽”的技术特征。

综合上述认定差异可见，在没有文字说明的情况下，准确认定附图公开的技术特征，是技术事实认定中的难点。《专利审查指南》规定虽然给出了“直接地、毫无疑义地确定”的认定标准，但这仅是原则性的规定，在实践中，案件具体的情况千差万别，判断主体需要结合具体案情进行细致的分析，通过多种方式证明、展示附图具体公开的特征，以期达到准确判定之目的。此过程需充分考量本领域普通技术人员的知识水平和认知能力，精准把握专利技术创新本质，避免因主观认知差异导致认定偏差。

四、专利侵权诉讼中赔偿额的举证责任分配与实践困境

专利侵权诉讼案件中，核心诉求通常涵盖停止侵权与赔偿损失两项。从某种意义上而言，赔偿数额直接关联着案件的代理效果和市场影响力。高额的判赔结果，不仅能为权利人带来直接的维权收益，增强其维权意愿与信心，还可对潜在的侵权假冒行为形成有力震慑。

本案中，专利权人A公司向B公司主张4000万元侵权损失赔偿，一审法院虽予以支持，但并非完全认同A公司的主张理由。例如，一审法院认为，A公司提交的作为赔偿数额依据的证据，仅能证明其销售热磨机成套设备的价格，并不足以证明其因侵权所遭受的实际损失。由此，引发我们深入探讨，在专利侵权诉讼中，赔偿额的举证责任应如何合理分配，以及举证需达到何种程度方为妥当。

《专利法》第71条第4款规定，人民法院为确定赔偿数额，在权利人已经尽力举证，而与侵权行为相关的账簿、资料主要由侵权人掌握的情况下，可以责令侵权人提供与侵权行为相关的账簿、资料；侵权人不提供或者提供虚假的账簿、资料的，人民法院可以参考权利人的主张和提供的证据判定赔偿数额。

最高人民法院《关于知识产权民事诉讼证据的若干规定》第24条明确

规定，承担举证责任的当事人书面申请人民法院责令控制证据的对方当事人提交证据，申请理由成立的，人民法院应当作出裁定，责令其提交。

第 25 条第 1 款规定，人民法院依法要求当事人提交有关证据，其无正当理由拒不提交、提交虚假证据、毁灭证据或者实施其他致使证据不能使用行为的，人民法院可以推定对方当事人就该证据所涉证明事项的主张成立。

根据上述法律及司法解释规定，在专利侵权诉讼案件中，赔偿额的举证责任首先由专利权人承担。但对于由侵权人掌握的数据，例如销售数量、销售收入、生产成本、利润等数据，专利权人在立案时可以书面申请法院责令侵权人提供账簿、资料，以争取判赔数额的最大化。若侵权人配合提供资料，则相关资料可以作为计算赔偿数额的重要依据；若侵权人拒不提供，则构成举证妨碍，法院在判赔时将会倾向于参考专利权人提出的初步证据判定赔偿数额。这里提到的“初步证据”，包括如本案中被诉侵权人 B 公司的微信公众号、官网宣传中的销售数据等，南京市中级人民法院也是根据上述证据综合认定 B 公司的侵权规模，确定其销售侵权产品的数量。

在实务操作中，被诉侵权人一方往往不愿提供涉案产品的完整账册或者销售数据，以证明其侵权规模；同时，对于原告的涉案专利的技术贡献度，被诉侵权人也会提出相应抗辩，认为原告的技术贡献度主张过高。

参考最高人民法院第 159 号指导性案例，最高人民法院认为，被诉侵权人如对原审法院确定的全额赔偿持有异议，**应先就专利权人计算赔偿所依据的基础事实是否客观准确进行实质性抗辩；被诉侵权人在拒不提供有关侵权规模的基础事实的情况下，另行主张专利技术贡献度等其他抗辩事由，二审法院对其二审中关于原审确定赔偿额过高的各项抗辩主张不予支持**。

因此，当原告完成了其关于侵权赔偿数额的初步举证后，被诉侵权人在对原告所主张的侵权赔偿数额提出异议时，应当对侵权赔偿数额整体作出举证，既包括对侵权规模的举证，也包括对技术贡献度的举证，进而给出真实可信的侵权赔偿数额。若被诉侵权人既不愿意提供侵权规模的相关证据，又主张涉案专利的贡献度过高，在实践中，法院大概率不会考虑被诉侵权人提出的异议。

回顾与总结

本案系 A 公司诉 B 公司专利侵权纠纷案，A 公司主张 4000 万元侵权赔偿并获一审法院支持。该赔偿金额在国内专利侵权案件全面引入惩罚性赔偿制度背景下，仍属罕见。对于 B 公司而言，4000 万元赔偿额足以使其从蓬勃发展陷入发展困境。

本案中，B 公司作为被诉侵权人，既吸取了深刻教训，又积累了宝贵经验。其中，深刻的教训在于 B 公司广泛且详细地宣传产品销售数据，为 A 公司提供了证明侵权规模的充分证据。南京市中级人民法院主要依据 B 公司在微信公众号、官网等平台发布的宣传文章中提及的产品销售信息，认定了 B 公司的侵权规模。

在司法实践中，部分公司为扩大企业影响力、突出产品优势，常在宣传时夸大销售数据，而这些宣传资料可能成为竞争对手打击企业的重要武器。因此，企业在宣传自身产品时，应提前进行专利检索，对于可能侵犯他人专利的产品，应谨慎论证宣传口径；即使进行产品宣传，也应尽量避免在宣传文章中展示具体数据，如销售数量、销售金额、利润等，应尽量模糊化处理。

针对争议问题锲而不舍地努力寻找证据，是 B 公司在本案中积累的重要经验之一。本案的突破点在于对涉案专利提起无效宣告请求，而无效宣告请求的关键在于证据检索。通过深入检索证据，B 公司以 12 组横跨 72 年的关键证据构建“技术进化图谱”，从 1950 年英国专利的基础结构，到 20 世纪 80 年代欧洲专利的改进，结合三组美国专利的技术，辅以四部行业典籍，系统论证涉案专利系现有技术与公知技术的组合。上述证据从多方面有力地支撑了 B 公司作为无效宣告请求人的观点，为案件的最终解决提供了关键支持。

在庭审中做好充分准备，为法官提供庭审便利，是 B 公司的另一重要经验。本案一份关键证据仅通过附图公开了相关技术特征。为便于合议组和法庭理解争议焦点和主张观点，B 公司基于涉案专利说明书附图和该证据的说明书附图，制作了对应的 3D 模型，并对 3D 模型对应部分进行相同着色。3D 模型直观地向合议组和法庭展现了涉案专利与证据 3 之间的技术特征对应关系，使审判员能够在短时间内高效了解 B 公司的意见，从而取得了良好的庭审效果，获得了国家知识产权局及北京知识产权法院的支持。

综上，本案对于企业在专利侵权诉讼中具有重要的启示意义。企业在宣传产品时，应谨慎处理销售数据等敏感信息，避免为竞争对手提供可乘之机。在面对专利侵权指控时，企业应积极寻找证据，特别是针对争议焦点进行深入的证据检索和公知常识举证，以有力支持自己的主张。同时，企业在庭审中应做好充分准备，通过直观、清晰的方式向法庭展示证据和技术特征，为法官提供便利，以提高庭审效果。

专利无效战场反复拉锯，火花塞行业全球霸主与国内龙头的巅峰对决

——日本某株式会社与中国某股份公司、北京某商贸公司的侵犯发明专利权纠纷案

➢ 案件导航

汽车零部件　日本　世界第一　电学领域　五百万判赔额

涉案专利无效　北京知产法院　最高法院　六年

➢ 案件亮点

本案涉及全球火花塞行业霸主与新兴挑战者的市场主导地位及技术主权之争。日本某株式会社作为1936年创立的老牌巨头，凭借全球第一的市场份额构筑专利护城河；中国某股份公司历经60年发展，以50%的国内配套率跻身世界前三强。面对市场版图重叠引发的技术博弈，A公司2018年经过精密布局后发起诉讼：通过公证购买锁定侵权产品及销量数据、实施产品拆解公证完成技术特征比对、以官网及微信公众号的销售行为存证等，构建了“侵权定量—定性—行为固定”的证据体系，在一审程序中获得500万元的全额判赔。面对一审败诉的至暗时刻，中国某股份公司以“无效宣告+行政诉讼”组合拳破局，在第三次无效程序中精准运用早期技术文献与第三方鉴定意见，通过三维建模实证涉案专利技术特征已属公知，成功使国家知识产权局宣告涉案专利无效，使最高人民法院撤销一审侵权诉讼判决。这场横跨六年的专利攻防战，既揭示了专利布局与市场争夺的战略耦合，也树立了通过技术特征解构实现专利壁垒突围的标杆。

产业背景

一、产业发展情况

汽车点火系统中的关键组件——火花塞，也常被形象地称为“火咀”。19 世纪末至 20 世纪 30 年代，随着汽油发动机的商业化应用，火花塞设计逐步完善，成为标准零部件。火花塞主要应用于汽车、摩托车、船舶等内燃机设备，作为点火系统的核心组件。此外，火花塞也广泛应用于工业发电机、割草机、电焊机等特殊领域。随着科技进步，火花塞的应用范围仍在持续扩展。

汽车火花塞市场的总需求主要由配套市场与售后市场两大板块构成。配套市场是指汽车生产商和发动机制造商等直接向汽车原始设备制造商采购火花塞的市场；售后市场则是指维修市场和汽车零部件市场等，以替换已损坏或过期的火花塞为主。参考市场研究机构的数据①，从全球市场来看，随着汽车工业不断发展，以及火花塞质量及性能不断提升，近年来市场规模呈上升趋势，2023 年全球汽车火花塞市场规模约为 28 亿美元。

近年来，国家对汽车产业以及相关零部件生产企业大力支持，实施了一系列旨在推动产业升级、技术创新及绿色可持续发展的政策。国家政策强调了提升关键基础零部件的国产化率，支持国内汽车零部件企业包括火花塞制造商提高核心竞争力，降低对外依赖度，并通过优化产业结构、引导产业链协同创新来增强整体产业链的安全性和稳定性。2015 年 5 月，国务院发布《中国制造 2025》，提出将“节能与新能源汽车”作为重点发展领域，要求继续支持电动汽车、燃料电池汽车发展，形成从关键零部件到整车的完整工业体系和创新体系；2017 年 4 月，工业和信息化部、国家发展改革委、科技部发布《汽车产业中长期发展规划》，支持加快发展汽车后市场及服务业，其中包括鼓励发展汽车金融、二手车、维修保养、汽车租赁等后市场服务；2017 年 9 月，工业和信息化部、财政部、商务部、海关总署、原质检总局联

---

① 参见新思界产业研究中心：《2024—2029 年汽车火花塞行业市场深度调研及投资前景预测分析报告》，载懂车帝网 2024 年 3 月 22 日，https：//www. dongchedi. com/article/7348352756304233014。

合发布《乘用车企业平均燃料消耗量与新能源汽车积分并行管理办法》，这一政策要求汽车制造商提高燃油效率，从而推动了高性能火花塞的研发和生产；2018 年 12 月，国家发展和改革委员会发布《汽车产业投资管理规定》，提出推动汽车企业开放零部件供应体系，发挥各自优势，共同打造具有国际竞争力的平台化、专业化零部件企业集团。

受益于上述政策，国内火花塞行业的生产企业加强自主研发，提升产品质量和技术含量，尤其是开展适应新能源汽车发展趋势下的新型点火系统技术研发，市场竞争力不断提升。近年来，中国整个火花塞行业市场需求总量保持稳定且未来具有增长空间，关键的增长动力源于不断扩大的汽车保有量以及日渐增强的车主养护意识，这显著提升了售后市场对火花塞产品的需求。参考市场研究机构的数据，2019 年我国汽车火花塞市场规模约为 20 亿元，2023 年市场规模约为 26 亿元，2019—2023 年复合年增长率约为 6.8%。同时，从市场结构来看，火花塞的售后市场占比超过 76%，汽车火花塞售后市场的繁荣已成为推动该行业整体扩张的关键驱动力。

二、案件当事人情况

日本某株式会社（以下简称 **A 公司**），成立于 1936 年，是全球知名的汽车零部件制造商。该公司自创立之初便专注于火花塞的研发与生产，以高品质的火花塞产品闻名于世，许多汽车制造商和消费者都选择将该公司生产的火花塞作为首选产品。根据市场公开数据，目前 A 公司在全球汽车火花塞市场占有约 20% 的份额，稳居世界第一。

A 公司全球化布局广泛，在包括中国上海在内的世界各地建立了生产基地。尤其在上海设立的工厂，已成为中国市场内主要的火花塞产品供给来源之一，为国内汽车制造业提供了高质量的产品和服务。

中国某股份公司（以下简称 **B 公司**），创立于 1961 年，自成立之初便以生产火花塞为主，经过 60 多年的持续技术发展和创新，已发展成为一个以生产多品种、多领域的火花塞为主的国内最大的火花塞专业研发、生产和点火系统制造基地，2023 年营业收入超过 15 亿元。

B 公司的主导产品火花塞，为国内外众多汽车、摩托车、汽油机和燃气发动机厂家配套，系国内主机、售后及出口市场的火花塞主流供应商，在国内主机配套市场占有率达 50% 以上，系列产品销往美国等 50 多个国家和地区，并已进入美国通用公司全球销售及售后体系。在火花塞行业，B 公司已经跃升为国内第一、世界第三大的专业火花塞制造商。

由于 B 公司的产品与 A 公司高度重合，且 B 公司发展迅猛，A 公司在全球范围内足以感受到 B 公司对其市场地位的挑战。因此，一场意料之外、情理之中的专利战由此产生。

案件大事记

本案前后历时六年，主要过程如图 6－1 所示。

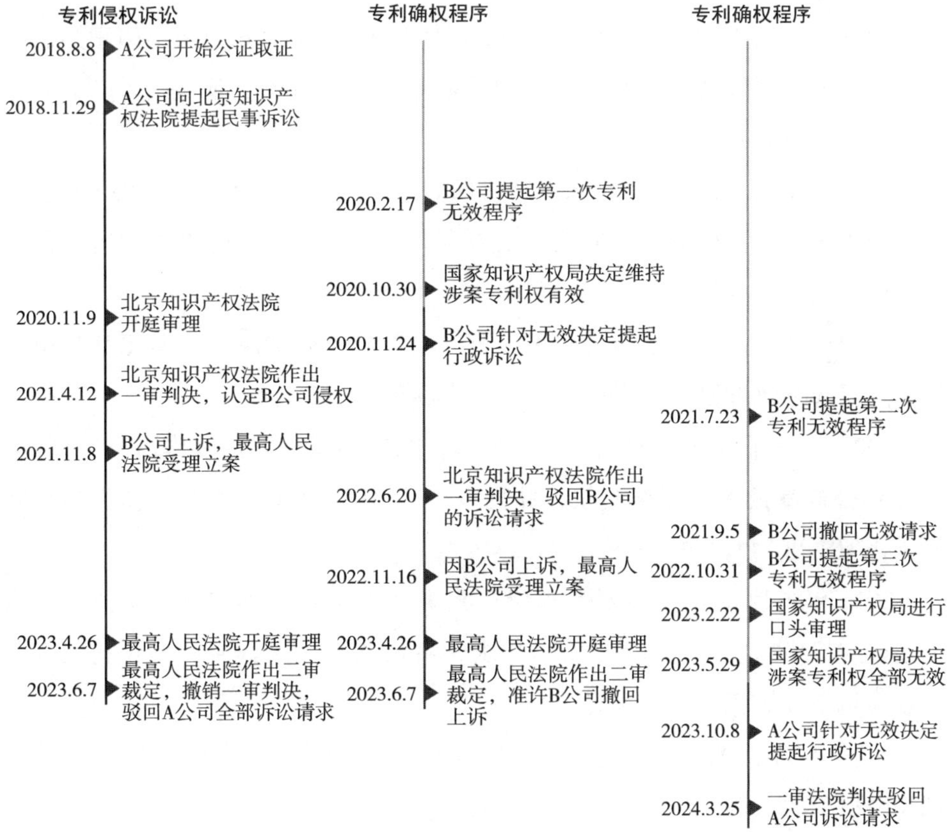

图 6－1　案件大事记

2018 年 8 月 8 日至 9 日，A 公司委托律师到公证机构处公证了京东上经营者为北京某商贸公司的相关销售、许诺销售涉嫌专利侵权产品的行为，以及微信公众号和官网等渠道上的 B 公司许诺销售涉嫌专利侵权产品的行为，完成了公证购买，并通过公开的售价和销量完成了侵权定量的公证。

2018 年 9 月 28 日，A 公司委托律师到公证机构处，申请对已完成公证购买的涉嫌专利侵权产品进行扫描、拆解过程的公证，从而完成了侵权定性的公证。

2018 年 11 月 29 日，A 公司向北京知识产权法院起诉（以下简称**专利侵权案**），主张 B 公司制造、销售、许诺销售的产品侵犯其专利权，要求 B 公司赔偿经济损失 500 万元、合理支出 30 万元。

2020 年 2 月 17 日，针对专利侵权案中的涉案专利，B 公司向国家知识产权局提出无效宣告请求，主张 A 公司涉案专利的专利权全部无效（以下简称**第一次专利无效**）。

2020 年 6 月 24 日，国家知识产权局对第一次专利无效进行口头审理。

2020 年 10 月 30 日，针对第一次专利无效，国家知识产权局作出审查决定，维持专利权有效。

2020 年 11 月 24 日，B 公司不服第一次专利无效的决定，向北京知识产权法院提起行政诉讼（以下简称**第一次专利无效行政诉讼**）。

2021 年 4 月 12 日，针对专利侵权案，北京知识产权法院作出一审判决，认定 B 公司侵犯 A 公司专利权，并判令 B 公司赔偿 A 公司经济损失 500 万元、合理支出 211,162.15 元。

2021 年 7 月 23 日，针对专利侵权案中 A 公司的涉案专利，B 公司向国家知识产权局第二次提出无效宣告请求，主张 A 公司涉案专利的专利权全部无效（以下简称**第二次专利无效**）。

2021 年 11 月 8 日，最高人民法院受理了 B 公司因不服专利侵权案一审判决而提起的上诉。

2022 年 1 月 25 日，国家知识产权局对第二次专利无效进行口头审理。

2022 年 2 月 17 日，国家知识产权局对第二次专利无效再次进行口头审理。

2022 年 3 月 9 日，北京知识产权法院公开审理了第一次专利无效行政诉讼。

2022 年 6 月 20 日，针对第一次专利无效专利行政诉讼，北京知识产权法院作出一审判决，驳回 B 公司的诉讼请求。

2022 年 8 月 1 日，国家知识产权局对第二次专利无效案第三次进行口头审理。

2022 年 9 月 5 日，因 B 公司撤回了无效请求，国家知识产权局结束了经历多次口审开庭的第二次专利无效。

2022 年 10 月 31 日，针对专利侵权案中 A 公司的涉案专利，B 公司向国家知识产权局第三次提出无效宣告请求（以下简称**第三次专利无效**）。

2022 年 11 月 16 日，最高人民法院受理了因 B 公司不服第一次专利无效行政诉讼一审判决而提出的上诉。

2023 年 2 月 22 日，国家知识产权局对第三次专利无效进行口头审理。

2023 年 4 月 26 日，在同一日内，最高人民法院先后公开审理了第一次专利无效行政诉讼案二审、专利侵权案二审。

2023 年 5 月 29 日，国家知识产权局就第三次专利无效作出审查决定，宣告 A 公司专利权全部无效。

2023 年 6 月 7 日，最高人民法院对专利侵权案二审作出民事裁定，撤销专利侵权案一审判决，并驳回 A 公司的全部诉讼请求。同日，最高人民法院对第一次专利无效行政诉讼案二审作出行政裁定，准许 B 公司撤回上诉。

2023 年 10 月 8 日，北京知识产权法院受理了因 A 公司不服第三次专利无效案审查决定而提起的行政诉讼（以下简称**第二次专利无效行政诉讼**）。

2024 年 3 月 25 日，北京知识产权法院就第二次专利无效行政诉讼作出一审判决，驳回 A 公司的全部诉讼请求。

专利侵权案

一、案件信息

被上诉人（原审原告）：A 公司。

上诉人（原审被告）：B 公司。

原审被告：北京某商贸公司。

案由：侵害发明专利权纠纷。

一审法院：北京知识产权法院。

二审法院：最高人民法院。

涉案专利：一种火花塞，一共 5 项权利要求。

本案一审程序中，北京知识产权法院作出一审判决：被告 B 公司立即停止制造、销售、许诺销售侵害原告发明专利权的涉案行为；被告北京某商贸公司立即停止销售、许诺销售侵害原告发明专利权的涉案行为；被告 B 公司赔偿原告 A 公司经济损失人民币 500 万元及合理支出人民币 211, 162. 15 元。

本案二审程序中，B 公司不服一审判决，向最高人民法院提出上诉，主张撤销原审判决，驳回 A 公司的全部诉讼请求。最高人民法院受理后查明，二审程序期间，国家知识产权局作出无效宣告请求审查决定书，宣告涉案专利权全部无效。基于此，最高人民法院裁定撤销北京知识产权法院一审民事判决，驳回 A 公司的起诉。

二、各方核心主张及观点

A 公司作为原告认为，B 公司制造、销售、许诺销售的火花塞产品侵犯 A 公司的专利权，B 公司应当停止制造、销售、许诺销售被诉侵权产品，北京某商贸公司应停止销售、许诺销售被诉侵权产品，B 公司立即销毁制造被诉侵权产品的专用模具等专用设备、库存、有关被诉侵权产品的全部宣传资料，并删除其网站中有关被诉侵权产品的宣传内容；B 公司和北京某商贸有限公司连带赔偿 A 公司经济损失 500 万元、合理支出 30 万元。

北京知识产权法院在一审程序中，组织双方当事人对原告 A 公司公证保全的被诉侵权产品进行了现场勘验。A 公司和 B 公司结合完整的被诉侵权产品、拆解后的被诉侵权产品、公证书照片、录像，以及庭审勘验情况显示的被诉侵权产品的技术特征，与涉案专利权利要求中记载的技术特征分别进行了技术比对。

另外，经一审法院法官询问，北京某商贸公司当庭表示，所销售的 75 元左右的火花塞产品，利润率为 35% 左右。

根据各方当事人的诉辩主张，本案争议焦点为：（1）涉案专利是否涉及编造实验数据、虚构技术效果；（2）涉案专利是否属于将申请日前明确知悉的技术标准中的技术方案申请专利的情形；（3）原告对被诉侵权产品的测量方法是否恰当；（4）被诉侵权产品是否落入涉案专利权的保护范围；（5）若构成侵权，两被告应承担何种法律责任，赔偿金额应为多少。

（一）关于涉案专利是否涉及编造实验数据、虚构技术效果

B 公司作为被告认为，原告据以主张权利的涉案专利属于原告采用编造试验数据、虚构技术效果等手段使该专利满足《专利法》的授权条件并取得专利权的情形，依照《专利法》相关规定，该恶意取得的专利权不应获得法律保护。具体而言，涉案专利说明书第［0065］段记载了“以对样品的端子电极施加的最大加速度为 4000G 的条件使衬套 72 上下移动”，其中，以最大加速度 4000G、运动距离分别为 10cm 和 0.4mm 计算出转速分别为 26563r/min 和 420000r/min，而基于 B 公司提供的证据可知，此转速的实验设备并不存在。

➢ **对此，北京知识产权法院认为：**

其一，在针对涉案专利所提无效宣告请求行政程序中，B 公司曾以基本相同的理由主张涉案专利说明书未对此进行清楚完整的说明，不符合《专利法》“所述技术领域人员能够实现”的要求。对此，国家知识产权局作出的无效宣告请求审查决定认为，“对于权利要求书请求保护的技术方案，说明书对其进行了充分的公开，本领域技术人员根据说明书的相关记载可以实现

权利要求所要保护的技术方案，且能取得有益的技术效果，**至于测试条件端子电极是否可以以 4000G 的加速度进行移动不影响本专利说明书公开充分的判断**”。而且，**涉案专利的技术方案中保护的是一种火花塞产品，在权利要求书中并没有记载该火花塞的测试条件，对于火花塞产品来说，采用何种设备对其进行测试对于火花塞的结构本身并不产生直接影响**。因此，B 公司主张的最大加速度为 4000G 的测试条件与涉案专利保护的技术方案并无直接联系。

其二，涉案专利说明书中所记载的耐冲击实验是对端子电极进行极端测试，在说明书第［0065］段以及图 3 中记载了实验设备 71 的具体结构以及实验条件，对于本领域技术人员而言，根据说明书记载能够了解该实验的测试方式，该实验设备与 B 公司提交的相关证据中所显示的汽车的转速无关。

因此，现有证据无法证明涉案专利属于“采用编造实验数据、虚构技术效果等手段使涉案专利满足《专利法》的授权条件并取得专利权”的情形。

（二）关于涉案专利是否属于将申请日前明确知悉的技术标准中的技术方案申请专利的情形

B 公司作为被告认为，原告据以主张权利的涉案专利属于将涉案专利申请日前明确知悉的国家标准、行业标准等技术标准中的技术方案申请专利并取得专利权的情形，依照《专利法》相关规定，该恶意取得的专利权不应获得法律保护。具体而言，根据 B 公司提交的一份国际标准化组织制定的标准，利用该标准中公开的端子电极的数据进行建模计算可知，该标准中的火花塞重心落入涉案专利权利要求 1 的保护范围。

➢ **对此，北京知识产权法院认为：**

其一，B 公司提交的该国际标准仅公开了两个端子电极的头部尺寸，而未公开脚部尺寸，显然无法计算出端子电极的重心位置。

其二，**B 公司所模拟的端子电极中，各尺寸来源不清楚，且其进行模拟的软件来源与计算机制也不清楚，故根据其使用的建模软件得到的结果是否能够得到相关的重心测量数据并不清楚，其通过该建模软件并随意选取尺寸**

进行建模得到的产品不能作为证据支持其主张。

其三，涉案专利中的端子电极头部与B公司提交的国际标准中的端子电极头部的设计方案不同。在该国际标准中，记载了一种头部较大尺寸的端子电极，在这种头部较大的端子电极中，头部在整个端子电极中所占的比重较大，因此重心往往都偏向于头部。而涉案专利的技术方案中，通过在脚部尺寸为35mm以上的情况下减小头部的尺寸，使重心位置向脚部侧下移。参照涉案专利的图1的头部可知，该端子电极的头部较短的设计显然与B公司提交的国际标准中的端子电极头部较大的设计方案存在较大不同。

因此，B公司提交的国际标准并没有公开专利权利要求中的技术方案，现有证据无法证明涉案专利属于“将申请日前明确知悉的国家标准、行业标准等技术标准中的技术方案申请专利并确定专利权”的情形。

（三）关于原告对被诉侵权产品的测量方法是否恰当

B公司作为被告认为，在专利侵权比对中，原告对被诉侵权产品进行的端子电极长度测量和端子电极重心位置的确定方法存在瑕疵，不认可其测量方法。具体而言：

根据原告提交的对被诉侵权产品进行拆解获得的照片等证据，无法确定端子电极的起止位置，故得不到端子电极长度数据。

关于被诉侵权产品重心的确定，原告的测量方法系假定重心必然通过轴线，但该假定并不可靠，加之其所取出的端子电极明显弯曲，且端子电极外设有涂层，因此其重心实质上也不会在轴线上；关于原告采用的吊线法，因吊线法本身会受到吊线粗细、材质的影响，故通过该方法找到的垂线也不必然通过重心，通过该方法确定的重心并不可靠。

对被诉侵权产品进行端子电极长度尺寸测量和端子电极重心位置的确定关系到其是否落入涉案专利的保护范围，B公司对原告主张的相关测量方法和技术比对意见均不予认可，申请法院对被诉侵权产品是否落入涉案专利权利要求保护范围进行技术鉴定。

➢ **对此，北京知识产权法院认为：**

1. 关于端子电极的长度尺寸测量方法是否恰当

原告通过对被诉侵权火花塞产品进行逐一破拆而取出其中的端子电极，该拆解过程已经进行公证并全程录像，并不存在将火花塞刻意扭曲变形进行检测的情况。

通过对前述取出的端子电极进行尺寸测量是本领域常规的测量方式，可以直观地得到其脚部长度，根据相关公证书及被诉侵权产品实物等证据，结合庭审勘验情况，法院能够得出确定的端子电极长度尺寸测量结果，故对此无须进行技术鉴定。B 公司虽对原告对被诉侵权产品中端子电极的长度尺寸测量采取的方法不予认可，但其该主张缺乏事实依据，本院不予支持。

2. 关于端子电极的重心确定方法是否恰当

首先，原告在确定被诉侵权产品中端子电极的重心时并没有假定重心必然通过轴线，因为本案中对其重心的测量目的是明确重心在轴线方向上的位置。实际上，虽然端子电极会存在略微的弯曲，但是该弯曲是在端子电极的安装过程中无意挤压导致的，并非刻意设计而成的形状。因此可以将该形状的略微改变视为安装误差或者作业误差，这种略微的误差在确定呈中心对称的端子电极的重心位置时基本可以忽略，因此，可以认为端子电极的重心基本位于端子电极的轴线上。

其次，当重心在端子电极轴线方向上的位置时，采用吊线法是本领域的公知常识。至于 B 公司主张的吊线法易受吊线粗细以及材质的影响，法院认为该因素的影响在本案中可以忽略不计。理由在于，在移动吊线固定于端子电极上的位置时平衡变化的灵敏度较高，特别是在接近重心的位置时，吊线的固定位置向重心两侧移动时平衡变化很明显。

此外，在被诉侵权的火花塞产品中，其端子电极的重心距离绝缘体的后端至少有 13mm，远大于涉案专利权利要求中限定的 5mm，故即使采用吊线法进行测量时因受吊线粗细以及材质的影响而使重心位置的确定存在略微误差，也不会影响被诉侵权产品相关技术特征落入涉案专利权利要求保护范围（5mm 以上位置）的认定。

因此，**根据相关公证书及被诉侵权产品实物等证据，结合庭审勘验情况，法院认定采用吊线法就能够基本准确地确定端子电极的重心位置，从而无须再对端子电极的重心位置测定进行技术鉴定**。B 公司虽不认可原告对端子电极的重心位置进行确定所采用的方法，但其相关主张缺乏事实依据。

（四）被诉侵权产品是否落入涉案专利权的保护范围

北京知识产权法院认为：

本案中，经过技术特征比对，有六款 B 公司的被诉侵权产品包含了涉案专利权利要求 1 的全部技术特征，落入了涉案专利权利要求 1 的保护范围；有一款 B 公司的被诉侵权产品包含了涉案专利权利要求 1—3 的全部技术特征，落入了涉案专利权利要求 1—3 的保护范围。

（五）两被告应承担的法律责任

被告北京某商贸公司认为，被诉侵权产品系从 B 公司进货且经其授权销售的，具有合法来源。公司并不知晓前述被诉侵权产品是否落入原告涉案专利权的保护范围，即使被诉侵权产品落入原告涉案专利权的保护范围，公司对此亦无过错，依法不应当承担赔偿责任。

➢ **对此，北京知识产权法院认为：**

B 公司为七款被诉侵权火花塞产品的制造商，被告北京某商贸公司系 B 公司在京东商城上的授权经销商。该七款被诉侵权产品构成专利侵权，B 公司依法应当承担停止侵权、赔偿损失等民事责任。

鉴于本案中未有证据证实 B 公司库存有被诉侵权产品和相关侵权宣传品等，原告关于销毁库存的被诉侵权产品和宣传品，销毁用于制造被诉侵权产品的专用模具等诉讼请求，法院不予支持。

关于赔偿数额，被告北京某商贸公司销售、许诺销售被诉侵权产品过程中，**不知道 B 公司存在侵犯专利权的情况，而且销售的被诉侵权产品有合法的进货渠道，不承担赔偿责任**。

（六）关于 B 公司的赔偿金额

A 公司作为原告认为：

第一，从B公司的官网等相关宣传内容可知，其2012年火花塞销量便达到1.56亿只，且年增长率为30%以上。根据B公司制造、销售被诉侵权产品的型号种类、销售时间、销售数量、销售价格及单品利润等情况，B公司的侵权获利数额巨大，远远超出500万元。因此，原告在本案中主张B公司赔偿原告经济损失500万元是十分保守的推定计算。

第二，原告为了调查、制止B公司实施的被诉侵权行为，支出了律师费、公证费、翻译费、参加无效宣告请求程序支出的代理费、专利副本调取费、购买被诉侵权产品费用等合理费用。

B公司作为被告认为：即使法院最终认定被诉侵权产品落入原告涉案专利权的保护范围，原告主张的损害赔偿数额过高，其主张的合理支出数额也缺乏证据支持。

➤ **对此，北京知识产权法院认为：**

本案中，原告并未就其实际损失提供证据，而是明确主张根据B公司的侵权获利作为计算赔偿的依据，法院予以支持。

结合《专利法》相关规定，综合考量在案证据情况对原告请求赔偿数额的合理性进行分析如下。

1. 火花塞产品的年产销量

根据B公司网站主页及产品手册相关宣传内容可知，2008年，B公司的火花塞产销量双双突破1亿只，出口达5000万只，2012年，火花塞产销量突破1.56亿只，继续保持30%以上高增长。

B公司所在地的株洲新闻网2019年4月4日刊载的报道《湘C：智能制造让“老树发新芽”》一文中介绍，“B公司目前年产火花塞达到了10亿多支”。

鉴于前述证据中记载的B公司火花塞产品的产销量数据来自公司网站主页及公司所在地的株洲新闻网的公开报道等，B公司对前述数据的真实性亦未提出异议，法院对相关数据的真实性予以确认。

由前述证据中显示的数据可初步推定，B公司的火花塞年产销量自2012

年至2019年极可能均保持了较高速增长，结合B公司2012年的火花塞产销量已突破1.56亿只的事实可知，其于2016年至2020年火花塞产品的平均年产销量必然不低于1.56亿只。

2. 火花塞产品的型号数量

B公司主张其制造的火花塞型号共计近6000种，但未提交有效证据予以证明，法院对其该主张不予采纳。

经法院对B公司在天猫旗舰店上火花塞的全部销售链接进行统计，其正在销售的火花塞产品型号共计80余款；**B公司提交的2016—2017年产品手册中的车型适配表**中，共出现了适配各种车型的约2800个产品型号，**经对该产品型号进行统计分析，排除重复产品型号可得到火花塞产品共计105款，该数量与B公司在天猫旗舰店的在售火花塞产品的型号数量差异不大，具有较强的可信性**。

3. 火花塞产品的销售渠道

火花塞产品的特殊性决定了其作为汽车部件主要是供应给汽车厂商，从B公司的相关宣传内容可知，其系诸多汽车品牌厂商的重点配套供应商。由于汽车规模化、批量化生产的特点，B公司直接供应给诸多汽车品牌厂商的火花塞产品数量必然很大。

此外，除直接销售给汽车厂商之外，作为汽车售后维修零部件使用的火花塞，由于其通常需要汽车维修人员检查并安装，故主要面向汽车修理店铺进行线下销售。

因此，总体而言，火花塞产品的线下销售数量应该远远大于线上销售数量，从B公司授权的多家线上电商平台的销售数量看，涉案七款火花塞产品在各店铺中的销量自几十只到几百只不等，该数量显然与其线下销售数量相距甚远，否则无法合理解释B公司2008年的火花塞产销量已双双突破1亿只，2012年火花塞产销量突破1.56亿只等相关事实。

因此，综合考虑涉案火花塞产品的销售渠道等特点可知，B公司的授权电商平台上显示的火花塞产品销售数量参考价值较小，其相关网页及媒体报

道中显示的火花塞产品销售数量更具有参考价值。

4. 涉案七款火花塞产品的销售时间

B公司的授权电商“某汽车用品旗舰店”店铺中，一款型号为A4的被诉侵权火花塞产品的销售链接评价里，有2016年11月的评价，一款型号为Q5887的被诉侵权火花塞产品的销售链接评价里，有2016年11月的评价，一款型号为DK7RTAI的火花塞产品的销售链接评价里，有2017年1月的评价。B公司的2016—2017年的产品手册里，记载有型号为C3、A4、DK7RTA和DK7RTAI等火花塞产品的介绍。据此，法院认定型号为C3、A4、Q5887、DK7RTA和DK7RTAI的五款火花塞产品至迟在2016年11月已经公开销售。

在案证据还表明，直到本案开庭前，涉案七款火花塞产品仍在B公司的京东自营店铺销售。因此，型号为C3、A4、Q5887、DK7RTA和DK7RTAI的五款火花塞产品的销售期间至少为2016年11月至2020年11月。

至于型号为TURBO3547和IQ5837的两款产品，系原告2018年8月从被告北京某商贸公司的电商店铺购买获得，这两款产品于2020年11月在B公司的京东自营店铺中仍有销售，故可认定该两款产品的销售时间至少包括2018年8月至2020年11月。

5. 涉案七款火花塞产品的销售数量

由于无法确切查明涉案被诉侵权的七款火花塞产品的销售数量，**假定B公司销售的每款火花塞产品的销售数量相同，并据此估算涉案七款火花塞产品的销售数量**。

就型号为C3、A4、Q5887、DK7RTA和DK7RTAI的五款火花塞产品而言，**假定火花塞产品年销售总量为原告宣传的2012年火花塞的产销量1.56亿只，火花塞产品的型号种类为法院根据在案证据推定的105款**，则平均每款火花塞产品在被诉侵权期间的销售数量约等于1.56亿只÷105×4年=594万只，五款产品共计594×5=2970万只。

而型号为TURBO3547和IQ5837的两款火花塞产品，按照销售时间自2018年8月至2020年11月计算27个月，**考虑到其在电商平台上显示的销售**

数量相对较少，即使仅按照前述假定的每款火花塞产品平均销售数量的1/10进行计算，该两款产品的销售数量也约等于1.56亿只÷105×27÷12÷10×2=66.9万只。

综上，即使按照上述比较保守的数据进行估算，涉案被诉侵权的七款火花塞产品在被诉侵权期间的销售数量也不少于3000万只。

6. 涉案七款火花塞产品的单价

涉案七款火花塞产品在不同电商平台、不同店铺的价格存在一定差异，单支产品在天猫商城的电商店铺的价格从20多元到70多元不等，在京东商城电商店铺中的售价从近20元至60多元不等，在淘宝网各店铺中的价格自10元以下至70多元不等。

根据常理，B公司直接批量提供给各汽车厂家的火花塞产品价格应会低于其在授权电商平台上的零售价格，法院在酌定涉案七款火花塞产品的单价时对该情节予以考虑。被告北京某商贸公司在庭审中陈述其零售涉案火花塞产品的利润率为35%左右，根据涉案七款火花塞产品在各电商平台销售的价格自10元以下至70多元不等，**可大概推算出涉案七款火花塞产品在授权电商平台的出厂价约为6元至45元。据此，B公司直接批量提供给各汽车厂家的火花塞产品的单价应低于前述价格。至于其具体价格，现虽无充分证据予以证明，但法院在估算涉案七款火花塞产品的单品利润时将对该因素予以考虑。**

7. 涉案七款火花塞产品的单品利润

关于B公司销售涉案七款火花塞产品的单品利润，B公司在其向本院提交的书面陈述中称，2016年至2018年火花塞行业的税前利润率为6%~8%，税后利润率为4%~6%。**B公司就其主张的前述利润率并未提交证据予以证明，其真实性尚无法确认，但根据常理，B公司主张的前述利润率应系对其有利的陈述，法院采信该数据并据此估算涉案七款火花塞产品的单品利润应不会对B公司产生更不利的后果。**

结合前述对涉案七款火花塞产品单价的分析，**假定B公司直接批量提供给各汽车厂家的火花塞产品的单价为4~35元，且根据B公司的前述陈述假**

定火花塞产品的利润率为5%，然后以此为基础进行估算可知，每款火花塞产品的平均利润应不低于0.2元。由此可知，即使按照每款火花塞产品的销售利润为0.2元计算，涉案七款火花塞产品的销售利润也已达到3000万元×0.2=600万元，这远远超过原告主张的赔偿数额500万元。

综上所述，原告请求法院判令B公司赔偿其经济损失500万元，具有事实与法律依据，予以支持。

8. 关于合理费用

原告为本案诉讼还支出了**律师费**、公证费、翻译费、专利副本调取费、购买被诉侵权产品费用等合理费用，以上费用共计211,162.15元，属于原告为调查、制止侵权行为所支出的合理费用，该费用依法由B公司承担赔偿责任。

至于**原告为参加B公司针对涉案专利所提无效宣告请求行政程序而支出的代理费，与本案的侵权诉讼缺乏直接关联性，不属于原告为调查、制止本案侵权行为所支出的合理费用，故对原告主张的该费用不予支持**。

专利无效案

一、案件信息

专利权人：A公司。

无效宣告请求人：B公司。

请求宣告无效的专利：与专利侵权案中的涉案专利一致。

本次专利无效程序是本案第三次专利无效，即2022年10月31日，针对涉案专利，B公司向国家知识产权局提出的无效宣告请求。

经审查，国家知识产权局作出决定，宣告涉案发明专利权全部无效。

二、各方核心主张及观点

B公司作为请求人主张，权利要求1—5不符合《专利法》第22条第2款、第3款的规定，并提交了17份证据。其中，附件3是北京某知识产权咨询有限公司出具的知识产权鉴定意见书：

附件1（证据1）：国家图书馆科技查新中心出具的馆藏文献复制证明，其中包括南京火花塞研究所主办的1991年12月第2期《火花塞与特种陶瓷》的复印件；

附件2（证据2）：F7TC型号火花塞的相关资料的复印件；

附件3：菲沃德［2022］知鉴字第220902号知识产权鉴定意见书；

附件4（证据3）：公开号为US2001/00××××6A1的美国发明专利申请公开文本；

附件5：证据3的中文译文；

附件6（证据4）：公开号为CN17××××9A的中国发明专利申请公开文本；

附件7（证据5）：授权公告号为US63××××3B1的美国发明专利；

附件8：证据5的中文译文；

附件9（证据6）：授权公告号为US62××××2B1的美国发明专利；

附件10：证据6的中文译文；

附件11（证据7）：编号为28741的ISO标准；

附件12：证据7的中文译文；

附件13（证据8）：授权公告号为US66××××1B2的美国发明专利；

附件14：证据8的中文译文；

附件15：涉案专利的授权文本；

附件16：涉案专利的公开文本；

附件17：本专利在实质审查阶段的意见陈述书。

A公司作为专利权人认为，权利要求1—5符合《专利法》第22条第2款、第3款以及第26条第4款的规定。同时，专利权人修改了权利要求书，将权利要求3中的部分技术特征“上述头部的沿着上述轴线的长度为5mm以下”补入权利要求1中。

根据各方当事人的诉辩主张，本案争议焦点为：（1）专利权人对权利要求的修改是否超出原申请文件的范围；（2）B公司提交的附件3中鉴定意见书中的内容是否应当采纳；（3）权利要求 1 是否具备创造性。

（一）关于专利权人修改权利要求书是否超出原申请文件范围

在本次无效宣告请求程序中，专利权人 A 公司修改了权利要求书，具体修改方式为将权利要求 3 中的部分技术特征“上述头部的沿着上述轴线的长度为 5mm 以下”补入权利要求 1 中。专利权人认为，根据说明书第［0063］、［0073］、［0075］段的记载可以**直接地、毫无疑义地**得出修改后的权利要求 1 的技术方案。

B 公司作为请求人对 A 公司的修改提出异议，认为根据专利权人在实质审查阶段的意见陈述，头部尺寸和绝缘体外径尺寸这两个技术特征不可分割，专利权人的上述修改超出原申请文件的范围。

➢ **对此，国家知识产权局认为：**

首先，在涉案专利的原始文件中并未直接记载修改后的权利要求 1 的技术方案。

其次，在涉案专利的实质审查阶段，专利权人在答复第一次审查意见通知书时陈述“参照本申请说明书第 4 页第 2—30 行的记载可知，本申请权利要求 2、权利要求 3 的技术方案实际解决的技术问题是：在绝缘体被小径化的情况下也能防止因振动而引起的破损。即**本申请对于端子电极头部的重量限定（特征 B）和长度限定（特征 C）均是在绝缘体小径化（特征 A）的基础上做出的**。换句话说，是为了解决绝缘体小径化所引起的、破损可能性提高的技术问题”。由此可以看出，端子电极头部的长度限定（或重量限定）应为绝缘体小径化相关联的技术特征，二者不可拆分。

最后，虽然专利权人主张的说明书第［0063］段记载“此外，由于沿着轴线 CL1 的头部的长度较短，达到 5mm 以下，因此能够更切实际地防止绝缘子 2 随着振动而破损”，但是综合考虑说明书全文可以发现，从说明书第［0062］段记载的“此外，在本实施方式中，由于端子电极 6 的头部 6B 的重量为 0. 8g 以下，因此能够减小由于振动从脚部 6A 向绝缘子 2 施加的冲击。**由此，即使是后端侧主体部 10 的外径 D 小径化为 9mm 以下的绝缘子 2，也**

能够更切实地防止其破损”可以看出，第［0063］段的内容是在第［0062］段的基础上进行限定的。也就是说，头部长度在5mm以下的前提是绝缘体小径化。同样地，在专利权人主张的第［0073］段和第［0075］段之前，说明书第［0072］段记载“**各样品的绝缘子的后端侧主体部的外径均设为9mm**”，因此，说明书第［0073］段和第［0075］段的内容同样是基于绝缘体小径化进行描述的。这也与专利权人在实质审查阶段的意见陈述相一致。

基于上述分析可知，修改后的权利要求1的技术方案既没有直接记载在原权利要求书和说明书当中，也无法由原申请文件直接地、毫无疑义地确定得出，因此，这种修改超出了原权利要求书和说明书记载的范围，不符合《专利法》第33条的规定。故专利权人对权利要求书的修改不能被接受。

（二）关于附件3鉴定意见书公开内容是否应当被采纳

A公司作为专利权人认为，附件3鉴定意见书中的公开内容不应当被采纳，原因在于：

（1）作出鉴定意见书的鉴定人员并不具有火花塞领域的专业技术知识，其鉴定资质存疑。

（2）附件3中鉴定材料2的图纸系委托人（本案请求人B公司）根据证据1的内容自行理解并单方面绘制的图纸，并非证据1的原始记载，鉴定机构以此作为建模依据显然不正确的。

（3）鉴定意见书中所使用软件的应用资质、是否为正版软件、软件的来源以及操作人员是否经过了相关软件的培训等均存疑。

（4）证据1中的表4所给出的数据并不完整，没有给出接线螺杆头部圆台的高度，仅仅依据表4的数据无法得出整个接线螺杆的具体尺寸数据，也就无法得出其重心位置。

➢ **对此，国家知识产权局认为：**

（1）关于鉴定人员资质问题

专业技术鉴定是由具有一定资质的鉴定人员运用科学技术或专门知识对专门性问题进行鉴别和判断的活动，现行的《司法鉴定程序通则》并未对鉴定人的专业知识领域进行具体规定，在《知识产权鉴定管理规范》中则要求鉴定人具有相关的高级专业技术职称或相关行业职业资格。

在本案中，**出具附件3鉴定意见书的一名鉴定人员金某出庭接受了当事人和合议组的质询**，该鉴定人员为知识产权鉴定专业委员会入库登记人员，高级工程师职称，就职于北京某技术股份有限公司，从事高铁相关生产设备及配件的研发工作。由此可见，该鉴定人员具备高级专业技术职称，所从事的行业也是与机械设计相关行业，符合《司法鉴定程序通则》和《知识产权鉴定管理规范》中关于鉴定人资质的要求。

专利权人意图将鉴定人员的职业范围限缩至具体的火花塞领域，这种主张是不合理的，也无法得到现行法律法规的支持。附件3仅是对火花塞相关部件尺寸认定和重心的计算，并不涉及火花塞组成以及性能改进方面的认定，仅需要机械制图方面的常识性知识和相关的计算能力，机械设计领域的专业人员当然能够对火花塞这种机械零部件产品的机械制图具有常识性的了解，这种常识性的了解已经足以使其能够对火花塞产品进行机械尺寸及相关计算方面鉴定。

（2）关于鉴定材料的来源

鉴定材料2的图纸确系请求人单方绘制，但在鉴定意见书第21页中记载：**“通过该篇文章中期刊页码编号P27［图5］及P28［图6］、［表4］、［表5］的详细信息，结合文章中关于接线螺杆加工过程中‘第二工序在端部冷镦90—60°倒角’，以及第四工序棒料两端缩颈时‘先进入（模具）28—30°入口导入角’的相关文字描述，可得到［表4中］被测试品号的接线螺杆的尺寸细节参数并绘制出产品图纸。”**

由此可见，鉴定人根据证据1的内容对图纸的尺寸细节参数进行了确认。此外，鉴定意见书第25页至第26页还记载了所建模型MODEL1－6是依据图5（证据1中表4）的数据而来；鉴定人在口头审理的质询阶段也表示，建模数据来源于证据1中的图表。

综合考虑上述内容可以看出，鉴定意见书的建模数据均来源自证据1中原始记载的文字及数据图表，其建模依据并无明显瑕疵。

（3）关于鉴定所使用软件建模的真实性

在口头审理的质询阶段，鉴定人员介绍了使用软件进行建模的详细过程，具体过程如下：三名鉴定人通过视频会议的形式监督了建模的全过程，建模人员为束某，其为某科技（上海）有限公司的工作人员，具有西门子公司颁发的 NX CAD 教员认证证书，束某使用经西门子公司授权的 NX 软件进行建模。以上事实有鉴定人员当庭出具的加盖了某科技（上海）有限公司公章的西门子认证证书复印件、加盖了某科技（上海）有限公司公章的束某身份证复印件、加盖了某科技（上海）有限公司合同专用章的 NX 软件版本信息打印件及操作视频为证，且在鉴定人员出具上述材料之后，专利权人没有继续坚持其主张。

综合上述情况，可以认定鉴定意见书中使用软件进行建模这一过程并不存在明显瑕疵，确认建模过程的真实性。

（4）关于鉴定意见书中整个接线螺杆相关数据的真实性

无论是在鉴定意见书中，还是在口头审理的质询环节，鉴定人均明确了得出整个接线螺杆相关数据的过程及所依据的证据 1 中的文字及图表，数据确凿真实，计算过程符合几何学原理。

具体而言，根据附件 3 鉴定意见书的第 29、37、40、43、46、49 页的记载，通过证据 1 中表 4 的数据及对应的文字记载均可以计算出接线螺杆的具体尺寸数据。在没有其他相反证据的情况下，认可鉴定人对于此专门问题的鉴定意见。

综上所述，专利权人主张附件 3 鉴定意见书的内容不能被采纳的理由均不成立，鉴定意见书中关于证据 1 图 5 以及表 4 中接线螺杆重心的确定过程形式规范、数据来源准确客观、程序合法，其鉴定意见内容应当予以采纳。

（三）关于证据 1 是否已公开权利要求 1 中的“脚部沿着轴线的长度为 35mm 以上”的技术特征

权利要求 1 保护一种火花塞，证据 1 中题为《火花塞接线螺杆的研制》

的文章公开了一种火花塞的接线螺杆。

B公司作为请求人认为，证据1的接线螺杆相当于涉案专利的端子电极，因此公开了权利要求1中“脚部沿着轴线的长度为35mm以上”的技术特征。

A公司作为专利权人主张，目前的端子电极有两种形式，一种是涉案专利的一体成型的方式，另一种是证据1中的分体成型方式，二者不能等同。证据7作为国际标准，给出了两种形式的端子电极。涉案专利的端子电极无须螺帽，而证据1中的接线螺杆必须配有螺帽。由此可见，证据1的接线螺杆不能相当于涉案专利的端子电极。

➢ **对此，国家知识产权局认为：**

作为国际标准的证据7的第4部分“端子”一节记载了4.1实心接线柱端子的尺寸和4.2螺纹拉线柱的尺寸，而在证据7的第3.7高压端子一节则记载“请注意，高压点火源和火花塞端子之间的连接可以通过螺纹紧固件、与实心端子连接的弹簧夹或通过弹簧式机械接触实现”，这就说明，**螺纹紧固件（螺帽）、弹簧夹、弹簧式机械接触均属于高压点火源与火花塞端子之间的连接件，而非构成火花塞的必要部件**。

证据7的以上内容足以说明，对于端子为螺纹拉线柱形式的火花塞而言，其可以不包括螺帽，即螺帽可以作为火花塞与高压点火源之间的连接件存在而非火花塞的组成部分，所以火花塞是否包括螺帽应当视具体情况而定而非一概而论。

具体到证据1的情况，在证据1第1节序言部分记载：“*接线螺杆是火花塞中必不可少的零件，它将点火系统中的高压脉冲电源从高压电缆导入中心电极*”，并且证据1中也未记载关于螺帽的任何内容。由此可见，**证据1中的接线螺杆与涉案专利中的端子电极功能相同，同样起到了连接高压点火源的作用，应当认为其相当于涉案专利中的端子电极**。

此外，**专利权的保护范围应当以权利要求的记载为准，权利要求1中并未限定端子电极是实心接线柱还是螺纹拉线柱，不应当使用说明书中的内容**

对其进行不当限缩。

综上，专利权人的主张不具有说服力，不予支持。证据1中的接线螺杆相当于涉案专利的端子电极，其公开了权利要求1中“脚部沿着轴线的长度为35mm以上”的技术特征。

（四）关于证据1是否已公开权利要求1中的“端子电极的重心位于绝缘体内部”以及“端子电极的重心位于沿着轴线从绝缘体的后端向前端侧5mm以上的位置”这两项技术特征

国家知识产权局认为：

证据1没有明确记载权利要求1中“端子电极的重心位于绝缘体内部”以及“端子电极的重心位于沿着轴线从绝缘体的后端向前端侧5mm以上的位置”这两项技术特征。

而附件3鉴定意见书中的模型MODEL3采用证据1中表4的1号产品进行建模，其所得结果为接线螺杆的重心位置处于后端向前端14mm以上位置。在此情况下，**本领域技术人员根据证据1的形状和尺寸可以直接地、毫无疑义地确定接线螺杆的重心位于沿着轴线从绝缘体的后端向前端侧5mm以上的位置**，因此，证据1实际公开了“端子电极的重心位于沿着轴线从绝缘体的后端向前端侧5mm以上的位置”这一技术特征。

进一步地，附件3鉴定意见书第41页最后两行记载“经软件计算，图号MODEL3端子电极的重心坐标参考工作坐标系WCS的数值为”(0.000000000mm，-14.342928267mm，0.000000000mm)，本领域技术人员根据该坐标系数值可以确认其重心位于其脚部内部。

综上，证据1表4的1号产品公开了一种接线螺杆，其长度及重心位置可由附件3鉴定意见书确定，且已公开了权利要求1中如上所述的相应特征。

（五）关于权利要求1是否具备创造性

国家知识产权局认为：

证据1没有明确公开一种带有表4中1号接线螺杆的火花塞；权利要求1与证据1表4的1号产品相比，区别技术特征为权利要求1为一火花塞，且包含绝缘体，具有在轴线方向上延伸的轴孔，端子电极插通于上述轴孔的后端侧，并从绝缘体的后端露出的头部，上述脚部的前端部固定于上述绝缘体，端子电极的重心位于绝缘体的内部。

基于此区别技术特征，权利要求 1 实际解决的技术问题是提供一火花塞。

本领域技术人员了解，为了在通电时保持端子电极绝缘，火花塞应当包括绝缘体和接线螺杆，正如证据 1 图 1 所示的火花塞，其包含了接线螺杆和绝缘体。因此，本领域技术人员有动机将证据 1 表 4 中的 1 号产品接线螺杆与一绝缘体组合起来形成一火花塞，组合形成的火花塞的绝缘体具有轴孔以容纳接线螺杆的脚部，**这属于本领域的公知常识**。

因此，权利要求 1 相对于证据 1 和公知常识的结合不具备创造性。

专利无效行政诉讼

一、案件信息

原告：A 公司。

被告：国家知识产权局。

原审第三人：B 公司。

一审法院：北京知识产权法院。

被诉决定：2023 年 5 月 29 日，国家知识产权局作出的宣告 A 公司涉案专利的专利权全部无效的决定，即第三次专利无效的审查决定。

一审程序中，A 公司不服被诉决定，向北京知识产权法院提起行政诉讼一审，请求法院撤销被诉决定，责令国家知识产权局重新作出决定。经审理，北京知识产权法院作出一审判决，驳回 A 公司的诉讼请求。

二、各方核心主张及观点

根据各方当事人的诉辩主张，本案争议焦点为：（1）专利权人对权利要求的修改是否超出原申请文件的范围；（2）B 公司提交的附件 3 中鉴定意见书中的内容是否应当采纳；（3）权利要求 1 是否具备创造性。

（一）专利权人对权利要求的修改是否符合《专利法》第 33 条的规定

《专利法》第 33 条规定，申请人可以对其专利申请文件进行修改，但是，对发明和实用新型专利申请文件的修改不得超出原说明书和权利要求书记载的范围，对外观设计专利申请文件的修改不得超出原图片或者照片表示的范围。

A 公司作为原告认为，将“上述头部的沿着上述轴线的长度为 5mm 以下”的特征补入权利要求 1 中，满足并未超出原权利要求及说明书记载的范围，符合《专利法》第 33 条的规定。具体而言：

涉案专利说明书中并不是所有“头部长度为 5mm 以下”都是以绝缘体小径化为前提的。涉案专利的技术效果并不依赖于“后端侧主体部的外径为 9mm 以下”。无论是根据说明书的记载还是客观上的技术效果，是在“端子电极的脚部比较长、达到 35mm 以上的情况下”为了能够获得防止电极折损的技术效果而优选的技术手段，进一步地，在绝缘体小径化的情况下，还具有防止绝缘体破损的技术效果。

➢ **对此，北京知识产权法院认为：**

根据《专利法》第 33 条的规定，针对无效宣告阶段的权利要求的修改存在以下情形：首先，修改后的权利要求涉及的技术方案应当直接记载于涉案专利的原始文件中；其次，根据原申请文件能直接、毫无疑义地得出该技术方案。

首先，从公开内容看，根据本专利说明书第［0062］、［0063］段记载内容，权利要求 3 限定“头部长度在 5mm 以下”是在绝缘体小径化并且“端子电极的脚部比较长、达到 35mm 以上的情况下”为了能够获得防止电极折损的技术效果而优选的技术手段。

其次，结合涉案专利说明书及被诉决定审查期间当事人针对涉案专利的意见，“涉案专利权利要求 2、3 的技术方案实际解决的技术问题是：在绝缘体被小径化的情况下也能防止因振动而引起的破损。即本申请对于端子电极头部的重量限定（特征 B）和长度限定（特征 C）均是在绝缘体小径化（特征 A）的基础上做出的。换句话说，是为了解决绝缘体小径化所引起的、破损可能性提高的技术问题”。因此，上述修改的技术方案未记载于专利申请文件中，且本领域技术人员依据专利文件的记载并不能直接、毫无疑义地得出该技术方案。

因此，该修改方式超出了原权利要求书和说明书记载的范围，被诉决定对此认定正确，予以确认。

（二）关于附件 3 鉴定意见是否应被采纳

A 公司作为原告认为，附件 3 鉴定意见书不应被采纳，具体而言：鉴定人员明显缺乏火花塞领域的基本知识，对于火花塞端子电极通常的结构并不了解，显然受到了第三人的引导，鉴定得出的重心位置最多只能证明委托人提供的图纸中的各模型的重心位置，并不能代表证据 1 公开的接线螺杆最终成品的重心位置。

➢ **对此，北京知识产权法院认为：**

针对鉴定人员资格、是否受到人员引导，建模过程相关委托材料、被委托方资质、鉴定人员相关软件作业经验和资质等意见，被诉决定已依据鉴定规范及鉴定相关内容予以认定，并无不当。**A 公司也未就其主张提供相反的证据支持**。

关于鉴定意见书中方法及内容是否能够证明相应技术内容，鉴定报告记载完整，鉴定人均明确了得出整个接线螺杆相关数据的过程及所依据的证据 1 中的文字及图表，数据确凿真实，计算过程符合几何学原理。同时，**A 公司也未就其主张提供足够的证据支持**。

因此，原告的主张缺乏事实和法律依据，不予支持。

（三）关于涉案专利权利要求 1 是否具备创造性

A 公司作为原告认为，第一，证据 1 中的接线螺杆并不相当于涉案专利的端子电极；第二，证据 1 未意识到涉案专利要解决的技术问题。因此，无法根据证据 1 认定权利要求 1 不具备创造性。

➢ **对此，北京知识产权法院认为：**

第一，**本领域技术人员知晓**，螺帽是作为火花塞与高压点火电源之间的连接件存在而并非火花塞的组成部分，对于端子为螺纹拉线柱形式的火花塞，可以不包括螺帽。同时，在证据1名为《火花塞接线螺杆的研制》的文章第1节序言部分记载：“*接线螺杆是火花塞中必不可少的零件，它将点火系统中的高压脉冲电源从高压电缆导入中心电极*”，并且证据1中也未记载关于螺帽须与螺杆连接配合的任何内容。由此可见，证据1中的接线螺杆与涉案专利中的端子电极功能相同，同样起到了连接高压点火源的作用，应当认为其相当于涉案专利中的端子电极。

第二，在具体确定发明实际解决的技术问题时，应当以涉案专利与最接近现有技术之间的区别技术特征为基础，**通常结构特征相同的情况下应当认定能够实现相同的技术效果**。证据1作为最接近现有技术，其同样存在解决端子电极折损及绝缘体破损的问题，**在其实际公开了同样的结构的基础上，即是公开了一种将端子电极重心远离头部来减少端子电极折损的技术方案**。在此基础上，**证据1本身的技术方案是否意图解决同样的技术问题与其公开相应技术方案无关**。

综上，A公司关于权利要求1具备创造性的理由均不成立。

疑难争议解析

一、专利侵权诉讼及专利无效程序中技术鉴定的适用

本案专利侵权诉讼中，B公司对A公司所主张的被诉侵权产品的端子电极长度尺寸测量结果和端子电极重心位置的确定方法均不予认可，向北京知识产权法院申请就被诉侵权产品是否落入涉案专利权利要求保护范围进行技术鉴定。但北京知识产权法院以“根据相关公证书及被诉侵权产品实物等证据，结合庭审勘验情况，法院能够得出确定的端子电极长度尺寸测量结果，并且根据A公司主张的方法能够基本准确地确定端子电极的重心位置，故无须再进行技术鉴定”为由，驳回了B公司的申请。那么，我们有必要深入分

析，专利侵权诉讼中技术鉴定的启动条件及适用标准。

技术鉴定作为一种司法鉴定活动，其目的在于运用科学技术或专门知识，对诉讼中所涉专门性技术问题进行鉴别与判断，进而为案件技术问题的查明提供专业意见支持。依据技术鉴定启动的时间节点不同及委托主体是否为法院，技术鉴定可分为诉讼中鉴定和诉讼外鉴定。

最高人民法院《关于民事诉讼证据的若干规定》第30条规定："人民法院在审理案件过程中认为待证事实需要通过鉴定意见证明的，应当向当事人释明，并指定提出鉴定申请的期间。"据此，在司法实践中，对于诉讼中鉴定，大多数情况下是法院向当事人释明后，依当事人的申请而委托鉴定；另外，在一些特定情况①下，如涉及可能损害国家利益、社会公共利益的，法院也可以依职权委托鉴定。

与之相对，诉讼外鉴定则多为单方当事人在起诉前自行委托鉴定机构进行。对于这种单方委托诉讼外鉴定，最高人民法院《关于民事诉讼证据的若干规定》第41条就诉讼外鉴定意见的质证进行了规定："对于一方当事人就专门性问题自行委托有关机构或者人员出具的意见，另一方当事人有证据或者理由足以反驳并申请鉴定的，人民法院应予准许。"由于诉讼外鉴定缺乏法院的参与和监督，其在检材真实性、鉴定人与委托人关系、鉴定人倾向性以及出庭率等方面存在诸多潜在问题，故其证明力相较于诉讼中鉴定意见通常较弱。但不可否认的是，诉讼外鉴定的灵活性和便利性，对于当事人进行诉前准备以及加速审判进程具有重要意义。

例如，在（2020）豫01知民初1194号案中，原告于诉前自行委托鉴定机构进行了技术鉴定。在诉讼中，被告质疑单方委托鉴定的程序、鉴定机构的资质、鉴定检材的来源等问题。但由于**被告明确表示不申请新鉴定，且上述鉴定机构包括在《人民法院司法鉴定人名册公告》中，具备资质，检材的获得、取样、送检等环节均有公证员见证等原因，法院最终采信了该鉴定**

① 参见最高人民法院《关于民事诉讼证据的若干规定》第30条第2款规定。

意见。

需要强调的是，无论是诉讼中鉴定还是诉讼外鉴定，鉴定意见均需要经过质证方可作为定案依据。若当事人对鉴定意见存在异议，或法院认为鉴定人有必要出庭，则鉴定人应当出庭作证，否则鉴定意见不得作为认定事实的依据。

最高人民法院《关于知识产权民事诉讼证据的若干规定》第 23 条进一步细化了法院对鉴定意见的审查标准，包括：（1）鉴定人是否具备相应资格；（2）鉴定人是否具备解决相关专门性问题应有的知识、经验及技能；（3）鉴定方法和鉴定程序是否规范，技术手段是否可靠；（4）送检材料是否经过当事人质证且符合鉴定条件；（5）鉴定意见的依据是否充分；（6）鉴定人有无应当回避的法定事由；（7）鉴定人在鉴定过程中有无徇私舞弊或者其他影响公正鉴定的情形。因此，当事人在自行委托诉讼外鉴定时，也应特别考虑上述因素，避免所得到的鉴定意见因对方当事人的质疑而不被法院采纳。

在专利无效程序中，尽管缺乏明确的法律法规或部门规章对鉴定作出规定，国家知识产权局在实践中亦未官方委托开展司法鉴定程序，但当事人提交的鉴定意见仍可作为参考。通常情况下，国家知识产权局会参照民事诉讼中技术鉴定意见的审查规定，对鉴定意见进行审查。

例如，在本案的第三次专利无效程序中，B 公司提交了自行委托鉴定的知识产权鉴定意见书，A 公司对此提出异议，认为不应当采纳。但是国家知识产权局认为，如果经审查，鉴定意见由具有相应鉴定资格的鉴定机构和鉴定人作出、鉴定程序合法、鉴定方法科学、鉴定意见无明显依据不足等重大瑕疵，鉴定人员出庭接受了质询，且对方当事人在质证时未提出足以反驳的相反证据和理由，则一般可以确认其效力，并据此采纳了 B 公司提交的鉴定意见书。北京知识产权法院在后续的专利无效行政诉讼程序中，亦对该鉴定意见书的效力予以肯定。

综上，在专利侵权诉讼及专利无效程序中，技术鉴定作为一种重要的事实查明手段，其启动与适用需严格遵循相关法律规定。当事人在申请或进行技术鉴定时，应充分考虑鉴定的必要性、合法性与可靠性，以确保鉴定意见能够被法院采纳，从而维护自身的合法权益。

二、专利无效程序中关于“使用公开”证据真实性的认定

在本案中，B公司首次提起的专利无效程序时，以证据6—8（以下合称“**45H**”）试图证明45H型号被诉侵权产品在涉案专利申请日前已投入使用，且该使用公开了涉案专利权利要求1的技术方案，使其丧失新颖性和创造性。

但是，国家知识产权局和北京知识产权法院并未支持B公司的主张，认为：证据6中的增值税发票中仅记载销售产品包括型号为“45H”的产品，不能体现该产品的结构；证据8是产品图纸，系某科技公司的内部资料，在没有其他佐证的情况下，其真实性无法确认；证据7端子电极建模图及实物照片，在无其他证据佐证的情况下，无法确认端子电极建模图及实物照片中所示的产品就是证据6中增值税发票所涉及的销售产品。因此，**关于45H型号产品使用公开的证据链中的证据在真实性上存在瑕疵，且证据之间无法证实彼此之间存在关联，上述相关证据使用公开的真实性不能被认可，不能构成完整有效的使用公开的证据链**。

根据《专利审查指南》的规定，使用公开的方式包括制造、使用、销售、进口、交换、馈赠、演示、展出、招标投标等能够使公众得知其技术内容的方式。因此，只要通过上述方式使有关技术内容处于公众想得知就能够得知的状态，就构成使用公开，而不取决于是否有公众得知。

使用公开行为必须发生于涉案专利申请日（有优先权的，指优先权日）之前，然而，使用公开证据的取证行为通常发生在涉案专利授权后至提起无效宣告请求期间，取证时间点与使用公开行为发生时间可能相隔数年，易导致证据灭失，造成取证困难。

在实务中，即使取得了使用公开证据，因涉及证据材料繁多、待证事实相互交错，很难判断其真实性、公开性及证据链的完整性。《专利法》《专利

法实施细则》《专利审查指南》等法律法规对“使用公开”证据链完整性的标准及举证责任分配均未明确规定，导致“使用公开”证据的认定存在困难。

总结司法实践中关于“使用公开”证据真实性的认定，可从以下四个方面考量：其一，判断申请日前是否存在制造、使用、销售、进口、交换、馈赠、演示、展出、招标投标等使用技术的行为；其二，在确认使用行为存在的情况下，判断该使用行为所涉技术是否具有足以支持与涉案专利进行技术比对的实质性技术内容；其三，判断上述使用行为所涉及的实质技术内容是否处于公众想要得知即可得知的公开状态；其四，判断这种技术内容的公开状态是否发生在涉案专利申请日之前。

在上述四个方面均被查证属实的情况下，通常可以认定相关技术内容因使用公开而构成现有技术。反之，假若上述任一方面不能被查实，法院大概率不会支持“使用公开”成立的主张。

综上所述，完善“使用公开”证据链的收集，需注重证据的真实性、关联性与完整性，加强对各证据之间的相互印证，明确举证责任的分配，以提高使用公开证据在专利无效程序中的证明力。

回顾与总结

本案自 2018 年 8 月 A 公司着手准备专利侵权诉讼起，至 2024 年 3 月专利无效行政诉讼一审判决作出，前后历时近六年之久。在这场旷日持久的专利纠纷之战中，A 公司与 B 公司围绕涉案专利有效性问题展开了多次激烈交锋。其间，B 公司先后三次对 A 公司涉案专利发起无效宣告请求，双方亦历经两轮专利无效行政诉讼程序，双方博弈之激烈程度可见一斑。

针对此类重大且复杂的专利侵权诉讼案件，当事人与律师团队之间能否实现紧密且有效的协作配合，往往成为影响案件走向的关键因素。律师团队凭借其扎实的法律专业知识，熟悉各类法律规范的适用场景，精准把握相关法律问题在司法实践中的审判思路与裁判标准；而当事人则基于其在特定行业领域的长期深耕，对涉案专利技术有着深刻且独到的理解。若双方能够充分发挥各自优势，实现优势互补，必将有助于更加全面、客观、准确地呈现案件事实，从而产生“1 + 1 > 2”的协同效应。以本案为例，涉案专利在撰写技术特征时采用了特定术语表达，这使得律师团队在运用常规检索方法与路径时，难以有效检索到具有证明力的证据材料。面对这一困境，律师团队与当事人经过多轮次深入且反复的沟通交流，在充分理解当事人反馈的基础上，律师团队对涉案专利的保护范围进行了详尽且专业的解释说明，并结合案件实际情况向当事人提出了具有针对性的证据收集建议。最终，当事人在其图书资料室中成功找到关键证据，一举将涉案专利无效，有力地维护了自身的合法权益。

司法系统始终将公正与效率作为其不懈追求的核心价值目标。在专利诉讼案件中，律师作为当事人与审理机构之间的重要沟通桥梁，其作用不容小觑。律师通过积极、有效的沟通协调，不仅可以提高审判效率，还能在一定程度上节约宝贵的司法资源。在本案涉案专利的无效程序中，请求人 B 公司一方需要配合书面证据准备鉴定意见，导致其对 A 公司涉案专利提起无效宣告请求的时间相对较晚。然而，在随后的专利侵权诉讼二审程序中，鉴于最高人民法院对于审判程序推进有着明确的时限要求，合议庭三位法官不得不在时间紧、任务重的情况下，尽快组织开庭审理。为此，法官投入大量时间进行阅卷、与双方当事人沟通协调等开庭准备工作，工作量之大、时间之紧张不言而喻。

此外，回溯至 B 公司首次对 A 公司涉案专利提起无效宣告请求之时，其曾尝试采取“使用公开”这一策略。然而，由于证据收集工作存在明显瑕疵与不足，最终未能获得国家知识产权局的支持。事实上，专利使用公开的举证过程面临着诸多困难与挑战，其难度之大超乎想象。通常情况下，专利申请日之前的使用公开事实往往发生在多年以前，相关证据材料可能因时间久远而灭失或难以获取。例如，除非使用公开产品本身明确标注有具体日期，否则要准确证明使用公开产品的具体销售日期，往往需要依赖销售合同、发票、发货记录等多个相互印证的辅助证据。在实际操作中，收集并完整呈现这一系列相互关联的证据材料，不仅难度较大，而且对证据的证明力要求极高。因此，在专利无效宣告程序中，若选择采取“使用公开”这一策略，务必高度重视证据收集工作的全面性、完整性和规范性，以确保所提交的证据能够形成有效的证据链，有力地支持己方主张，从而提高专利无效宣告请求的成功率。

手握“撒手锏”促和解，发动机冷却行业国内标杆企业逼退国际巨头

——德国某热系统公司与山东某交通器材制造公司侵害实用新型专利权纠纷案

➢ 案件导航

汽车零部件　德国　百年企业　机械领域　专利侵权一审败诉
全面和解　济南中院　最高法院　三年

➢ 案件亮点

本案在三年诉讼周期内实现重大涉外专利争议的圆满解决，得益于权利人与被诉方突破常规诉讼路径的博弈智慧。面对德国某热系统公司发起的专利侵权指控，山东某交通器材制造公司历经三次专利无效宣告、两轮行政诉讼的攻防，在2023年10月取得突破性进展——通过深度技术挖掘锁定关键性对比文件，精准指向涉案专利创造性缺陷。此时诉讼格局发生根本性转变，但山东某交通器材制造公司诉讼团队并未机械采用常规无效宣告程序，而是创造性运用“证据威慑”策略——在充分评估专利无效成功概率及诉讼时间成本后，将关键证据作为谈判筹码，与权利人在诉讼程序外展开多轮专业磋商。这一策略既规避了无效宣告程序可能引发的程序延迟风险，又通过技术证据的充分展示，促使德国企业理性评估诉讼前景，最终促成包含“专利互不主张”承诺的全面和解协议，同步撤回国家知识产权局无效程序、北京知识产权法院行

政诉讼及最高人民法院二审程序，实现诉讼程序“多线归零”。该案通过证据体系的动态构建与诉讼策略的弹性调整，不仅实现双方市场利益的动态平衡，更以不足常规涉外专利诉讼周期1/2的时间完成争议解决，为类似涉外知识产权纠纷解决提供了创新范式。

产业背景

一、产业发展情况

汽车发动机冷却产业是指涉及汽车发动机冷却系统开发、生产和销售的产业，包括与发动机散热、温度控制及冷却相关的各类设备和零部件。发动机冷却系统包括散热器、冷却液泵、冷却风扇、管道、温控阀以及中冷器等组成部分，其主要目的是保持汽车发动机在工作过程中适当的温度范围，以确保发动机的性能、效率和寿命。

我国已逐步发展为全球的汽车生产与销售大国，汽车产销量全球领先。根据公开数据，在经历了疫情期间产销量的下滑之后，从2020年开始，我国汽车产销量恢复增长态势，到2022年，我国汽车产销量分别达到2702.1万辆和2686.4万辆，如图7-1所示。

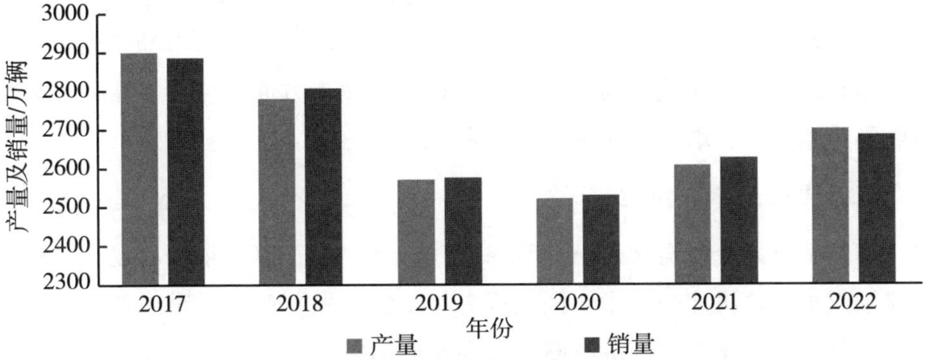

图7-1　2017年至2022年我国汽车产量及销量

资料来源：中国汽车工业协会网站。

未来随着我国国民经济的持续增长、居民收入水平的不断提升、配套基础设施的逐步完善以及相关产业政策的大力支持，中国汽车市场产销量将继续维持在较高水平。汽车发动机冷却行业是汽车产业的配套行业，中国汽车市场的增长也将带动汽车发动机冷却行业的增长。

我国政府出台的环保法规、技术创新政策等也对汽车发动机冷却行业产生积极影响。2023 年 5 月 8 日，生态环境部、工业和信息化部、商务部、海关总署、市场监管总局共同发布《关于实施汽车国六排放标准有关事宜的公告》，自 2023 年 7 月 1 日起，全国范围内全面实施轻型汽车国六排放标准 6b 阶段和重型柴油车国六排放标准 6b 阶段（以下合称**国六 B 排放标准**），禁止生产、进口、销售不符合国六 B 排放标准的汽车。国六 B 排放标准的实施要求汽车厂商提升发动机的燃烧效率和热管理能力，从而推动了对高效的发动机冷却系统的需求。为确保发动机在最优温度下运行，发动机冷却系统必须具备更高的散热效率，以降低有害排放物并提高燃油经济性。2020 年 11 月 2 日，国务院办公厅印发《新能源汽车产业发展规划（2021—2035 年）》，该政策明确提出要大力推动新能源汽车技术的创新与应用，促进电池、驱动电机和热管理技术的进步，这使得电动机冷却系统的需求不断上升。

在国内汽车发动机冷却市场，一些国际知名企业长期占据主导地位，特别是在技术创新、品牌影响力等方面具有明显优势，占据了高端车型和豪华车型的发动机冷却系统供应的大部分市场份额。随着中国汽车产业的崛起，国内汽车发动机冷却系统生产企业在技术研发、制造能力和市场拓展方面也取得明显进步，同时凭借其在生产成本和制造效率方面的优势，在中低端市场和国产车型中，取得了显著的市场成绩。

二、案件当事人情况

德国某热系统公司（以下简称 **A 公司**）成立于 1905 年，从成立之初就专注于汽车发动机冷却技术。经过近 120 年的发展，A 公司现已发展成为一家全球领先的汽车零部件供应商，核心业务为汽车热管理系统的研发、制造和销售，产品涵盖汽车发动机散热器、空调系统、冷却系统等关键组件。

A 公司的发动机冷却产品供应覆盖了全球大部分汽车制造商，与大众、宝马、奔驰、丰田等全球知名汽车品牌保持长期合作关系。A 公司在全球拥有多个研发、生产和销售基地，主要分布在欧洲、亚洲、北美等地区。特别是在中国，A 公司自 1997 年首次进入中国市场，之后相继在上海、济南等全国 14 个城市设有制造基地和研发中心，满足本地及全球客户的需求。

山东某交通器材制造公司（以下简称 **B 公司**）成立于 1987 年，是一家集研发、生产、营销于一体的专注于发动机散热模块、重卡液力缓速器散热器、新能源车变速箱机油冷却器、工程车辆散热模块制造的国家级高新技术企业。经过数十年的发展，B 公司赢得行业和客户的广泛赞誉，是山东省制造业单项冠军企业、山东省级专精特新企业、山东省机械行业十大自主创新品牌企业，产品配套用于中国重汽集团、一汽青岛、零跑汽车、奇瑞汽车等国内知名厂家，同时公司有近一半的产品出口到北美及欧洲市场。

A 公司与 B 公司在国内汽车发动机冷却市场的商业竞争，逐步延伸至产品专利领域，终于 A 公司率先出手，在山东省济南市中级人民法院向 B 公司提起专利侵权诉讼。

案件大事记

本案历时不到三年，主要过程如图 7－2 所示。

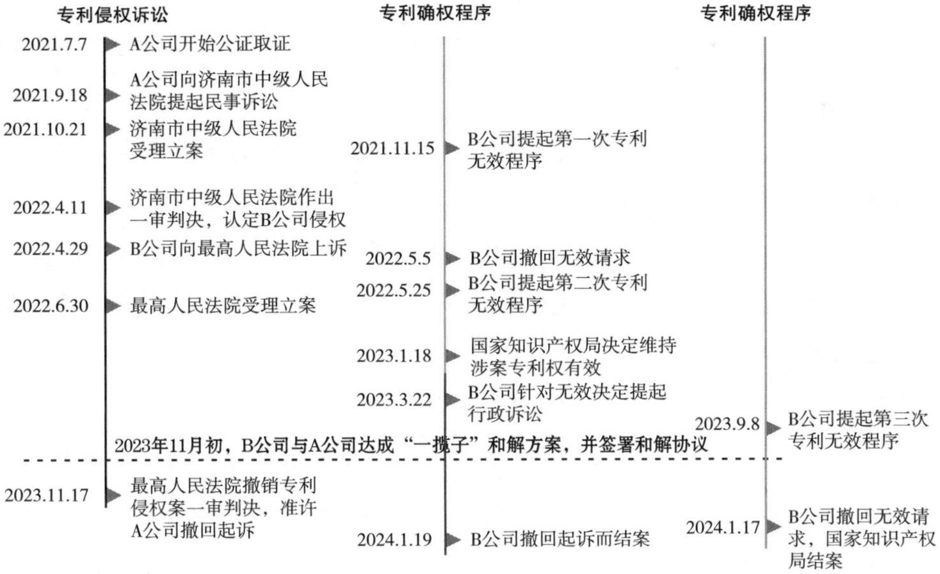

图 7－2　案件大事记

2021 年 7 月 7 日，A 公司委托北京市某公证处，对购买的涉嫌侵权产品进行证据保全公证。

2021 年 7 月 19 日，A 公司委托律师事务所向 B 公司出具律师函，通知 B 公司停止制造、销售、许诺销售侵犯 A 公司实用新型专利权的产品等；2021 年 7 月 21 日，B 公司收到该律师函。

2021 年 9 月 18 日，A 公司向山东省济南市中级人民法院提起专利侵权诉讼，主张 B 公司制造、销售的中冷器产品侵犯其实用新型专利权（以下简称**专利侵权案**）。

2021 年 10 月 21 日，济南市中级人民法院受理了 A 公司提起的专利侵权案。

2021 年 11 月 15 日，针对专利侵权案中的 A 公司涉案专利，B 公司向国家知识产权局提出无效宣告请求，主张 A 公司涉案专利权全部无效（以下简称**第一次专利无效**）。

2022 年 4 月 11 日，济南市中级人民法院就专利侵权案作出一审判决，认定 B 公司侵害了 A 公司名称为“抗扭转型中冷器”的实用新型专利权，并判令 B 公司赔偿 A 公司经济损失及合理费用共计 80 万元。

2022 年 4 月 29 日，B 公司不服济南市中级人民法院就专利侵权案作出的一审判决，向最高人民法院提起上诉。

2022 年 5 月 5 日，B 公司主动撤回第一次专利无效的无效宣告请求，国家知识产权局作出结案通知书。

2022 年 5 月 25 日，针对专利侵权案中的涉案专利，B 公司再次向国家知识产权局提出无效宣告请求，主张 A 公司涉案专利权全部无效（以下简称**第二次专利无效**）。

2022 年 6 月 30 日，最高人民法院受理专利侵权案上诉并立案。

2022 年 9 月 15 日，国家知识产权局对第二次专利无效进行口头审理。

2023 年 1 月 18 日，国家知识产权局针对第二次专利无效作出审查决定，维持专利权有效。

2023 年 3 月 22 日，针对第二次专利无效的审查决定，B 公司向北京知识产权法院提起行政诉讼一审（以下简称**专利无效行政诉讼**）。

2023 年 9 月 8 日，针对专利侵权案中的涉案专利，B 公司向国家知识产权局第三次提出无效宣告请求，主张 A 公司涉案专利权全部无效（以下简称**第三次专利无效**）。

2023 年 10 月初，B 公司检索到可能有效破坏 A 公司涉案专利新颖性和创造性的核心文件后，积极与 A 公司交涉协商，希望促成双方和解。

2023 年 11 月初，B 公司与 A 公司就专利侵权案、专利无效、专利无效行政诉讼等达成“一揽子”和解方案，并签署和解协议。

2023 年 11 月 10 日，B 公司向北京知识产权法院提交撤回专利无效行政诉讼的书面申请。

2023 年 11 月 15 日，A 公司向最高人民法院请求撤回专利侵权案的起诉，B 公司提交同意 A 公司撤回起诉的书面文件。

2023 年 11 月 16 日，B 公司向国家知识产权局提交撤回第三次无效宣告请求的书面申请。

2023 年 11 月 17 日，最高人民法院就专利侵权案作出终审裁定，撤销专利侵权案一审判决，准许 A 公司撤回起诉，专利侵权诉讼结案。

2024 年 1 月 17 日，国家知识产权局就第三次专利无效作出结案通知书，第三次专利无效结案。

2024 年 1 月 19 日，北京知识产权法院就专利无效行政诉讼作出行政裁定，准许 B 公司撤回起诉，专利无效行政诉讼结案。

至此，A 公司与 B 公司之间就名称为“抗扭转型中冷器”的实用新型专利权发生的专利战，以双方全面和解而结束。

专利侵权案

一、案件信息

被上诉人（原审原告）：A 公司。

上诉人（原审被告）：B 公司。

案由：侵害实用新型专利权纠纷。

一审法院：济南市中级人民法院。

二审法院：最高人民法院。

涉案专利：一种中冷器产品，该专利一共 9 项权利要求，产品主要应用于汽车发动机的增压系统中，尤其是要求更高耐久性和热管理效率的高性能汽车，例如运动型轿车、跑车、重型卡车等。

本案一审程序中，济南市中级人民法院作出一审判决，判令 B 公司立即停止制造、销售、许诺销售侵害原告实用新型专利权的产品的行为，赔偿 A 公司经济损失及合理费用共计 80 万元。

本案二审程序中，B 公司不服一审判决，向最高人民法院提出上诉，主张撤销一审判决，驳回 A 公司的全部诉讼请求。最高人民法院受理后查明，二审法院审理期间，A 公司以双方当事人达成和解为由，申请撤回本案起诉；B 公司提交书面文件，同意 A 公司的撤诉申请。

最高人民法院认为，A 公司在本案审理期间提出撤回起诉的请求，**已经其他当事人同意，且不损害国家利益、社会公共利益、他人合法权益**，因此予以准许。基于此，最高人民法院作出裁定，撤销本案一审民事判决，准许 A 公司撤回起诉。

二、各方核心主张及观点

A 公司作为原告主张，被告 B 公司立即停止制造、销售、许诺销售侵犯原告实用新型专利权的产品，赔偿原告经济损失及原告为了调查和制止被告的侵权行为支出的合理费用共计 100 万元。A 公司主张以涉案专利记载的权利要求 1、4、5、7 确定其专利保护范围。

根据各方当事人的诉辩主张，本案争议焦点为：（1）本案是否应当中止审理；（2）被诉侵权产品是否落入涉案专利权利要求 1、4、5、7 的保护范围；（3）如果落入保护范围，B 公司应赔偿多少金额。

（一）关于本案是否应当中止审理

B 公司作为被告认为，A 公司的涉案专利为实用新型专利，A 公司未提交《实用新型专利权评价报告》，且B公司已向国家知识产权局就涉案专利提出无效宣告请求，涉案专利权不稳定，申请中止审理。

➢ **对此，济南市中级人民法院认为：**

原告A公司享有的实用新型专利权合法有效，**且该实用新型专利权已经国务院专利行政部门审查维持有效，该专利权具有较强的稳定性**，故对被告要求中止本案审理的申请不予准许。

（二）关于被诉侵权产品是否落入涉案专利权利要求1、4、5、7的保护范围

A公司委托人员公证购买了B公司生产的两套某型号中冷器产品，并在庭审中进行拆封比对，原被告双方对对比结果发表了观点。

A公司作为原告认为，被诉侵权的技术方案落入涉案专利权利要求1、4、5、7的保护范围。

B公司作为被告认为，其制造的被诉侵权产品中设置横杆的目的是，为便于装卸及与中冷器安装环境中外围配件装配方便，该横杆不具有抗扭转功能。涉案专利技术方案中，在左、右气室上设置的气室管间设置横杆的目的是，解决气室管因内部气流窜动使管体受力导致芯体管与气室间的连接部位开裂的问题。两个方案中横杆的设置目的不同，被诉技术方案未落入涉案专利权利要求1、4、5、7的保护范围。

➢ **对此，济南市中级人民法院认为：**

被诉侵权产品上亦设置有一横杆，且该横杆亦具有抗扭转的功能和效果，**被诉侵权产品的这一技术特征与涉案专利权限定的技术特征，两者采用的技术手段相同，实现的功能和达到的效果相同，两者为相同的技术特征**，故对被告的该抗辩理由不予采信。

被诉侵权产品的技术特征与涉案专利权利要求1、4、5、7记载的全部技术特征一一对应，故被诉侵权产品包含了与涉案专利权利要求1、4、5、7记载的全部技术特征相同的技术特征，落入了涉案专利权利要求1、4、5、7的保护范围。

（三）关于B公司的赔偿金额

A公司作为原告认为：

（1）被告的侵权情节和侵权获利。**根据被告的宣传资料**，被告2019年销售额为2亿元，年产能为200万台（套），包括油冷器、工程车散热模块、重卡散热模块、变速箱机油冷却器、缓速器用热交换器、新能源车冷却器。参照被告的生产规模及散热器产品的生产销售情况，**可推断被控侵权产品的生产销售数量巨大**。此外，被告对外销售被控侵权产品的销售单价为1656元。**从汽车零部件行业的平均利润水平来看，中国供应商的利润率约为9%**。因此，被告的侵权获利必然巨大。

（2）被告具有侵权恶意。原告在确认了被告的侵权事实后，于2021年7月19日向被告发出律师函，要求其立即停止侵权；2021年7月21日，B公司收到该律师函。原告数次与被告联络，要求其按照律师函的要求停止侵权，但被告拒绝回应，并表示不会停止对被控侵权产品的生产和销售。因此，被告在收到原告警告和数次联络后，仍拒不停止侵权行为的情形，应当认定具有侵权故意。

（3）原告为调查、制止被告的侵权行为而支出了大量合理费用。本案中，为调查和制止被告的侵权行为，原告进行了数次调查，并且为了保全证据，公证购买了被控侵权产品。因此，产生了大量调查费、公证费和产品购买费等。此外，为了调查和制止侵权，原告委托律师代为调查取证、进行侵权对比并且提起本案诉讼，故还产生了相关律师费。

综合考虑被告的侵权情节、性质、主观故意等，原告请求100万元的损害赔偿和合理支出。

➢ **对此，济南市中级人民法院认为：**

本案中，**因权利人的损失或者侵权人获得的利益均难以确定**，故**综合考虑涉案专利权的类型、被告侵权行为的性质、侵权规模、过错程度，结合产品的销售价格、利润情况及原告维权应支付的合理费用等因素，酌定**赔偿损失数额为80万元。

专利无效案

一、案件信息

专利权人：A 公司。

无效宣告请求人：B 公司。

请求宣告无效的专利：与专利侵权案中的涉案专利一致。

本次专利无效程序是本案第二次专利无效，即 2022 年 5 月 25 日，针对涉案专利，B 公司向国家知识产权局提出的无效宣告请求。

经审查，国家知识产权局作出决定，维持涉案专利权有效。

二、各方核心主张及观点

B 公司作为请求人认为，涉案专利的说明书不符合《专利法》第26 条第3 款的规定，权利要求 1—9 不符合《专利法》第 26 条第 4 款的规定，权利要求 1 不符合《专利法实施细则》第 20 条第 2 款的规定，权利要求 1—9 不符合《专利法》第 22 条第 2 款、第 3 款、第 4 款的规定，请求宣告涉案专利权利要求全部无效，同时提交了 4 份证据。

A 公司作为专利权人认为，请求人的无效理由不能成立。同时，专利权人提交了 2 份证据：一份最高人民法院在 2019 年作出的关于涉案专利的终审行政判决书的复印件；一份国家知识产权局此前作出的关于涉案专利的无效宣告请求审查决定书的复印件。

国家知识产权局经审理后认为，**A 公司提交的两份证据与本案事实认定并无关联，因此不予采纳**。

根据各方当事人的诉辩主张，本案争议焦点为：（1）涉案专利的说明书是否公开充分；（2）涉案专利是否具有实用性；（3）涉案专利权利要求 1 是否包含解决技术问题的必要技术特征；（4）涉案专利权利要求是否以说明书为依据；（5）涉案专利权利要求 1 是否具有新颖性；（6）涉案专利权利要求 1 是否具有创造性。

（一）关于涉案专利的说明书是否公开充分

《专利法》第26条第3款规定，说明书应当对发明或者实用新型作出清楚、完整的说明，以所属技术领域的技术人员能够实现为准；必要的时候，应当有附图。

B公司作为请求人认为，涉案专利说明书只描述了高压气流能够产生扭矩以及横杆能够分散高压气流对左气室管或右气室管带来的冲击力，但没有清楚、完整地描述扭矩产生的原理、扭矩的方向以及扭矩如何对中冷器造成损害，以及横杆的设置如何使得左气室管或右气室管的冲击力减少，如何降低加于左气室管或右气室管上的扭矩，使得说明书中对应权利要求1—9的技术方案公开不充分，不符合《专利法》第26条第3款的规定。

➢ **对此，国家知识产权局认为：**

涉案专利针对中冷器因受高压气流反复冲击造成的气室与散热管结合部位开裂问题，通过在左气室管与右气室管之间设置连接固定的横杆将左气室与右气室上部的进出气管连接为一个整体，在发动机工作时，横杆的牵制会限制散热管的窜动速度，从而对作用于进出气管上的气体力产生对抗，进而分散了高压气流在进出中冷器时对左右气室产生的冲击力，降低了因冲击力而产生的施加于左右气室管上的扭矩，延缓了中冷器芯体前几根散热管与气室的连接部位易产生的开裂，延长中冷器的使用寿命。

由此可见，对于本领域技术人员而言，根据说明书的记载能够实现涉案专利的技术方案，说明书中对应权利要求1—9的技术方案是公开充分的，且是本领域技术人员能够实现的。**至于请求人所指出的上述未清楚、完整描述的内容，属于本领域技术人员基于涉案专利说明书记载的技术方案并结合其知识和能力能够判断出来的技术内容。**因此涉案专利的说明书符合《专利法》第26条第3款的规定。

（二）关于涉案专利是否具有实用性

《专利法》第22条第4款规定，实用性，是指发明或者实用新型能够制造或者使用，并且能够产生积极效果。

B公司作为请求人认为，涉案专利说明书实施例涉及进气口和出气口同向设置的中冷器结构，进气口受到的高压进气的作用力与出气口受到的高压出气的作用力同向，即使通过横杆将二者连接也无法实现涉案专利说明书中所宣称的分散冲击力的效果，反而由于总力矩的增加会使得整体冲击加剧，因此权利要求1—9的技术方案不具有实用性，不符合《专利法》第22条第4款的规定。

➢ **对此，国家知识产权局认为：**

在涉案专利说明书实施例中，左右气室管的管口面向同一方向，高压气流从中冷器的左气室管流入，经中冷器芯体进行换热后，再从右气室管流出，根据气体动力学的一般规律，进气口受到的高压进气的作用力与出气口受到的高压出气的作用力相反，横杆的牵制客观上能够实现降低冲击力产生的施加于左右气室管上的扭矩的技术效果。

基于说明书的上述记载并结合中冷器的常规设计手段，本领域技术人员能够在产业中制造和使用涉案专利权利要求1—9限定的抗扭转中冷器，这些技术方案可以解决中冷器因受高压气流反复冲击造成的气室与散热管结合部位开裂的技术问题，并取得了相应的技术效果，权利要求1—9具备实用性，符合《专利法》第22条第4款的规定。

（三）关于涉案专利权利要求1是否包含解决技术问题的必要技术特征

《专利法实施细则》第20条①第2款规定，独立权利要求应当从整体上反映发明或者实用新型的技术方案，记载解决技术问题的必要技术特征。

B公司作为请求人认为，权利要求1没有限定左气室管和右气室管的形状、延伸方向、开口方向、与左气室和右气室的连接方式等，没有从整体上反映涉案专利的技术方案，不符合《专利法实施细则》第20条第2款的规定。

➢ **对此，国家知识产权组认为：**

根据涉案专利说明书的记载，涉案专利所要解决的技术问题是中冷器因

① 2023年《专利法实施细则》修改后。本条第1款变为第22条第1款，本条第2款变为第23条第2款，下同。

受高压气流反复冲击造成的气室与散热管结合部位开裂问题。权利要求1要求保护一种抗扭转型中冷器，其对左右气室及左右气室管、中冷器芯体做了具体限定，并限定了横杆的设置方式。

本领域技术人员基于说明书的相关记载可以确定，涉案专利通过在左气室管与右气室管之间设置横杆而将左右气室管连接为一个整体，本领域技术人员由此可以确定本专利中左右气室管的设置应当适配于布置横向的杆件并有助于抵抗扭矩，也即权利要求1记载了解决上述技术问题的相关技术特征。换言之，权利要求1的技术方案已限定了解决中冷器的气室与散热管结合部位开裂这一技术问题的必要技术特征，符合《专利法实施细则》第20条第2款的规定。

（四）关于涉案专利权利要求是否以说明书为依据

《专利法》第26条第4款规定，权利要求书应当以说明书为依据，清楚、简要地限定要求专利保护的范围。

B公司作为请求人认为，权利要求1没有限定左气室管和右气室管的形状、延伸方向、开口方向以及左气室和右气室的连接方式等，导致保护范围不清楚；涉案专利说明书中只公开了左气室管和右气室管结构，而权利要求1并未限定左气室管和右气室管结构，致使该权利要求涵盖了不能解决其所述技术问题的方案，得不到说明书的支持，综上，权利要求1以及其引用的权利要求2—9不符合《专利法》第26条第4款的规定。

➢ **对此，国家知识产权局认为：**

权利要求1要求保护一种抗扭转型中冷器，其对左右气室及左右气室管、中冷器芯体作了具体限定，并限定了横杆的设置方式，本领域技术人员由此可以确定涉案专利中左右气室管的设置应当适配于布置横向的杆件并有助于抵抗扭转，也**即本领域技术人员基于其常规技术认知可以清楚地确定权利要求1的保护范围**。

在对权利要求1的保护范围作清楚理解的基础上，结合涉案专利说明书对于技术方案和具体实施方式的详细描述可以确定，**左右气室管与横杆在整**

个中冷器上的设置方式决定了权利要求 1 涵盖的技术方案均可以解决涉案专利所要解决的技术问题，本领域技术人员基于说明书能够得到或概括得到权利要求 1—9 所要求保护的技术方案。综上，权利要求 1—9 限定的技术方案符合《专利法》第 26 条第 4 款的规定。

（五）关于涉案专利权利要求 1 是否具有新颖性

B 公司作为请求人认为，证据 1 是抗扭转中冷器，在证据 1 中，增压空气冷却器 3 相当于涉案专利的中冷器芯体，气箱 8、9 分别相当于涉案专利的左、右气室，入口喷管 12b 和出口喷管 13b 分别相当于涉案专利的左、右气室管，桥 12/13 相当于涉案专利的横杆。因此，证据 1 公开了权利要求 1 的全部技术特征。权利要求 1 相对于证据 1 不具备新颖性。权利要求 2—9 的附加技术特征均已被证据 1 公开，或属于惯用技术手段的直接置换，也不具备新颖性。

A 公司专利权人主张，权利要求 1 与证据 1 相比，存在三点区别：（1）证据 1 是一种无扭转中冷器，未公开主题名称“抗扭转中冷器”；（2）证据 1 中左、右气室与左、右气室管通过软件部间接连接，涉案专利中左、右气室与左、右气室管是直接连接，因此未公开“左气室与该右气室上各自带有与外界相连的左气室管和右气室管”；（3）证据 1 中桥 12/13 的作用并非抗扭转，因此未公开“左气室管与所述右气室管之间设置有横杆”。

➢ **对此，国家知识产权局认为：**

经查，证据 1 公开了一种用于机动车中增压空气冷却器的固定装置。涉案专利权利要求 1 与证据 1 相比，区别在于：**左气室管与右气室管之间设置有杆**。

因此，证据 1 没有完全公开权利要求 1 的技术方案，两者的技术方案实质上并不相同，因而，权利要求 1 所要求保护的技术方案相对于证据 1 具备《专利法》第 22 条第 2 款规定的新颖性。

（六）关于涉案专利权利要求 1 是否具有创造性

B 公司作为请求人认为，权利要求 1 相对于证据 1 结合公知常识，或者证据2结合公知常识，或者证据3结合公知常识，或者证据3结合证据1以及公知常识不具备创造性。

➢ **对此，国家知识产权局认为：**

涉案专利权利要求1与证据1相比，区别在于：左气室管与右气室管之间设置有杆。另外，经比较，涉案专利权利要求1与证据2或证据3相比，也存在上述区别。

证据1—3都未公开在左气室管与右气室管之间设置横杆实现中冷器抗扭转的技术方案，也没有给出技术启示促使本领域技术人员有动机在左气室管与右气室管之间设置横杆。

请求人未提供其他证据，也未提出有说服力的理由能够证明上述区别是本领域解决“高压气流反复冲击造成的气室与散热器结合部位开裂”这一技术问题的公知常识。因此，权利要求1相对于请求人主张的上述组合均具有实质性特点和进步，因而具备创造性。

专利无效行政诉讼

一审原告：B公司。

一审被告：国家知识产权局。

第三人：A公司。

一审法院：北京知识产权法院。

被诉决定：2023年1月18日，国家知识产权局针对B公司第二次专利无效作出的维持专利权有效的审查决定。

一审程序中，B公司不服被诉决定，向北京知识产权法院提起行政诉讼一审，请求法院撤销被诉决定，责令国家知识产权局重新作出决定。

在一审程序审理过程中，原告B公司向北京知识产权法院提交撤回起诉的书面申请。北京知识产权法院经审查后认为，B公司的撤诉申请系其真实的意思表示，且未违反法律规定，应予准许。基于此，北京知识产权法院作出一审裁定，准许原告B公司撤回起诉。

疑难争议解析

一、专利侵权诉讼二审程序中原审原告撤回起诉的法律依据及法理分析

本案中，A公司在专利侵权诉讼二审程序期间，以双方当事人达成和解为由，向二审法院申请撤回起诉，且B公司亦提交书面文件表示同意。此情形下，A公司作为被上诉人、原审原告，其申请撤回起诉是否必须获得B公司同意，以及能否在未经B公司同意的情况下撤诉，成为值得深入探讨的法律问题。

撤回起诉，是指原告在发动诉讼后又向法院撤回诉讼，从而使诉讼程序终止的行为。基于处分原则，当事人有权在法律规定的范围内处分自身的民事权利和诉讼权利，相较于提起诉讼，撤回起诉从相反的角度体现了原告行使诉权的效果，是当事人意思自治在诉讼程序上的体现。

《民事诉讼法》第148条第1款规定，宣判前，原告申请撤诉的，是否准许，由人民法院裁定。该条款明确规定了一审普通程序中原告申请撤诉由法院裁定是否准许，但该规定在二审程序中是否可以直接适用，即在二审程序中原审原告能否向法院申请撤回起诉，曾引起较大争议。

肯定意见认为，允许原告在二审程序中撤回起诉是遵循当事人意思自治原则的应有之义，当事人作为权利主体，仅在其自愿诉至法院时才得以形成民事诉讼，撤回起诉是其自主行使处分权的表现，无论其在一审或二审程序中均得以自由行使。从法律依据来看，《民事诉讼法》第13条第2款明确规定了“当事人有权在法律规定的范围内处分自己的民事权利和诉讼权利”，第181条则规定“第二审人民法院审理上诉案件，除依照本章规定外，适用第一审普通程序”。由此可见，一审普通程序中宣判前原告可申请撤回起诉的规定在二审程序中仍可适用。

否定意见则认为，从理论上来讲，民事起诉作为原告引起法院审理、裁判的申请行为，只能在一审程序中行使，相应的撤回起诉的权利亦仅存在于一审诉讼程序中，一审判决的作出标志着一审民事诉讼程序的结束，原告享

有的申请撤回起诉的权利也就此终止。二审程序基于上诉而开始，故二审程序中只有上诉权，并无起诉权的存在，原审原告无从撤回起诉。从法律依据来看，《民事诉讼法》第13条强调的是在“法律规定的范围内”处分诉讼权利，但法律并未明确规定二审可以撤回起诉；同时，《民事诉讼法》第181条中的“适用第一审普通程序”并非指一审所有程序均可适用于二审，如二审程序中对被告提起反诉的禁止。因此，《民事诉讼法》第148条第1款规定原告于宣判前可以申请撤诉，应理解为“一审宣判前”，而非生效判决宣判前，此时间限制与当事人撤诉之后允许其再起诉的规定是相互衔接的，否则，当一审法院已经对当事人的实体争议作出了裁决，二审程序中允许原告撤诉，将造成大量人力、物力等损失，违背诉讼效益原则，也会对法院判决的严肃性和稳定性造成影响。另外，从利益衡量角度考量，允许一审原告在二审程序中撤回起诉，将侵害被告的程序利益，尤其当一审原告在二审程序中为被上诉人又撤回起诉的，不仅被告支出的诉讼成本无法得到补偿，还可能再次被原告起诉，双方权益明显失衡。

最终，《民事诉讼法司法解释》第336条第1款在吸收了上述两种意见后，综合考虑我国司法实践的实际情况后明确规定：

在二审程序中，原审原告申请撤回起诉，**经其他当事人同意**，且**不损害国家利益、社会公共利益、他人合法权益的**，人民法院可以准许。准许撤诉的，应当一并裁定撤销一审裁判。

该条款明确了二审程序中原审原告可申请撤回起诉，但是增加了相应的限制：一是需经其他当事人同意；二是需要经法院审查，不得损害国家利益、社会公共利益、他人合法权益；三是撤回起诉后需要同步撤销一审判决；四是禁止再诉，即原审原告在二审程序中撤回起诉后不得再重复起诉。这一规定既尊重了当事人的意思自治，又兼顾了诉讼效益原则和法院判决的严肃性与稳定性，同时在一定程度上平衡了双方当事人的利益。

二、专利确权案件二审程序中原审原告撤回起诉的条件及法律依据

在本案的专利无效行政诉讼中，原告B公司向北京知识产权法院申请撤

回专利无效行政诉讼的起诉，经法院审查，认定该撤诉申请系原告真实的意思表示，且未违反法律规定，故予以准许。

由此引发对以下问题的深入探讨：在专利无效行政诉讼的二审程序中，原审原告若需撤回起诉，应依据何种法律规范，是否如同专利侵权诉讼二审程序中，原审原告撤回起诉需受其他当事人同意等限制条件约束。

专利无效行政诉讼，即专利确权案件，属行政诉讼范畴。然而，我国现行的行政诉讼法及其相关司法解释，并未明确规定原告在二审期间能否撤回起诉。

《行政诉讼法》第 101 条规定，人民法院审理行政案件，关于期间、送达、财产保全、开庭审理、调解、中止诉讼、终结诉讼、简易程序、执行等，以及人民检察院对行政案件受理、审理、裁判、执行的监督，本法没有规定的，适用《中华人民共和国民事诉讼法》的相关规定。依据该条款，《民事诉讼法司法解释》第 336 条规定的原告在二审程序中撤回起诉的相关制度在专利确权案件中应同样适用。但是，专利确权案件作为一种行政诉讼，其相较于民事诉讼具有特殊性，该特殊性导致法院在审查是否准许原告二审期间撤回起诉时的侧重点存在不同。

专利确权案件作为行政诉讼案件，具有法定的起诉期限。一般情况下，一审判决作出后，被诉具体行政行为的法定起诉期限已届满。因此，在此类案件中，即使原告撤回起诉，通常也不会使得被告或其他当事人面临因原告的再次起诉而被卷入诉讼的问题。因此，专利确权案件中，审查是否准许原告在二审期间撤回起诉，应着重考量以下两个要件：（1）是否“经其他当事人同意”；（2）是否会“损害国家利益、社会公共利益、他人合法权益”。

1. 关于是否“经其他当事人同意”

如前文所述，专利确权案件的当事人相对固定，包括专利权人、无效宣告请求人及国家知识产权局三方当事人。故此类案件中，平衡各方当事人利益的重要体现为，基于对涉案专利效力的不同评价而导致的专利权人与无效宣告请求人之间因其他案外民事、行政纠纷而产生的利益损失。因此，此类案件中的“经其他当事人同意”应重点审查是否经**专利权人或无效宣告请求人**的同意。

2. 关于是否会“损害国家利益、社会公共利益、他人合法权益”

专利制度的核心精神在于“以公开换保护”，即专利权人通过申请专利的方式向公众公开其技术方案，以换取特定时期内对该公开技术方案的垄断权。作为一种垄断性权利，专利权必然涉及专利权人利益与社会公众利益的平衡问题。因此，在专利确权案件中，对于当事人在二审期间申请撤回起诉的，审查裁定准许该撤回起诉的申请是否有损国家利益、社会公共利益或者他人合法权益，显得尤为重要。

例如，在北京市高级人民法院审理的（2019）京行终 1498 号案件中：

华为公司针对三星公司的专利，向国家知识产权局提出无效宣告请求，但国家知识产权局决定维持该专利有效；华为公司不服该决定，向北京知识产权法院提起诉讼；北京知识产权法院经审理，作出一审判决，撤销被诉决定，并责令国家知识产权局对华为公司提出的无效宣告请求重新作出审查决定；三星公司不服一审判决，向北京市高级人民法院提起上诉。

二审审理期间，华为公司以其与三星公司已达成一致意见为由向北京市高级人民法院书面提出了撤回一审起诉的申请。北京市高级人民法院未准许撤回起诉，作出二审行政判决，驳回上诉，维持原判。

北京市高级人民法院认为，本案争议焦点是涉案专利是否可以享有优先权，该认定显然会涉及用于评价涉案专利是否具备新颖性、创造性的现有技术的范围等事项，其实质上与涉案专利是否可以获得授权而相关。在此基础上，虽然华为公司提交了书面的撤回起诉的申请，但若裁定准许该撤回起诉的申请，**将可能“损害国家利益、社会公共利益或者他人合法权益”，故本案中并不具备裁定准许华为公司撤回起诉申请的充分条件**，对华为公司请求撤回起诉的申请不予支持。

如何看待专利确权案件中，当事人在二审期间申请撤回起诉的可能损害国家利益、社会公共利益或者他人合法权益？

从理论层面剖析，《专利法实施细则》第70条第2款规定，在国务院专利行政部门就无效宣告请求作出决定之后，又以同样的理由和证据请求无效宣告的，国务院专利行政部门不予受理。因此，若涉案无效决定的结论为无效宣告请求人的无效理由不能成立，并维持涉案专利权有效，而一审法院经审查认为该无效决定的相关认定有误，且该错误可能对专利权的效力产生实质性影响，那么在此情形下，若准许当事人在二审期间撤回起诉，其必然结果是撤销一审判决，从而使该无效决定生效。这将实质上剥夺其他人依据相同理由和证据宣告该专利无效的权利，使得本不应获得授权的技术方案获得专利权的保护，进而导致社会公众实施该技术方案的行为可能面临侵犯专利权的指控，实质影响社会公众的行为自由，与专利法的立法目的相悖。

据此，在专利确权案件中，针对二审期间原审原告撤回起诉的请求，若涉案无效决定的结论为部分无效或者宣告涉案专利权有效的，应当重点审查一审判决有关涉案专利有效部分的认定是否存在相反结论，并实质影响该专利权的效力。当一审判决的相关认定对涉案专利权的效力存在实质影响时，裁定准许当事人撤回起诉，可能会“损害国家利益、社会公共利益或者他人合法权益”，不宜直接裁定准许当事人撤回起诉，而应当在对一审判决该相关认定进行实质审查，确认其是否正确的基础上，再作出是否准许当事人撤回起诉的裁定。

三、专利无效程序中“一事不再理”原则的内涵与使用

在专利无效程序中，“一事不再理”原则是确保程序公正与效率的关键要素。本案中，B公司三次对A公司的涉案专利提起无效宣告请求，而根据《专利法实施细则》第70条第2款的规定，在国家知识产权局就无效宣告请求作出决定之后，又以同样的理由和证据请求无效宣告的，不予受理。那么，如何理解“同样的理由和证据”，三次专利无效宣告请求中的理由和证据，是必须全部不同，还是可以部分相同，这对B公司作为请求人确定每次请求时的无效理由非常重要，下面进行详细分析其内涵。

首先，明确“同样的理由和证据”的界定。其是指在先无效决定中已经

审理认定过的理由和证据（或证据组合）。换言之，若理由和证据未在无效决定中被认定，则不适用“一事不再理”原则。例如，在先请求人主动放弃过的理由和证据，包括撤回无效请求的情形，以及因时限等程序原因未被在先决定所考虑的情形，均不在“一事不再理”的范畴之内。如此规定，旨在兼顾程序的稳定性和当事人的合法权益，避免因程序瑕疵导致当事人的实体权利受损。

其次，厘清“同样的理由和证据”与专利申请审查阶段引用证据和理由的关系。“同样的理由和证据”，仅指在先无效决定中的理由和证据，并不包括专利申请审查阶段中被引用证据和理由。也就是说，在授权之前的审查阶段，审查员在审查意见通知书中引用的证据和理由，请求人仍然可以在专利无效宣告程序中主张。这一区分具有重要的法律意义，因为专利申请审查阶段与专利无效程序是两个相对独立的法律程序，各自的审查对象、标准和目的存在差异。审查员在审查阶段对申请文件的形式缺陷、新颖性、创造性等进行初步审查，而专利无效程序则是针对已授权专利的实质性条件进行更为深入和全面的审查。如果将审查阶段引用的证据和理由纳入“一事不再理”的范畴，可能会限制请求人在无效程序中充分行使举证和辩论的权利，不利于对专利权的有效监督和制约，从而损害公共利益和市场秩序。

再次，针对不需要提供证据进行说明的无效理由，若在先决定已经审理过前述理由，则适用“一事不再理”原则，如不符合《专利法》第 26 条第 3 款、第 4 款，《专利法》第 27 条第 2 款，《专利法》第 33 条，《专利法实施细则》第 23 条第 2 款等情形。然而，在具体案件中，引用的同一法律条款的不同无效请求，可能针对的是不同技术特征或不同理由提出的主张，需要进行整体综合考虑。例如，在某案件中，国家知识产权局明确指出，在先决定是针对请求人关于权利要求 1—3 缺少必要技术特征 A 的主张而进行的审查，而请求人在后续无效请求中提出的权利要求 1—3 缺少必要技术特征 B 的主张，并未在在先决定中被审查，因此不属于“一事不再理”的适用情形。这一案例表明，在判断是否适用“一事不再理”原则时，必须对无效理由的具体内容进行细致区分和分析，不能简单地以形式上的相似性作为判断依据，而应深入探究其本质差异。

最后，对于需要提供证据进行说明的无效理由（理由 + 证据），若理由或者证据任一条件发生变更，则均不属于“一事不再理”的范畴，如不符合《专利法》第 22 条第 2 款、第 3 款，《专利法》第 23 条第 1 款、第 2 款等情形。具体而言：

第一，变更主张适用的法律条款。例如，在有的案件中，国家知识产权局认为，无效理由虽然依据了同一份证据，但主张的法律条款并不相同，因而该无效理由并未在先决定中进行过认定，不属于“一事不再理”的范畴。但值得注意的是，若在先决定已对在先证据是否公开了相关特征进行了认定，对该认定的不认同并不构成新的理由。

第二，变更证据。常见的变更证据的情形如下：

（1）形成新的证据组合。

（2）新增证据以形成证据链，这在关于“使用公开”的证据中常见。

（3）证据内容一致，但来源不同，属于不同证据。例如，在某一案件中，国家知识产权局认为，双方当事人在先决定对比设计 6 的来源为微信公众号，本案中来源为优酷视频，不属于“一事不再理”的情形。

（4）新增使用过的证据中其他部分进行主张（或引用同族专利中不同内容）。例如，在有的案件中，国家知识产权局认为，若在后请求的请求人依据证据的不同部分提出了不同于在先决定的具体理由，则即使是针对同一法律条款的无效理由不应当属于一事不再理中“同样的理由和证据”的范畴。

上述司法实践充分体现了专利无效程序中对证据和理由审查的严谨性和灵活性，旨在平衡当事人的举证权利与程序的稳定性，确保专利无效程序能够在充分考虑各方利益的基础上，作出公正、合理的决定。

综上所述，专利无效程序中“一事不再理”原则的适用具有丰富的内涵和复杂的实践要求。在确定无效理由时，请求人必须对“同样的理由和证据”进行准确理解和精准把握，既要遵循法律规定的基本原则，又要结合具体案件的实际情况进行深入分析和判断。只有这样，才能在维护程序公正与效率的同时，充分保障当事人的合法权益。

四、关于独立权利要求从整体上反映技术方案的判断要点

本案中，B公司作为专利无效请求人认为，权利要求1没有从整体上反映涉案专利的技术方案，不符合《专利法实施细则》第23条第2款的规定，但未获得国家知识产权局支持。为准确判断独立权利要求是否整体反映技术方案以及是否存在缺少必要技术特征的情形，需深入分析相关法律规定及司法实践。

《专利法实施细则》第23条第2款规定："独立权利要求应当从整体上反映发明或者实用新型的技术方案，记载解决技术问题的必要技术特征。"必要技术特征，是指发明或者实用新型专利为解决其技术问题所不可缺少的技术特征，其总和足以构成发明或者实用新型专利的技术方案，使之区别于背景技术中所述的其他技术方案。

根据上述规定，在判断独立权利要求是否缺少必要技术特征时，**首先须准确确认发明所要解决的技术问题**。该技术问题是专利申请人基于对说明书中记载的背景技术的主观认识，在说明书中声称要解决的问题，这不同于在判断权利要求是否具备创造性时，根据权利要求与最接近的现有技术的区别特征重新确定的实际解决的技术问题。

独立权利要求应具备解决技术问题的必要技术特征，这是对权利要求的撰写提出的要求。由于权利要求限定的技术方案相对于不同的现有技术可能解决不同的技术问题，如果脱离涉案专利说明书中记载的相对于背景技术所要解决的技术问题，以涉案专利相对于其他现有技术解决的技术问题判断独立权利要求是否缺少必要技术特征，既无实际意义，也因现有技术难以覆盖而不可操作。

因此，判断独立权利要求是否缺少必要技术特征，原则上只能**基于说明书中记载的发明所要解决的技术问题进行判断**。为解决发明所要解决的技术问题所必不可少的技术手段，属于必要技术特征。

参考最高人民法院在（2021）最高法知行终987号案判决中的观点，**“如果发明所要解决的技术问题包括多个彼此相互独立的技术问题，则在判断独立权利要求是否缺少必要技术特征时，只要独立权利要求的技术方案记载了能够解决其中一个或者部分技术问题的必要技术特征，即可认定其符合《专利法实施细则》第二十条第2款的规定”**，不要求其记载解决各个技术问题的所有技术特征。这种判定方式充分考虑了技术问题的多样性和复杂性，避免对权利要求的撰写提出不切实际的要求。

在对独立权利要求是否缺少必要技术特征进行具体判断时，还应结合说明书对权利要求作出合理解释。这种合理解释既要以权利要求的内容为准，又不能脱离说明书和附图，包括发明目的等内容在内的说明书及附图均可用于解释权利要求。例如，若权利要求中某技术特征的具体含义不明确，可结合说明书中的实施例、技术效果等部分进行解释，以确定其准确含义。在此标准下，不会因权利要求的解释问题架空《专利法实施细则》第23条第2款的规定。

要求独立权利要求具备必要技术特征的本意在于规范权利要求的撰写，而非限制专利申请人的技术方案。如果社会公众不能实现权利要求所确定的技术方案以解决技术问题，或者权利要求的保护范围与技术贡献不相符，可以通过《专利法》的其他条款解决。

如果本领域技术人员根据对权利要求的合理解释可以得出其具备解决技术问题的全部必要技术特征的结论，社会公众的利益不会受到损害。相反，在本领域技术人员根据对权利要求的合理解释可以得出其具备解决技术问题的全部必要技术特征的情况下，仅因申请人在独立权利要求中没有进一步详细记载技术特征而不予授权，会导致对申请人撰写专利文件的要求与其创新程度不相适应，背离专利法鼓励发明创造的立法目的。

因此，只有当本领域技术人员通过阅读权利要求书、说明书和附图对独立权利要求进行合理解释后仍不能认为其可以解决发明所要解决的技术问题时，才能认定独立权利要求缺少必要技术特征。

回顾与总结

在知识产权领域，重大诉讼案件的审理周期通常较长，然而本案自启动至终结，历时不足三年，在同类重大复杂案件中，实属耗时较短之列，这主要得益于B公司所采取的理性和解策略。

B公司第三次对A公司提起专利无效宣告程序时，成功检索到具有较大可能性破坏涉案专利新颖性与创造性的现有技术文件。在此关键节点，B公司并未径行向国家知识产权局提交上述关键对比文件，以主张涉案专利权全部无效，而是审慎地选择以此为谈判筹码，积极主动地与A公司展开磋商谈判，力劝A公司撤回专利侵权诉讼之起诉，并最终促使双方达成全面和解方案。

须知，在A公司已然成功取得专利侵权诉讼一审胜诉判决的情形下，欲使其主动撤回专利侵权诉讼，实非易事。B公司必须持有充分且有力之证据与理由，以使A公司确信：若双方继续陷入诉讼“缠斗”泥沼，不仅A公司难以保全专利侵权诉讼一审之胜利成果，面临“竹篮打水一场空”之窘境，且其自身涉案专利亦将面临被无效之风险，从而丧失更为重大的商业利益。

最终，在B公司秉持耐心沟通之态度，以及其代理团队凭借扎实、专业之工作提供有力支撑的基础上，A公司与B公司成功达成和解，双方均撤回起诉，实现全面和解之局面。

在重大知识产权诉讼或仲裁案件中，法庭往往仅是市场竞争的延伸，诉讼本身亦不过是商业博弈之路径。鉴于此类案件关乎重大利益，多数当事人通常会穷尽一切法律程序及手段，坚持走完诉讼程序之“最后一公里”。然而，在特定情境下，妥协实为双方当事人更为明智之选择。本案即为典型例证，若B公司不假思索地将证据及材料径直提交至国家知识产权局，即便获得支持，A公司亦未必善罢甘休，双方后续可能陷入新一轮诉讼拉锯战，诉讼周期或再延长数年，期间所耗费之成本与投入之精力将难以估量。从另一角度而言，即便B公司最终成功无效A公司之专利，B公司亦相当于以自身巨大之成本，为国内市场的其他竞争对手拆除了一堵“专利墙”，其所面临的商业竞争不仅不会因此减少，反而可能进一步加剧。

综上所述，在专利战中，当事人应始终秉持将商业利益置于首位之原则，避免将诉讼演变为“赌气战”，以致最终两败俱伤。唯有如此，方能在激烈的市场竞争与复杂的法律博弈中，实现自身商业利益之最大化，达成双赢之局面，推动行业健康、有序发展。

小产品对民生有大影响，医疗器械行业国资领军企业扛住专利重拳

——美国某创新公司与山东某医疗器械公司侵害发明专利权纠纷案

➢ 案件导航

医疗耗材　美国　百年企业　化学领域　四百万全额判赔

涉案专利无效　上海知产法院　最高法院　六年

➢ 案件亮点

本案呈现国际医疗巨头与本土领军企业的多维对抗格局：面对美国某创新公司依托全球研发网络发起专利突袭，山东某医疗器械公司构建“程序防御—专利无效—行政诉讼”立体化应诉体系。在管辖权异议程序确立诉讼阵地后，山东某医疗器械公司通过两次专利无效宣告精准解构涉案专利稳定性，最终促使国家知识产权局宣告涉案专利权无效，最高人民法院据此撤销一审侵权判决。案件进程恰逢新冠疫情防控关键阶段，涉案生物指示剂作为院感控制核心耗材的特殊属性，促使法院在行为保全审查中审慎权衡知识产权保护与公共卫生安全——尽管权利人提出紧急禁令申请，法庭仍基于防疫物资供应稳定性考量予以驳回。本案完整呈现了从侵权取证到终审胜诉的六年诉讼全景，为国内企业应对涉外专利诉讼提供了“程序抗辩与实体抗辩交织推进”的典范样本，彰显我国司法体系在技术类案件审理中兼顾程序正义与实质公平的裁判智慧。

产业背景

一、产业发展情况

医疗器械是指直接或间接用于人体的仪器、设备、器具、体外诊断试剂及校准物、材料以及其他类似或者相关的物品，包括所需要的计算机软件。医疗器械行业覆盖面极广，大致分为医疗设备、医用耗材、体外诊断试剂三大类。

医疗器械产业链主要分为三个部分：上游原材料及零部件制造，中游医疗设备及耗材制造，下游临床检验及终端使用。上游的原材料基础学科投入以及相关医疗器械技术的研发投入，是医疗器械发展的基石。中游是加工制造环节，国内相关制造企业对核心技术掌握相对薄弱，主要集聚在低值耗材和低端医疗器械领域，高值耗材和高端医疗器械多数依赖进口。但近年来，我国医疗器械制造的整体水平正不断提升。下游主要为应用端，包括科研机构、医院、第三方检验机构和个人患者。

进入 21 世纪以来，中国医疗器械市场经历多年高速增长。数据显示①，截至 2023 年年底，我国医疗器械生产企业总数达到 32313 家，企业主营业务收入约 11600 亿元，已超过欧洲成为全球第二大市场。另外，至 2023 年年底，国内获批上市的创新医疗器械产品达到 250 个，过去十年整体保持增长趋势。2023 年，我国医疗器械企业研发投入比重增加，全国 117 家 A 股上市医疗器械公司研发投入经费总额为 225.18 亿元，占年度营业收入总额的 8.99%。

随着我国经济的持续发展、公众对健康管理重视度的持续提升以及社会老龄化的加剧，未来我国医疗器械行业将继续保持稳定的发展速度，医疗器械产品的总体质量将稳步提高，创新型医疗器械将加速涌现，一些高端医疗器械的关键核心技术和关键零配件研发将取得新突破，我国医疗器械行业仍然处于“黄金发展期”。

但是，医疗器械是一个知识密集、人才密集、资金密集型行业，欧美科

① 参见王宝亭主编：《医疗器械蓝皮书：中国医疗器械行业发展报告（2024）》，社会科学文献出版社 2024 年版，第 73 页。

技巨头建立了较高的技术壁垒。因此，我国中央政府及各地区也在不断制定和完善支持企业发展的法律法规及产业政策，以推动国内医疗器械企业的技术创新和转型升级。

2000 年 1 月，国务院发布实施《医疗器械监督管理条例》，这是中国医疗器械行业的重要基础法规，规范了医疗器械的注册、生产、销售、使用等全过程，确保医疗器械的安全性、有效性和质量。该条例在 2014 年和 2021 年进行了修订，其中 2021 年修订版特别加强了对医疗器械的风险管理要求，加强了对互联网医疗器械、数字化医疗器械等新兴领域的监管，这有利于提高行业整体质量标准，保障产业长期健康发展；同时 2021 年修订版增加了创新型医疗器械的快速审批程序，这加快了创新型医疗器械的上市速度，有利于推动技术进步。

2016 年 12 月，中共中央、国务院印发了《“健康中国 2030”规划纲要》，提出了到 2030 年实现全体人民健康水平显著提高的目标，医疗器械行业被纳入重要支持领域之一。针对医疗器械行业，该规划强调，要**加强高端医疗器械等创新能力建设**，**大力发展高性能医疗器械**，加快医疗器械转型升级，提高**具有自主知识产权的医学诊疗设备**、**医用材料**的国际竞争力。重点部署**医疗器械国产化**，显著增强重大疾病防治和健康产业发展的科技支撑能力。

2024 年 11 月，北京市发布《医疗器械产业提质升级行动计划（2024—2026 年）》，提出要重点发展高端医疗设备、高值医用耗材、高效体外诊断、人工智能医疗器械，目标是形成一批国际知名品牌，实现产业规模突破千亿元，建成对标世界一流水平的高端创新医疗器械产业集群。

政府支持政策不仅鼓励国内企业提升技术水平，还促使国内医疗器械市场逐步向高端发展，减少对外资企业的依赖。未来，随着技术不断创新和市场需求的多样化，国内企业逐步崛起，医疗器械行业的竞争将更加激烈，国内企业有望在国内市场及全球市场上占据更大份额。

二、案件当事人情况

美国某创新公司（以下简称 **A 公司**）创建于 1902 年，经过 100 多年的发展，已成为一家世界知名的多元化科技创新企业，业务涵盖工业、医疗、消费品、电子、能源等多个领域，近几年常年位于《财富》全球 500 强排行榜中100位左右。作为全球领先的科技公司，A公司拥有广泛的生产和研发网络，全球生产基地超过50个，并在多个国家建立了研发中心，尤其是在美国、欧洲、中国、印度等重要市场中都设有重要的业务据点。

中国是A公司的重要市场之一，其在中国有多个生产基地，覆盖医疗产品、工业材料、电子产品、消费品等多个领域。例如，A公司在上海、苏州、无锡、广州、天津等地均设有生产工厂。同时，A公司在中国设有多个研发中心，其中最重要的是位于上海的研发中心，这也是A公司在亚太地区最具影响力的研发基地之一，该研发中心主要专注于医学材料、工业应用、汽车部件等方面的创新。

就本案所涉及的医疗产品领域而言，A公司长期以来一直是主要领导者之一，生产的产品主要涵盖医疗耗材、手术用具、伤口护理、口罩与防护设备、医疗设备等多个细分领域。2023年，A公司在医疗产品业务的收入占其总收入的约27%。在中国的医疗产品市场，尤其在个人防护用品、医疗耗材等领域，A公司具有很强竞争力，市场份额较大。

山东某医疗器械公司（以下简称**B公司**）成立于抗日战争时期，是中国共产党和中国人民解放军早期创建的医疗器械生产企业。经过80多年的持续发展，B公司已成为我国医疗器械行业内的龙头企业，在上海证券交易所上市，并着力打造成为世界知名医疗器械生产企业。

B公司主营业务包括医疗器械、制药装备、医疗服务、医疗商贸四大业务板块，现拥有全球规模最大的消毒灭菌设备研发生产基地，我国制药装备领域内规模最大、实力最强的四大工程技术中心。

本案中涉及的专利产品——生物灭菌指示器，是一种医疗耗材，它是通过引入一种特定的活性微生物来监测灭菌过程，并通过检测这些微生物是否被成功灭活来评估灭菌效果。该医疗耗材主要用于医疗、制药、实验室和其他需要严格灭菌控制的环境，例如医院中的各类手术器械、诊疗工具以及植入物，医院不同区域和设施（如手术室、ICU、消毒供应中心）等，都需要经过严格的灭菌处理，生物灭菌指示器可以用于验证灭菌过程是否充分，确保这些区域处于无菌状态。

因此，虽然该产品尺寸很小，却是医院感染控制和质量管理体系中不可或缺的工具，确保所有与患者接触的医疗设备、器械和环境都经过彻底的灭菌，从而防止院内感染，保障患者的安全。

在生物灭菌指示器这一细分的医疗耗材领域，A 公司拥有国内第一的市场份额，B 公司的市场份额也位于前三。由于 A 公司与 B 公司在国内医疗器械市场高度竞争，在巨大商业利益驱使之下，双方在产品专利上的争议也愈加激烈，A 公司在上海知识产权法院对 B 公司提起专利侵权诉讼，打响专利战第一枪。

案件大事记

本案历时近六年，主要过程如图 8－1 所示。

图 8－1　案件大事记

2018 年 5 月 18 日，A 公司的代理律所委托人员崔某至上海国际会议中心举办的中华预防医学会第 27 次全国医院感染学术年会暨第 14 届上海国际医院感染控制论坛（SIFIC）暨第 2 届东方耐药与感染大会（0CAMRI）联合会议上有 B 公司企业字号的展位取得“B 公司牌压力蒸汽灭菌 1 小时极速生物指示剂”两份宣传资料和样品。

2018 年 9 月 15 日，A 公司的代理律所的负责人邱某至西安市曲江国际会议中心举办的中华护理学会第 14 届全国消毒供应中心发展论坛上标有 B 公司企业字号的展台处取得宣传资料和两件样品，其中一件为“B 公司牌过氧化氢低温等离子体灭菌 1 小时极速生物指示剂”。

2019 年 4 月 16 日，上海知识产权法院受理了 A 公司对 B 公司提起的发明专利侵权诉讼，A 公司主张 B 公司生产、销售的灭菌生物指示剂产品侵犯其发明专利权（以下简称**专利侵权案**）。

2019 年 4 月 28 日，A 公司的代理人张某登录天猫网站“B 公司器械专营店”，公证购买了 B 公司生产的被控侵权产品；2019 年 5 月 5 日，A 公司的代理人张某收到购买的上述产品。

2019 年 5 月 10 日，A 公司的代理人邓某登录了被告 B 公司的官方网站，对网站中介绍被控侵权产品的内容进行了公证；同日，登录了天猫网站“B 公司器械专营店”，对 B 公司销售页面显示的被控侵权产品的销量、价格、评价等进行了公证。

2019 年 5 月，在专利侵权案答辩期内，B 公司向上海知识产权法院提出管辖权异议，请求将专利侵权案移送济南市中级人民法院。

2019 年 7 月 4 日，上海知识产权法院作出一审裁定，驳回 B 公司对专利侵权案管辖权提出的异议。

2019 年 7 月 5 日，针对专利侵权案中的 A 公司涉案专利，B 公司向国家知识产权局提出无效宣告请求，主张 A 公司涉案专利权全部无效（以下简称**第一次专利无效**）。

2019 年 7 月中旬，B 公司不服专利侵权案管辖权异议的一审裁定，向最高人民法院提起上诉。

2019 年 9 月 12 日，最高人民法院作出二审裁定，驳回 B 公司对专利侵权案管辖权异议的上诉，维持原裁定。

2020 年 1 月 21 日，针对第一次专利无效，国家知识产权局作出维持专利权有效的审查决定。

2020 年 4 月 3 日，针对专利侵权案，A 公司的代理人继续取证，对下述内容进行了公证：在一个网站中，找到一篇发文时间为 2018 年 6 月 7 日的文章，介绍某医院使用了 B 公司的被控侵权产品；登录淘宝网店铺，发现该店铺销售的被控侵权产品，显示生产日期为 2017 年 11 月 2 日；登录天猫网 B 公司经营的专营店，发现该店铺销售的被控侵权产品，显示最早的生产日期为 2016 年 8 月 2 日。

2020 年 5 月 7 日，针对专利侵权案，A 公司的代理人继续取证，并对下述内容进行了公证：登录上海证券交易所网站，下载了 B 公司 2019 年的年度报告。

2020 年 5 月 15 日，上海知识产权法院对专利侵权案进行了公开开庭审理。

2020 年 11 月 20 日，上海知识产权法院对专利侵权案作出一审判决，认定 B 公司侵害 A 公司的发明专利权，并判令 B 公司赔偿 A 公司经济损失及合理费用共计 425 万元。

2020 年 12 月 11 日，B 公司不服上海知识产权法院作出的专利侵权案一审判决，向最高人民法院提出上诉。

2020 年 12 月 28 日，针对专利侵权案中 A 公司的涉案专利，B 公司向国家知识产权局再次提出无效宣告请求，主张 A 公司涉案专利权全部无效（以下简称**第二次专利无效**）。

2021 年 1 月 15 日，A 公司向上海知识产权法院申请行为保全，请求立即禁止 B 公司侵害其享有的涉案专利权。

2021 年 2 月 7 日，上海知识产权法院作出裁定，驳回 A 公司的行为保全申请。

2021 年 5 月 17 日，最高人民法院受理了专利侵权案二审。

2021 年 7 月 16 日，针对第二次专利无效，国家知识产权局作出无效宣告请求审查决定，宣告 A 公司的涉案专利权利要求 1—9 无效，即 A 公司在专利侵权案中据以主张专利权的权利要求 1—5、7—9 全部无效。

2021 年 12 月 16 日，因专利侵权案中 A 公司的涉案专利被无效，最高人民法院裁定撤销上海知识产权法院作出一审认定侵权的判决，驳回 A 公司的起诉。

2021 年 12 月 21 日，北京知识产权法院受理了因 A 公司不服国家知识产权局作出的涉案专利部分专利权无效的审查决定而提起的行政诉讼（以下简称**专利无效行政诉讼**）。

2022 年 8 月 26 日，北京知识产权法院对专利无效行政诉讼公开开庭审理。

2022 年 12 月 26 日，针对专利无效行政诉讼，北京知识产权法院作出一审判决，驳回 A 公司的诉讼请求。

2023 年 6 月 26 日，最高人民法院受理了因 A 公司不服专利行政诉讼一审判决而提起的上诉。

2023 年 10 月 11 日，最高人民法院公开开庭审理了专利无效行政诉讼二审。

2024 年 4 月 15 日，最高人民法院对专利无效行政诉讼作出二审判决，驳回 A 公司上诉，维持原判。

至此，一场由 A 公司精心发起的、历时长达 6 年的专利战，以 B 公司的全面胜利而结束。

专利侵权案

一、案件信息

被上诉人（原审原告）：A 公司。

上诉人（原审被告）：B 公司。

案由：侵害发明专利权纠纷。

一审法院：上海知识产权法院。

二审法院：最高人民法院。

涉案专利：一种生物灭菌指示器。

本案一审程序中，上海知识产权法院作出一审判决，判令 B 公司立即停止侵害原告 A 公司发明专利权，并赔偿 A 公司经济损失人民币 400 万元、合理费用 25 万元，合计 425 万元。

本案二审程序中，B 公司不服一审判决，向最高人民法院提出上诉，主张撤销一审判决，驳回 A 公司的全部诉讼请求。

最高人民法院受理后查明，二审审理期间，国家知识产权局作出无效宣告请求审查决定书，宣告本案 A 公司据以主张专利权的权利要求 1—5、7—9 全部无效。基于此，最高人民法院作出二审裁定，撤销上海知识产权法院作出的一审民事判决，驳回 A 公司的起诉。

二、各方核心主张及观点

A 公司作为原告认为，B 公司未经许可，制造、销售、许诺销售的两款灭菌指示剂产品侵犯了 A 公司的涉案专利权，给 A 公司造成巨大经济损失，因此，请求法院判令 B 公司立即停止制造、销售、许诺销售侵害原告发明专利权的被控侵权产品，销毁库存侵权产品、半成品、零部件及制造被控侵权产品的专用模具，B 公司赔偿原告经济损失人民币 400 万元及合理支出费用 55 万元。

A 公司在本案中主张的权利要求包括涉案专利的权利要求 1—5、权利要求 7—9。

根据各方当事人的诉辩主张，本案争议焦点为：（1）B 公司的被控侵权产品是否落入原告 A 公司主张的涉案专利权的保护范围；（2）若落入保护范围，B 公司的赔偿金额应为多少。

（一）被控侵权产品是否落入涉案专利权的保护范围

A 公司作为原告认为，被控侵权产品与其主张的权利要求的技术特征相同，落入涉案专利权的保护范围。

B公司作为被告认为，被控侵权产品的技术特征与原告主张的涉案专利权利要求存在以下不同：

（1）被控侵权产品不具备涉案专利权利要求1“所述容器的至少一部分是易碎的”技术特征，其放置培养液的容器不容易破碎；

（2）被控侵权产品不具备涉案专利权利要求1“凸出部”的技术特征，该技术特征为功能性特征，根据涉案专利实施例的记载，该凸出部为锥形结构且上部为圆弧形表面，被控侵权产品不具有该结构；

（3）被控侵权产品不具备涉案专利权利要求1“检测窗”的技术特征；

（4）被控侵权产品不具备涉案专利权利要求2“所述承载件被设置成使所述容器响应所述壳体的第二部分在其第一位置和所述第二位置之间的移动而移动”的技术特征，被控侵权产品的承载件是不能移动的。

➢ **对此，上海知识产权法院认为：**

1. 关于被控侵权产品是否具备涉案专利权利要求1“所述容器的至少一部分是易碎的”技术特征

从被控侵权产品的使用说明书看，被控侵权产品和涉案专利均用于相同的目的，即检测灭菌效果。两者均采用使容器内的液体在容器破碎后进入第二室培养孢子的方法实现上述目的。因此，**为了达到该效果，被控侵权产品的容器仅可能采用易碎的材料制成，经当庭演示，被控侵权产品中的容器在手部力量的挤压下即可实现破碎**，故被控侵权产品具备该技术特征。

2. 关于被控侵权产品是否具备涉案专利权利要求1“凸出部”的技术特征

涉案专利权利要求1对凸出部进行了描述。最高人民法院《关于审理侵犯专利权纠纷案件应用法律若干问题的解释（二）》第8条规定：“功能性特征，是指对于结构、组分、步骤、条件或其之间的关系等，通过其在发明创造中所起的功能或效果进行限定的技术特征，但本领域普通技术人员仅通过阅读权利要求即可直接、明确地确定实现上述功能或效果的具体实施方式的除外。”据此，可以认为，**以功能或效果去限定结构、组分、步骤、条件或其间关系的技术特征，如果本领域普通技术人员仅通过阅读权利要求不能直接、明确地确定实现相应功能或效果的具体实施方式的，即属于功能性特征。**

具体到本案，涉案专利权利要求 1 关于“凸出部”的技术特征描述了将容器保持在一定位置以及将容器破碎等功能效果，是以其在发明创造中所起的效果对结构作出限定，属于使用功能性描述限定的技术特征。本领域普通技术人员仅通过阅读权利要求尚不足以直接、明确该凸出部的形状、材料、结构、位置等具体特征。此外，涉案专利说明书记载了众多的实施例，上述实施例中的凸出部均具有不同的结构，其实现上述功能的具体实施方式存在着较大的差异。因此，本领域普通技术人员仅通过阅读权利要求不能直接、明确地确定该技术特征的技术内容，因此该技术特征属于功能性特征。

根据最高人民法院《关于审理侵犯专利权纠纷案件应用法律若干问题的解释》第 4 条的规定，**对于权利要求中以功能或者效果表述的技术特征，法院应当结合说明书和附图描述的该功能或者效果的具体实施方式及其等同的实施方式，确定该技术特征的内容。**原告主张与被控侵权产品最接近的实施例为涉案专利图 17 的实施例，该实施例明确了实现相应效果的具体实施方式。两个凸出部的上端具有弧形弯曲过渡表面，能够与涉案专利图 17 实施例以相同的方式实现承托容器、维持最低横截面积和使容器破碎的功能。故被控侵权产品的技术特征与涉案专利图 17 的实施例相同，故具备该技术特征。

3. 关于被控侵权产品是否具备涉案专利权利要求 1 “检测窗” 的技术特征

被控侵权产品壳体下部临近孢子贮存室处具有平坦的壁，该壁壳体透明，可用于进行光学检测，被控侵权产品检测灭菌效果合格与否需要通过荧光检测结果来判定，故该临近孢子贮存室的透明且平坦的壁形成了检测窗，**被控侵权产品具有相应用于光学检测的检测窗，故具备该技术特征。**

4. 关于被控侵权产品是否具备涉案专利权利要求2“所述承载件被设置成使所述容器响应所述壳体的第二部分在其第一位置和所述第二位置之间的移动而移动”的技术特征

该技术特征是以承载件所起的功能进行限定的技术特征，即承载件的功能是使所述容器响应所述壳体的第二部分在其第一位置和所述第二位置之间的移动而移动，且本领域普通技术人员仅通过阅读权利要求无法直接、明确的确定实现上述功能或效果的具体实施方式，故该技术特征属于**功能性特征**。

关于该效果本身的理解，首先，**从该技术特征字面意思看**，上述功能的效果是容器响应壳体的移动而移动，并非承载件本身的移动；其次，**从权利要求之间的关系看**，引用权利要求2的权利要求10限定了承载件能够移动这种情况，属于对权利要求2的进一步限定，说明权利要求2本身未限定承载件能够移动；最后，**从说明书的实施例来看**，涉案专利记载了承载件可移动的实施例，但该实施例仅属于权利要求2保护范围的其中一种，不能因此限缩权利要求2的保护范围。实际上，本案中原告主张的与被控侵权产品最接近的实施例是图17，该实施例中的承载件不能够移动。**故被告关于涉案专利的承载件应解释为可移动的意见不予采信**。

图17所述的实施例明确了实现相应效果的具体实施方式，根据最高人民法院相关司法解释的规定能够确定该技术特征的内容。被控侵权产品与涉案专利图17所述实施例具有相同的结构，故具备承载件，且当挤压壳体上的帽盖时，容器在壳体内被迫向下运动进入两个凸出部之间，并且在与凸出部的挤压之下碎裂，故被控侵权产品具备该技术特征。

综上，关于上述争议技术特征，被控侵权产品与涉案专利相同。关于原告主张的权利要求中的其他技术特征，经比对，被控侵权产品与原告主张的涉案专利的其他技术特征亦均一一对应相同，被控侵权产品落入原告主张的涉案专利权的保护范围。

（二）关于B公司的赔偿金额

A公司作为原告认为：

原告已经提交了被告在天猫网站销售被控侵权产品的价格、数量、被告年报披露的数据等证据，就被告侵权的基础事实完成了初步的举证责任。尽管被控侵权产品网站上显示的总销量较少，被告系统后台数据显示的销量亦较少，然而，网站销售仅为被控侵权产品销售渠道中的一部分，**被控侵权产品主要的销售是面向使用该产品的医疗机构，原告无法通过公开渠道获得被告的真实销售数据**。因此，原告主张按照以下方式估算被告的侵权获利情况：

首先，根据被告 2019 年年报对被告获利数额初步估算如下：

（1）关于被控侵权产品的归属类别，被告 2019 年年报显示被告公司的产品名称有十二类，属于耗材的只有清洗灭菌耗材这一类，应用于感染控制领域；

（2）关于被控侵权产品的类别占比，被告官方网站在其产品介绍中共有 21 大系列产品，其中涉及耗材类的有六个系列，分别为化学监测耗材、生物监测耗材、清洗润滑耗材、包装材料、内镜清洗消毒耗材、手卫生产品。其中的生物监测耗材类有七款产品，被控侵权产品即是其中的两款。

由此，原告初步估算两款被控侵权产品在清洗灭菌耗材中的占比为（1/6）×（2/7）=1/21；按照年报披露的销售收入 438, 830, 821. 04 元及利润率 41. 81% 计算，被告 2019 年被控侵权产品的销售利润约为 870 万元。

其次，被告的侵权时间持续较长。现有证据表明被告实施两款被控侵权产品制造行为的时间应分别不晚于 2013 年和 2016 年；故被告至少在 2016 年就应有被控侵权产品的销售收入，且至今仍在生产、销售被控侵权产品。被告 2018 年年报显示清洗灭菌耗材在 2018 年度销售收入为 346, 808, 112. 34 元，利润率为 43. 95% 。被告 2017 年和 2016 年的年度报告中没有清洗灭菌耗材的具体销售数据，然而被告 2018 年年度报告中记载耗材类系列产品相对 2017 年度销售数量增长 27. 2% ，根据该销量增长的数据可以估算 2017 年度清洗灭菌耗材的销售收入约为 272, 647, 887. 06 元。同样地，根据被告 2017 年年度报告的记载，2017 年度耗材类系列产品相对 2016 年度销售量增长 37. 92% ，根据该销量增长的数据可以估算 2016 年度清洗灭菌耗材的销售收入约为 197,685,532.96 元。同理，按照前述 2019 年被告获利的估算方法，被告 2018 年、2017 年、2016 年被控侵权产品的销售利润分别约为 730 万元、570 万元、410 万元。

最后，**关于专利贡献率**。由于被控侵权产品除侵犯涉案专利权之外，还同时侵犯了原告享有的外观设计专利权和另一项发明专利权。原告享有的包括涉案专利在内的三项专利涵盖了被控侵权产品的全部结构和外观，上述结构对于缩短检测灭菌所需时间、获得极速检测效果具有至关重要的作用，正因如此，采用了涉案专利技术的被控侵权产品其检测灭菌效率得到极大的提高，售价亦远远高于普通的灭菌生物指示剂。故上述三项专利技术对被控侵权产品利润具有较高的贡献率，原告主张其三项专利在被控侵权产品上的专利贡献率为 100%。

B 公司作为被告，对原告的上述估算方法不予认同，对被控侵权产品属于清洗灭菌耗材类也提出异议。但 B 公司并未就被控侵权产品属于其年报所列的产品名称中的何种类别作出具体的说明。同时，原告 A 公司在本案审理过程中向法院申请文书出示令，上海知识产权法院作出裁定，责令 B 公司限期向法院提交 2016 年 1 月 1 日至 2020 年 5 月 15 日与被诉侵权产品生产、销售及利润情况有关的原始财务账和其他财务会计资料；但是，被告 B 公司在法院规定的期限内未提交。

➢ **对此，上海知识产权法院认为：**

A 公司作为原告已尽力举证，提交了被告因侵权所获利益的初步证据，其结合被告年报披露数据信息所作估算方式具有一定的合理性，可以作为本院确定赔偿数额时的参考。

被告 B 公司作为一家上市公司，对相关的财务资料有能力提交但无正当理由拒不提交，根据最高人民法院《关于审理侵犯专利权纠纷案件应用法律若干问题的解释（二）》第 27 条的规定，侵权人无正当理由拒不提供或者提供虚假的账簿、资料的，法院可以根据权利人的主张和提供的证据认定侵权人因侵权所获得的利益。鉴于原告享有的包括涉案专利在内的三项专利涵盖了被控侵权产品的全部结构和外观，故原告的三项专利对产品利润的贡献率较高，在此情况下，**有合理理由相信被告B公司因实施涉案专利获利已经超过了原告主张的400万元的赔偿金额，对于原告要求赔偿经济损失400万元的诉讼请求本院全额予以支持**。

关于合理费用，原告主张的公证费、产品购买费、翻译费均提供相应票据，法院对其中与本案相关部分的费用予以支持。**关于律师费，原告亦提供了相应的票据，法院将根据律师工作量以及相关收费标准，遵循公平合理原则酌情确定**。

基于上述事实和理由，上海知识产权法院判令B公司赔偿A公司经济损失人民币400万元、合理费用25万元，合计425万元。

专利无效案

一、案件信息

专利权人：A公司。

无效宣告请求人：B公司。

请求宣告无效的专利：与专利侵权案中的涉案专利一致。

本次专利无效程序是本案第二次专利无效，即2020年12月28日，针对涉案专利，B公司向国家知识产权局提出的无效宣告请求。

经审查，国家知识产权局作出决定，宣告涉案专利的权利要求1—9无效，在权利要求10—15的基础上继续维持该专利权有效。

二、各方核心主张及观点

B公司作为请求人主张涉案专利全部无效，核心理由是，涉案权利要求1—2以及权利要求10—15得不到说明书支持，保护范围不清楚，不符合《专利法》第26条第4款的规定；涉案专利权利要求1、权利要求2，相对于证据1、证据2和公知常识结合等证据组合均不具有创造性，在此基础上，权利要求3—9相对于证据1、证据2和公知常识的结合也不具有创造性，不符合《专利法》第22条第3款的规定。为此，B公司提供了4份证据。

国家知识产权局查明：B公司有关涉案专利权利要求1和2中“凸出部”和“承载件”不清楚，不符合《专利法》第26条第4款的有关理由，**涉案专利的在先无效决定已作出评述，依据“一事不再理”原则，本次无效程序对此无效理由不再审理**。A公司、B公司双方当事人对此均予以确认。

根据各方当事人的诉辩主张，本案争议焦点为：（1）权利要求1是否具备创造性；（2）权利要求2—9是否具备创造性；（3）权利要求10—15是否以说明书为依据；（4）关于权利要求10—15保护范围是否清楚。

（一）关于权利要求1是否具备创造性

涉案专利的权利要求1保护一种生物灭菌指示器，包括壳体，位于壳体内的包含液体的容器、孢子贮存室和凸出部。

证据1公开了用于灭菌过程的生物指示剂系统，将其作为最接近的现有技术与权利要求1对比，区别在于：

（1）权利要求1在壳体内设置孢子贮存室，证据1中的试验孢子条直接放置在壳体容器30的底部；

（2）证据1未公开所述壳体的第一部分包括邻近所述孢子贮存室设置的至少一个平坦的壁，并且其中所述至少一个平坦的壁包括检测窗。

区别技术特征所实际解决的技术问题是，提供另外一种结构的生物灭菌指示器。

A公司作为专利权人认为：

第一，证据1没有公开权利要求1中“凸出部”技术特征。权利要求1中的“凸出部”能够保证涉案发明的生物灭菌指示器在任何取向的情况下都能通过凸出部提供稳定可靠的灭菌剂路径，而证据1中位于安瓿32下面的断开装置34的钝端点36对于具有圆形底部的安瓿瓶32无法提供稳定的支撑，从而无法维持安瓿32与容器30的侧壁之间的灭菌剂气体通道的最低限度的横截面积，不能提供稳定可靠的灭菌剂路径，因此证据1中的钝端点36不能相当于涉案专利的凸出部。

第二，“*所述壳体的第一部分包括邻近所述孢子存室设置的至少一个平坦的壁，并且其中所述至少一个平坦的壁包括检测窗*”，该区别技术特征不属于本领域的公知常识；同时，证据1和证据2中的灭菌指示器是外部形状彼此不同，互不兼容，两者的检测设计原理不同，证据1不涉及光学自动检测，证据2涉及光学自动检测，因此证据2也未给出技术启示。

因此权利要求1相对于证据1、证据2和/或公知常识的结合具备创造性。

➢ **对此，国家知识产权局认为：**

1. 对于“凸出部”的技术特征

首先，**权利要求1中并未限定在任何取向下都能通过凸出部提供稳定可靠的灭菌剂路径**，根据涉案专利说明书第85段的记载“*任何取向的情况下在容器周围都维持至少最低限度的横截面积*”**是一种可进一步选择的示例性技术方案，并不等同于权利要求所保护的内容**。

其次，证据1的生物指示剂系统也能够确保灭菌期间灭菌环境能够畅通无阻地进入试验孢子，即证据1也能够提供稳定可靠的灭菌剂路径。

最后，证据1的**直立状态是生物灭菌指示器的常规使用状态，在该状态下，其能够维持安瓿32与容器30的侧壁之间的灭菌剂气体通道的最低限度的横截面积**。即使处于倾斜或水平状态，灭菌剂也能通过安瓿30的外周进入到试验孢子条处，即也能提供稳定可靠的灭菌剂路径。

因此证据1中的钝端点36也能够实现权利要求1中限定的凸出部的功能。

2. 对于区别技术特征一

根据涉案专利说明书第0061、0100－0101段记载和附图2所示，涉案专利所述孢子贮存室为容纳孢子的半开放结构，在证据1公开了位于容器30底部，由断开装置34隔开的孢子条44的基础上，**进一步设置容纳试验孢子条的孢子贮存室是本领域技术人员容易想到的，且没有取得预料不到的技术效果**。

3. 对于区别技术特征二

证据2公开了一种细菌杀灭力试验指示器，证据2给出了在生物灭菌器的底部设置平坦的壁及检测窗以方便检测的教导，**本领域技术人员为了方便检测，有动机将证据2的平坦的壁及检测窗应用于证据1中**。

因此，权利要求1相对于证据1与证据2和公知常识的结合不具备创造性。

（二）关于权利要求2—9是否具有创造性

国家知识产权局认为：

第一，基于与评述权利要求1同样的理由，权利要求2相对于证据1、证据2和公知常识的结合不具备创造性。

第二，证据1公开了涉案专利权利要求3—9的附加技术特征，在权利要求1、2不具备创造性的基础上，引用权利要求1或权利要求2的权利要求3—9也不具备创造性。

（三）关于权利要求10—15是否以说明书为依据

B公司作为请求人认为，权利要求2中仅描述了“凸出部”，“承载件”的功能，未对具体结构做出相应的描述，而说明书具体实施例中为了实现相应的功能均需要具有特定的结构，因此引用权利要求2的权利要求10—15得不到说明书的支持。

➢ **对此，国家知识产权局认为：**

根据《专利法》第26条第4款规定，对于权利要求中所包含的功能性限定的技术特征，应当理解为覆盖了所有能够实现所述功能的实施方式，如果该技术特征是对说明书中各个实施例的合理概括，则不必限制于说明书中特定实施例的特定结构。

如果本领域技术人员根据说明书的记载和教导或根据本领域的常规知识，能够理解权利要求相关表述的意思，权利要求中的用语并未导致权利要求的保护范围不清楚，则该用语是允许的。

首先，权利要求2限定承载件被设置成在所述壳体的第二部分处于所述第一位置时将所述容器完好保持在所述壳体中的某个部位，所述承载件被设置成使所述容器响应所述壳体的第二部分在其第一位置和所述第二位置之间的移动而移动；凸出部被设置成在所述壳体的第二部分从所述第一位置移动到所述第二位置时使所述容器碎裂。

其次，涉案专利说明书对“凸出部”“承载件”进行了详细的描述。如说明书第［0073］段、第［0139］段、第［0162］段、第［0165］段、第［0196］段等段落中的相关描述。由此可知，涉案专利说明书对于“凸出部”“承载件”也提供了很多实施例，并结合附图对它进行了详细的解释说明。而且，**还应理解，说明书中描述的实施例并不是穷尽性的。在这种情况下，不必将涉案专利中的“凸出部”“承载件”限定为说明书中某个实施例的具体结构。**

最后，**“凸出部”“承载件”这一术语本身已经表达了它的结构特点。**“凸出部”即其是在结构上具有凸出形状的部件/部分；“承载件”即其是在壳体内部支持和承载容器并允许容器移动的部件，且其自身也能移动。因此，权利要求 10—15 中的涉及“凸出部”“承载件”的特征并非仅仅描述了其实现的功能，而是包含了一定的结构特征，并且是对能实施涉案发明中的“凸出部”“承载件”的实施例的合适概括。

综上，请求人主张的权利要求 10—15 得不到说明书支持的理由不成立。

（四）关于权利要求 10—15 保护范围是否清楚

B 公司作为请求人认为，权利要求 2 中涉及两个“包括”，权利要求 9 中“所述嵌件还包括孢子贮存室”不清楚，由此导致权利要求 10—15 的保护范围不清楚。

➢ **对此，国家知识产权局认为：**

按照通常的语言表述习惯，本领域技术人员能够清楚理解权利要求 2 的“*生物灭菌指示器包括壳体、容器、孢子贮存室、承载件和凸出部，其中壳体包括第一部分和第二部分*”，因此两个“包括”是清楚的。本领域技术人员也能够理解权利要求 9 中的“孢子贮存室”和权利要求 2 中的“孢子贮存室”采用了相同的技术术语，它们是指同一技术特征。

另外，**如涉案专利的图 1 -5 所示**，承载件 132 和凸出部 158 由嵌件 130 提供，其中嵌件 130 还包括孢子贮存室 136；并且，孢子贮存室 136 设置在壳体 102 中。因此，权利要求 9 中“所述嵌件还包括孢子贮存室”是清楚的。

综上，请求人主张的权利要求 10—15 不清楚的理由也不成立。

专利无效行政诉讼

一、案件信息

上诉人（一审原告、专利权人）：A 公司。

被上诉人（一审被告）：国家知识产权局。

一审第三人（无效宣告请求人）：B 公司。

一审法院：北京知识产权法院。

二审法院：最高人民法院。

被诉决定：2021 年 7 月 16 日，国家知识产权局作出的宣告 A 公司的涉案专利权利要求 1—9 无效的审查决定。

一审程序中，A 公司不服被诉决定，向北京知识产权法院提起行政诉讼一审，请求法院撤销被诉决定，责令国家知识产权局重新作出决定。经审理，北京知识产权法院作出一审判决，驳回 A 公司的诉讼请求。

二审程序中，A 公司不服北京知识产权法院作出的一审判决，向最高人民法院提出上诉，请求撤销一审判决及被诉决定，责令国家知识产权局重新作出维持专利权全部有效的决定。

二审期间，当事人均未提交新证据，并均对一审判决关于涉案证据真实性、合法性和关联性的认定不持异议。经审理，最高人民法院作出二审判决，驳回 A 公司上诉，维持原判。

二、各方核心主张及观点

根据各方当事人在行政诉讼中的诉辩主张，本案核心争议焦点是：（1）涉案专利权利要求 1 的技术方案应如何理解；（2）涉案专利的权利要求

1是否具有创造性。

（一）关于涉案专利权利要求1的技术方案的理解

A公司作为专利权人认为，被诉决定错误解释权利要求1中的“凸出部”的技术特征“*（凸出部被构造成）在所述壳体的第二部分处于所述第一位置时，将所述容器完好保持在所述壳体中的一个部位，在所述部位中，维持所述壳体和所述凸出部中的至少一者与所述容器之间的空间的最低限度的横截面积*”，尤其是割裂理解紧密联系的特征“保持特定部位”和“维持最低限度的横截面积”，未从说明书记载的内容出发，未考虑涉案专利的发明目的。被诉决定错误地把包含涉案专利所要克服的技术缺陷的技术方案纳入权利要求的保护范围，且对于上述技术特征的解释与发明目的明显不符，由此错误得出涉案专利权利要求1不具备创造性的结论。

➢ **对此，北京知识产权法院认为：**

涉案专利权利要求1并未限定“维持一个基本上恒定且一致的灭菌剂路径”，尽管涉案专利说明书第［0082］段记载有“例如，嵌件可将容器支持在基本上一致的位置，而不是让容器在激活之前在壳体中移动或转动，这可给灭菌剂留出在容器的外表面和壳体的内表面之间的基本上一致和相对畅通无阻的路径，发生无意堵住的机会极少或不存在”，但是在第［0195］段也记载“在一些实施例中，凸出部可包括一个或多个边缘或尖端或者以别的方式被构造成使挤压力集中以增加在邻近凸出部的区域中对容器的压力，并有利于更容易地和在一个或多个所需区域使容器碎裂”。可见，上述第［0082］段所述技术方案**仅是一种可进一步选择的示例性技术方案，由涉案专利发明目的也不能必然得出该技术方案为权利要求1对应的唯一技术方案**。

据此，被诉决定认为，权利要求1所述“在所述部位中，维持所述壳体和所述凸出部中的至少一者与所述容器之间的空间的最低限度的横截面积”，应当理解为保持壳体和/或凸出部与容器之间的相对位置足以形成实现基本灭菌功能的空间或通道，并无不当。

在认定证据1中钝端点36相当于权利要求1所述凸出部的基础上，被诉决定认定权利要求 1 与证据 1 存在上述区别特征并进一步评述认定权利要求 1 相对于证据 1 与证据 2 和公知常识的结合不具备创造性，理由充分，结论正确。

➢ **对此，在二审程序中，最高人民法院认为：**

发明或实用新型专利权的保护范围以其权利要求的内容为准，说明书及附图可以用于解释权利要求的内容。在具体适用该解释原则时，应当认识到：

首先，权利要求是界定专利权保护范围的依据，说明书及附图可以用于解释权利要求的相关内容。**说明书及其附图对于权利要求的解释作用体现在帮助本领域技术人员准确理解权利要求的内容，但不能替代权利要求在界定专利权保护范围过程中的地位和作用**。

其次，**对于权利要求中相关技术术语或者技术特征的解释，应当遵循内部证据优先原则**。如果权利要求相关技术术语或者技术特征在专利说明书中已经作了特别的说明，应当根据该特别说明作出解释；如果说明书并没有特别说明，应当按照本领域技术人员的通常理解作出解释。

最后，**权利要求的解释应当以本领域技术人员在对专利要求保护的技术方案形成整体认识的基础上，结合权利要求的具体语境，对权利要求的保护范围作出合乎逻辑的界定，以符合发明目的和能够实现发明技术方案为指引**。

具体到本案：

首先，涉案专利权利要求 1 技术特征（a）中已明确限定“*所述凸出部被构造成（a）在所述壳体的第二部分处于所述第一位置时，将所述容器完好保持在所述壳体中的一个部位，在所述部位中，维持所述壳体和所述凸出部中的至少一者与所述容器之间的空间的最低限度的横截面积*”，并没有对“维持一个恒定且一致的灭菌剂路径”进行具体限定，整体理解权利要求 1 的前述限定，本领域技术人员能够确定的是“*维持所述壳体和所述凸出部中的至少一者与所述容器之间的空间的最低限度的横截面积*”的连接方式能够满足基本灭菌功能，并非通过“维持一个恒定且一致的灭菌剂路径”来实现上述功能。

其次，尽管涉案专利说明书第［0024］段记载有“*臂可被设置成将壳体在容器中支持在一致的部位，以在灭菌过程中提供基本上恒定的灭菌剂路径*”的具体实施方式，但该具体实施方式仅是涉案专利权利要求1的技术方案的具体实施可进一步选择的示例性技术方案。而且，根据涉案专利说明书第［0232］段记载：“*上面描述并在附图示出的实施例仅以举例的方式呈现，并无意于作为对本发明的概念和原则的限制。本发明的各种特征和方面在以下权利要求中给出。*”**即涉案专利权利要求1发明技术方案保护意图并未具体限定也不应当理解为具体的示例性技术方案**。进而，具体的示例性技术方案所能解决的A公司所述的“灭菌剂路径不恒定问题”，并不能理解为涉案专利权利要求1技术方案所要解决的技术问题。

最后，一审判决针对说明书第［0195］段记载的引用是对权利要求技术方案所述凸出部具体应用进一步限定，并非比较A公司所述的“位置相关、灭菌剂路径”，而是能够证明其与第［0082］段表述凸出部相对位置进一步限定的描述，**均是在实现相应功能的基础上对所述技术方案可进一步选择的其中一种示例性技术方案的具体描述**。一审判决认定由涉案专利发明目的也不能必然得出该技术方案的具体描述为权利要求1对应的唯一技术方案的认定并无不当。

综上，A公司有关“被诉决定及一审判决把包含本专利所要克服的技术缺陷的技术方案纳入本专利的保护范围”的主张，明显不能成立，不予支持。

（二）关于涉案专利权利要求1是否具备创造性

本案中，被诉决定及一审判决均认定，权利要求1与证据1的区别技术特征在于：（1）权利要求1在壳体内设置孢子贮存室，证据1中的试验孢子条直接放置在壳体容器30的底部；（2）证据1未公开所述壳体的第一部分包括邻近所述孢子贮存室设置的至少一个平坦的壁，并且其中所述至少一个平坦的壁包括检测窗。区别特征所实际解决的技术问题是，提供另外一种结构的生物灭菌指示器。

A 公司作为上诉人认为，除上述区别特征之外，证据 1 至少未公开权利要求 1 关于“凸出部”的技术特征，即“*在所述壳体的第二部分处于所述第一位置时，将所述容器完好保持在所述壳体中的一个部位，在所述部位中，维持所述亮体和所述凸出部中的至少一者与所述容器之间的空间的最低限度的横截面积*”这一技术特征。

➢ **对此，最高人民法院认为：**

涉案专利权利要求 1 所述“*在所述部位中，维持所述壳体和所述凸出部中的至少一者与所述容器之间的空间的最低限度的横截面积*”，应当理解为保持壳体和/或凸出部与容器之间的相对位置足以形成实现基本灭菌功能的空间或通道，而非 A 公司所理解的“维持一个恒定且一致的灭菌剂路径”。因此，被诉决定及一审判决认定证据 1 中钝端点 36 相当于权利要求 1 所述凸出部，并无不当。

基于此，被诉决定及一审判决有关涉案专利权利要求 1 与证据 1 相比存在的上述区别特征的认定正确。同时，被诉决定及一审判决对上述区别技术特征的创造性评述并无不当，权利要求 1 相对于证据 1 与证据 2 和公知常识的结合不具备创造性。

疑难争议解析

一、专利侵权诉讼中“证据出示令”的法律依据及其适用

本案专利侵权诉讼审理过程中，原告 A 公司向法院申请文书出示令，旨在获取 B 公司自 2016 年 1 月 1 日至 2020 年 5 月 15 日，与被诉侵权产品生产、销售及利润情况有关的原始财务账，以及其他财务会计资料。现就文书出示令的理论渊源、法律依据、申请条件，以及当事人未遵令提交文书的后果等问题，展开深入剖析。

在民事诉讼中，举证责任分配遵循“谁主张，谁举证”的一般原则。但司法实践并非纸上谈兵，提出主张的当事人往往面临搜集证据途径匮乏的困境，部分关键证据只在对方当事人掌控。此时，对方当事人常拒绝提交于己

不利的证据，致使法院查明事实偏离客观真实，损害裁判公正性。为拓宽当事人收集证据的路径，强化其举证能力，我国《民事诉讼法司法解释》第112条应运而生，创设“书证提出命令”制度，即通俗所言之文书出示令。

《民事诉讼法司法解释》第112条规定：“书证在对方当事人控制之下的，承担举证证明责任的当事人可以在举证期限届满前书面申请人民法院责令对方当事人提交。申请理由成立的，人民法院应当责令对方当事人提交，因提交书证所产生的费用，由申请人负担。对方当事人无正当理由拒不提交的，人民法院可以认定申请人所主张的书证内容为真实。”此后，最高人民法院在《关于民事诉讼证据的若干规定》第99条第2款中进一步拓展“书证提出命令”的适用范围，将其涵盖范围扩大至视听资料和电子数据。由此，“书证提出命令”在实践中衍生出“证据出示令”之别称。

为明晰证据出示令的具体要求，最高人民法院在《关于民事诉讼证据的若干规定》第45条至第48条中予以细化规定，具体包括：

其一，申请证据出示令的当事人，应当明确申请对方当事人提交的证据名称或者内容、需要以该证据证明的事实及事实的重要性、对方当事人控制该证据的根据以及应当提交该证据的理由。

其二，在下列情形，控制证据的当事人应当向法院提交：（1）控制证据的当事人在诉讼中曾经引用过的书证等；（2）为对方当事人的利益制作的书证；（3）对方当事人依照法律规定有权查阅、获取的书证；（4）账簿、记账原始凭证；（5）人民法院认为应当提交书证的其他情形。

其三，法院在审查当事人提交的证据出示令申请时，应当听取对方当事人的意见；对方当事人否认控制证据的，法院应当根据法律规定、习惯等因素，结合案件的事实、证据，对于证据是否在对方当事人控制之下的事实作出综合判断。

若法院裁定控制证据的当事人向法院提交相关证据，即法院发出证据出示令，但该当事人拒不提交，将会面临何种后果？实际操作中，此情形一般被认定构成“举证妨碍”，法院可认定提出申请一方的当事人主张的该证据内容的真实性。具体而言：

根据最高人民法院《关于民事诉讼证据的若干规定》第 95 条的规定，一方当事人控制证据无正当理由拒不提交，对待证事实负有举证责任的当事人主张该证据的内容不利于控制人的，法院可以认定该主张成立。

根据最高人民法院《关于民事诉讼证据的若干规定》第 48 条规定，控制证据的当事人无正当理由拒不提交的，或者持有证据的当事人以妨碍对方当事人使用为目的，毁灭有关证据或者实施其他致使证据不能使用行为的，法院可以认定对方当事人所主张的证据内容为真实。

专利侵权诉讼案件作为民事诉讼的一类，除适用上述规定外，在最高人民法院《关于审理侵犯专利权纠纷案件应用法律若干问题的解释（二）》第 27 条中，针对专利侵权诉讼中的证据出示令及举证妨碍后果作出进一步规定。该条款明确规定，在权利人已经提供侵权人所获利益的初步证据，而与专利侵权行为相关的账簿、资料主要由侵权人掌握的情况下，法院可以责令侵权人提供该账簿、资料；**侵权人无正当理由拒不提供或者提供虚假的账簿、资料的，法院可以根据权利人的主张和提供的证据认定侵权人因侵权所获得的利益**。

换言之，在专利侵权诉讼涉及赔偿金额的举证中，若当事人无正当理由拒不执行法院作出的证据出示令，法院不仅可推定该证据所反映的内容真实，还可直接推定提出该证据以证明其目的的一方当事人的请求成立。

二、专利侵权诉讼中停止侵权的主要手段及适用

本案中，在专利侵权诉讼一审判决作出后、二审程序尚未开始前，A 公司向上海知识产权法院申请行为保全，旨在立即禁止 B 公司侵害其涉案专利权。然而，上海知识产权法院认为，并无证据表明不采取行为保全措施会使 A 公司的合法权益受到难以弥补的损害或者造成案件裁决难以执行等损害，**又鉴于涉案产品具有一定特殊性**，故认为 A 公司的申请不符合作出行为保全的条件，裁定驳回 A 公司的行为保全申请。

鉴于专利侵权诉讼往往耗时日久，对于如本案 A 公司这样的专利权人，

若希望在获得生效判决前尽快实现停止侵权效果，所需的法律手段及适用条件，下面进行详细分析。

（一）行为保全（临时禁令）

行为保全，亦称临时禁令，其法律依据为《民事诉讼法》第 103 条第 1 款，该条款规定法院对于可能因当事人一方的行为或者其他原因，使判决难以执行或者造成当事人其他损害的案件，根据对方当事人的申请，可以裁定责令其作出一定行为或者禁止其作出一定行为。

《专利法》第 72 条进一步明确了专利侵权诉讼中的诉前临时禁令，规定专利权人或者利害关系人有证据证明他人正在实施或者即将实施侵犯专利权、妨碍其实现权利的行为，**如不及时制止将会使其合法权益受到难以弥补的损害的**，可以在起诉前依法向人民法院申请责令作出一定行为或者禁止作出一定行为的措施。

成功申请临时禁令，其效果相当于提前执行判决结果，对被申请人商业安排影响较大，具有先发制人效果，是减少申请人损害或对被申请人施压的重要手段。但对被申请人而言，由于专利诉讼周期长，即使最终赢得诉讼，禁售产品市场价值也可能大打折扣，尤其在市场时效性强的情况下，可能出现“赢了官司，输了市场”的不利局面。

因此，为妥善平衡对知识产权权益的合理保护和防止权利人滥用诉权，最高人民法院于 2018 年 12 月 12 日发布了《关于审查知识产权纠纷行为保全案件适用法律若干问题的规定》，对知识产权纠纷行为保全进行了一系列的细化规定。

根据最高人民法院《关于审查知识产权纠纷行为保全案件适用法律若干问题的规定》第 7 条、第 8 条、第 10 条等相关规定，法院审查行为保全申请，应当综合考量下列因素：

（1）申请人的请求是否具有事实基础和法律依据，包括请求保护的知识产权效力是否稳定；其中，审查请求保护的知识产权效力是否稳定时，应当综合考量所涉权利的类型或者属性、所涉权利是否经过实质审查、所涉权利是否处于宣告无效或者撤销程序中以及被宣告无效或者撤销的可能性、所涉权利是否存在权属争议，以及其他可能导致所涉权利效力不稳定的因素。

（2）不采取行为保全措施是否会使申请人的合法权益受到难以弥补的损害或者造成案件裁决难以执行等损害；其中，当出现下列情形时，应当认定为属于受到“难以弥补的损害”，包括被申请人的行为将会侵害申请人享有的商誉或者发表权、隐私权等人身性质的权利且造成无法挽回的损害，被申请人的行为将会导致侵权行为难以控制且显著增加申请人损害，被申请人的侵害行为将会导致申请人的相关市场份额明显减少等。

（3）不采取行为保全措施对申请人造成的损害是否超过采取行为保全措施对被申请人造成的损害。

（4）采取行为保全措施是否损害社会公共利益。

为保护被申请人的利益，《民事诉讼法》第 108 条规定，行为保全申请有错误的，申请人应当赔偿被申请人因保全所遭受的损失。同时，最高人民法院《关于审查知识产权纠纷行为保全案件适用法律若干问题的规定》第 16 条进一步细化规定，有下列情形之一的，应当认定属于“申请有错误”：（1）申请人在采取行为保全措施后三十日内不依法提起诉讼或者申请仲裁；（2）行为保全措施因请求保护的知识产权被宣告无效等原因自始不当；（3）**申请责令被申请人停止侵害知识产权或者不正当竞争，但生效裁判认定不构成侵权或者不正当竞争**。因此，虽然申请临时禁令可能有助于对被申请人施压，但使用不当，专利权人可能因赔偿被申请人而遭受重大损失。

若法院作出临时禁令后被申请人拒不履行，相关法律法规、司法解释从经济处罚、司法强制措施、刑事责任等多方面作出了处罚规定，具体如下：

1. 经济处罚

实务中，经济处罚是最常见的措施。根据《民事诉讼法》第 114 条、第 118 条的规定，拒不执行法院作出的临时禁令的，法院对个人可以予以 10 万元以下罚款，对单位可以予以 5 万元以上 100 万元以下的罚款；同时，单位拒不执行的，法院还可以对其主要负责人或者直接责任人员予以罚款。

此外，根据最高人民法院《关于审理侵害知识产权民事案件适用惩罚性赔偿的解释》第 4 条的规定，拒不执行禁令会被法院认定为侵害知识产权“情节严重”，导致在相关的侵权纠纷中被法院判处高额的**惩罚性赔偿**。

2. 司法强制措施

根据《民事诉讼法》第 114 条、第 118 条的规定，拒不执行法院作出的临时禁令的，法院可以对个人予以**15 日以下的司法拘留的强制措施**。

3. 刑事责任

《刑法》第 313 条规定了拒不执行判决、裁定罪，即对法院的判决、裁定有能力执行而拒不执行，情节严重的，处 3 年以下有期徒刑、拘役或者罚金；情节特别严重的，处 3 年以上 7 年以下有期徒刑，并处罚金。

（二）先行判决（部分判决）

专利侵权诉讼案件事实复杂、技术门槛较高，取证难、周期长，损害赔偿数额确定难，且又以侵权成立为前提，种种原因导致案件审判旷日持久，但是专利权利人请求被诉侵权人停止侵权的需求是现实且急迫的。传统的审判以整体判决为原则，使“停止侵害”受到整个诉讼过程的限制。

先行判决，也称为部分判决，是指法院在诉讼过程中对可以分离的权利义务关系或者针对实体权利请求的一部分而作出的判决。《民事诉讼法》第 156 条规定，法院审理案件，其中一部分事实已经清楚，可以就该部分先行判决，这为专利侵权诉讼先行判决提供了法律基础。实践中，（2019）最高法知民终 2 号侵害发明专利权纠纷一案是我国在专利侵权诉讼中先行判决的首案，上海知识产权法院一审作出先行判决，认定被告行为构成侵权，判决立即停止侵权，有关损害赔偿等其他诉讼请求将在后续审理另行作出判决；被告上诉后，最高人民法院驳回上诉、维持原判。此案中，上海知识产权法院就停止侵权与否作出先行判决，充分发挥了停止侵权预防性措施作用。

在现行民事诉讼法体系中，先行判决与行为保全系两种不同的诉讼程序，理论上可以并存。实务中，各地法院对于诉前禁令、诉中禁令等临时性措施一直采取较为谨慎、保守的司法政策，集中表现为申请门槛较高、申请数量很少、支持率极低，主要原因是考虑到“禁令”手段会严重影响企业的正常经营以及担心因保全错误承担责任。

最高人民法院也正在探索指导一审法院尝试“**侵权判决+临时禁令**”的裁判模式，从而增强侵权救济时效和权利保护效果。结合一审判决做出禁令，不仅可以保证侵权救济的时效性，也适当降低了法院在一审判决前、特别是未进行实体审理时对“因侵权不成立而导致保全错误”的顾虑，提高“诉中禁令”的适用率和实施效果。

三、专利侵权诉讼中功能性特征的解释规则及其应用分析

在本案的专利侵权诉讼中，关于被控侵权产品是否具备涉案专利权利要求1所记载的“凸出部”的技术特征，上海知识产权法院以“**该技术特征属于功能性特征，且该功能性特征的内容由涉案专利说明书的实施例所确定**”为由，认定被控侵权产品的技术特征具备该功能性特征的内容。那么，何为功能性特征，功能性特征的技术内容应该如何确定，下面进行深入分析。

（一）功能性特征的识别

一般来说，专利权人在权利要求书中载明的技术特征以描述专利的结构或组成（结构性特征）为主，这使得本领域技术人员主要通过阅读权利要求书就可以划定其专利授权的范围。但在有的权利要求中，部分技术特征用结构特征表述比较困难，或者用功能或效果限定技术特征更为恰当。这类“以功能或者效果表述的技术特征”在司法实践通常称为“功能性特征”。

通常，专利权人并不希望其技术特征被认定为功能性特征，从而适用限缩性解释规则划定专利权边界；被诉侵权人则希望技术特征认定为功能性特征，从而被控侵权技术落入专利权保护的概率将缩小。因此，司法实践中，首先当事人对技术特征是否构成功能性特征往往就有较大争议。

我国专利法中没有关于功能性特征的明确规定，各级法院在长期的司法实践中逐步明晰了功能性特征的含义及识别标准。最高人民法院《关于审理侵犯专利权纠纷案件应用法律若干问题的解释》第4条规定：“对于权利要求中以功能或者效果表述的技术特征，人民法院应当结合说明书和附图描述

的该功能或者效果的具体实施方式及其等同的实施方式，确定该技术特征的内容。”该规定初步明确了“功能性特征”的含义，但是并没有详细规定功能性特征的判断标准。

最高人民法院《关于审理侵犯专利权纠纷案件应用法律若干问题的解释（二）》第 8 条第 1 款进一步对功能性特征给出明确定义：“**功能性特征**，是指对于结构、组分、步骤、条件或其之间的关系等，通过其在发明创造中所起的功能或者效果进行限定的技术特征，但本领域普通技术人员仅通过阅读权利要求即可直接、明确地确定实现上述功能或者效果的具体实施方式的除外。”

2020 年 9 月 10 日，最高人民法院发布的《关于审理专利授权确权行政案件适用法律若干问题的规定（一）》第 9 条第 1 款，在最高人民法院《关于审理侵犯专利权纠纷案件应用法律若干问题的解释（二）》第 8 条第 1 款基础上，对功能性特征再次进行了细化的规定，但是只添加了一个“仅”字，进一步明确了其认定标准：“以功能或者效果限定的技术特征，是指对于结构、组分、步骤、条件等技术特征或者技术特征之间的相互关系等，**仅**通过其在发明创造中所起的功能或者效果进行限定的技术特征，但所属技术领域的技术人员通过阅读权利要求即可直接、明确地确定实现该功能或者效果的具体实施方式的除外。”

由此可见，功能性特征的特点在于其自身在权利要求中的含义宽泛，在字面上可能涵盖所有能够实现该功能或者效果的实施方式。**不论功能性特征的具体表述为何种形式，只要以本领域普通技术人员的认知标准难以在权利要求书中对其具体的实施方式或结构进行识别，且只能辨析其希望达到的功能或效果，则应当认定为功能性特征**。

对于一些已经在专业领域约定俗成的用语，如变压器、放大器等，**即使其仅表明功能或效果特点，但本领域技术人员基于专业水平能够识别出具体实施方式的，也不构成功能性特征**。

另外，判断是否为功能性特征，需要将其置于整体技术方案中理解该项技术特征是否起到限定功能或效果的作用，而不能仅仅根据某项技术特征字面含义是否属于表述功能或效果界定其是否属于功能性特征。换言之，判断一项技术特征是不是功能性特征必须纳入整体技术方案理解。

例如，在最高人民法院发布的指导性案例——（2019）最高法知民终2号案中，最高人民法院认为，功能性特征是指不直接限定发明技术方案的结构、组分、步骤、条件或其之间的关系等，而是通过其在发明创造中所起的功能或者效果对结构、组分、步骤、条件或其之间的关系等进行限定的技术特征。**如果某个技术特征已经限定或者隐含了发明技术方案的特定结构、组分、步骤、条件或其之间的关系等，即使该技术特征还同时限定了其所实现的功能或者效果，原则上也不属于功能性特征**。

（二）功能性特征的解释

在完成是否为功能性特征的识别后，如何认定功能性特征所包含的具体技术内容，即如何解释功能性特征，为该类专利权划定合适的权利边界，就成为判定是否构成专利侵权的关键，这涉及合理平衡专利权人的预期利益和社会公共利益。

根据最高人民法院《关于审理侵犯专利权纠纷案件应用法律若干问题的解释》第4条的规定，对于功能性特征，应当结合说明书和附图描述的该功能或者效果的具体实施方式及其等同的实施方式，确定该技术特征的内容。即适用“**实施例＋等同**”的解释规则，对功能性特征采取严格的限缩解释方法。这是因为，如果任由专利权人独占能够实施相关功能或效果的所有实施方式，会导致专利权人霸占能实现该功能的一切技术结构，甚至是一个技术领域，限缩社会公众的权利空间。

更极端地说，如果在专利说明书和附图中找不到实现功能或效果的技术手段，则具有该技术特征的权利要求不符合《专利法》第26条第3款的规定，应无效，同时在侵权案件中权利人可获得的保护范围实际上为零，也不存在是否侵权的问题。在法律依据上，最高人民法院《关于审理专利授权确权行政案件适用法律若干问题的规定（一）》第9条第2款也明确规定，对于以功能或者效果限定的技术特征，权利要求书、说明书及附图未公开能够实现该功能或者效果的任何具体实施方式的，法院应当认定说明书和具有该技术特征的权利要求不符合《专利法》第26条第3款的规定。实践中，例如，在上海高级人民法院（2013）沪高民三（知）终字第96号侵害发明专利权纠纷案中，法院认为涉案专利说明书实施例没有记载实施功能性特征的具体方式，因此权利要求的保护范围结合说明书仍然不能确定，从而无须亦无法就被诉侵权人是否实施了涉案专利进行确定，自不应判定构成侵权。

同时，最高人民法院《关于审理侵犯专利权纠纷案件应用法律若干问题的解释（二）》第8条第2款规定，与说明书及附图记载的实现前款所称功能或者效果**不可缺少的技术特征**相比，被诉侵权技术方案的相应技术特征是以基本相同的手段，实现相同的功能，达到相同的效果，且本领域普通技术人员在被诉侵权行为发生时无须经过创造性劳动就能够联想到的，法院应当认定该相应技术特征与功能性特征相同或者等同。

根据上述规定，对“功能性特征”的解释，应当根据说明书、附图中记载的实现该功能所“不可缺少”的技术特征作为依据。这是因为，若简单地将说明书、附图中与实现“功能性特征”的功能、效果有关的全部技术特征，均用于限定“功能性特征”的保护范围，将导致不适当地限制其保护范围，对权利人公开其具体实施方式带来负面影响。

值得关注的是，**专利侵权案件中对于“不可缺少”特征证明责任应当由专利权人主动承担**。最高人民法院在（2019）最高法民申5466号案件中明确指出，如果说明书中记载了多个与“功能或者效果”对应的具体结构、结构之间的相互关系等技术特征，并且这些技术特征间相互衔接、紧密配合，难以清晰无异议确定何者属于不可缺少的技术特征时，权利人应当进行证明，否则应承担举证不能的不利后果。

（三）功能性特征侵权判断中“等同”的标准

最高人民法院《关于审理专利纠纷案件适用法律问题的若干规定》第13

条规定，专利权的保护范围应当以权利要求记载的全部技术特征所确定的范围为准，也包括与该技术特征相等同的特征所确定的范围。

在对功能性特征根据最高人民法院《关于审理侵犯专利权纠纷案件应用法律若干问题的解释》第4条和最高人民法院《关于审理侵犯专利权纠纷案件应用法律若干问题的解释（二）》第8条的规定划定权利要求的保护范围（以下简称**一次等同**）后，是否还要根据最高人民法院《关于审理专利纠纷案件适用法律问题的若干规定》第13条的规定适用等同侵权进一步划定专利权保护范围（以下简称**二次等同**）呢？

我国司法实践中采用的是一次等同，无须二次等同。两种“等同”的认定标准是不同的，等同侵权的判定标准是“三基本一无需”，即等同特征是“以**基本相同**的手段，实现**基本相同**的功能，达到**基本相同**的效果，并且本领域普通技术人员在被诉侵权行为发生时**无需经过创造性劳动**就能够联想到的特征”，而功能性特征中“等同”的认定是“一基本两相同一无需”，即等同特征是“以**基本相同**的手段，实现**相同的**功能，达到**相同的**效果，且本领域普通技术人员在被诉侵权行为发生时无需经过创造性劳动就能够联想到的”。

最高人民法院在发布《关于审理侵犯专利权纠纷案件应用法律若干问题的解释（二）》时也就对此作了说明：“在以具体实施例为基点的一次等同之后，功能性特征的保护范围即已划定，不存在对于功能性特征所述功能或效果的二次等同问题。”①

（四）专利侵权诉讼和授权确权程序中功能性特征认定存在不一致

在专利授权确权程序中，根据《专利审查指南》第2部分第2章第3.2.1节规定：“对于权利要求中所包含的功能性限定的技术特征，应当理解为覆盖了所有能够实现所述功能的实施方式。”这种“覆盖所有”的解释方式和专利侵权诉讼中“实施例+等同”的解释明显不同，这也带来了问题。

---

① 宋晓明、王闯等：《〈关于审理侵犯专利权纠纷案件应用法律若干问题的解释（二）〉的理解与适用》，载《人民司法》2016年第10期。

举例来说，如果某项发明专利的权利要求中记载的技术特征构成了功能性特征，但在说明书和附图中只记载了一种实现该功能的具体实施方式，实际上仍有多种实现该功能的实施方式，且本领域技术人员不能仅通过阅读权利要求书直接、明确地识别。此时：

（1）若依照专利审查指南“覆盖所有”的解释方式，具有该功能性特征的权利要求很有可能因为得不到说明书支持而无效，或者很有可能因丧失新颖性和创造性而归于无效。① 在权利要求无效的情况下，自然无法判定侵权。

（2）若在侵权诉讼中按照“实施例+等同”的解释方法，却是有可能合理划定专利保护范围的。也即根据说明书和附图中的实施例可以确定相关功能性特征所实际涵盖的范围，从而可能判定被诉技术方案存在侵权。②

上述在专利授权确权程序与专利侵权诉讼程序中关于专利保护范围判断不统一的问题，最终将会由最高人民法院同时作为行政诉讼和侵权诉讼结果的最终裁判者，肩负起维护法律解释统一的任务。

回顾与总结

本案虽以B公司最终胜诉告终，但A公司在诉讼过程中展现出诸多值得借鉴之处，具体如下：

其一，A公司在专利侵权诉讼中展现出顽强的取证决心与毅力。自2018年5月起，A公司便委托代理人员奔赴上海、西安等多地开展线下取证工作。即便在提起诉讼之后，A公司亦未有丝毫松懈，取证工作持续进行，直至2020年5月7日，即一审开庭前一周，A公司仍在进行公证取证，前后取证时长逾两年。此举为A公司在一审程序中获得法院400万元赔偿额的全额支

① 例如，本案的专利无效案中，国家知识产权局认为，“凸出部”的技术特征属于功能性特征，存在现有对比文件（证据1的钝端点36）也能够实现权利要求1限定的凸出部的功能，因此该特征已被公开。

② 例如，本案专利侵权案一审程序中，法院认为对于“凸出部”的技术特征，属于功能性特征，应当结合说明书和附图描述的该功能或者效果的具体实施方式及其等同的实施方式，确定该技术特征的内容。涉案专利说明书中的实施例明确了实现相应效果的具体实施方式，被控侵权产品的技术特征与涉案专利的实施例相同，故具备该技术特征。

持奠定了坚实且确凿的证据基础，有力地支撑了其诉讼主张，彰显了证据在专利侵权诉讼中的关键作用。

其二，A 公司在一审判决作出后，向法院申请停止侵权的临时禁令，此举措具有显著的策略合理性。在司法实践中，各级法院对于诉前临时禁令及诉讼中临时禁令的颁发均持审慎态度，缘由在于担忧临时禁令的不当颁发可能对企业正常经营造成严重影响，若最终判定不侵权或涉案专利被无效，法院还需承担因临时禁令错误而引发的责任风险。当下，最高人民法院正积极探索并指导一审法院尝试“侵权判决 + 临时禁令”的裁判模式，即一审法院在完成实质审理并作出一审判决后，再行裁定是否颁发临时禁令。此种模式既可确保侵权救济的及时性，又在一定程度上减少了法院在一审判决前，尤其是未进行实体审理时，因侵权不成立而导致保全错误的顾虑。A 公司在本案中提出临时禁令申请的时机，恰与最高人民法院探索支持的做法相契合，充分考量了一审法院可能存在的顾虑，从而显著提升了临时禁令申请获得一审法院支持的概率。

然而，本案一审法院未能支持 A 公司提出的临时禁令申请，关键原因之一在于 2021 年正值新冠疫情肆虐之时，全国各医院人满为患。被诉侵权产品具有特殊性，是医院感染控制和质量管理体系中不可或缺的工具。若 B 公司断货，将直接影响其供货的大量中小医院的正常灭菌工作，进而给广大患者造成不便。由此可见，民生因素的考量在司法裁判中亦占据重要地位，法院在权衡各方利益时，需综合考量多种因素，以实现法律效果与社会效果的统一。

A 公司是全球知名的百年企业，面对如此强劲对手，B 公司能在一审专利侵权诉讼彻底败诉的不利局面下逆风翻盘，实属不易。B 公司不仅在“专利无效”战场上积极出击，连续对 A 公司的涉案专利提起无效宣告请求，还积极防御 A 公司在专利侵权诉讼中的进攻。在专利侵权诉讼一审判决尚未作出之时，B 公司便已着手对被诉侵权产品进行规避设计，以避免新生产的相关产品被认定落入 A 公司涉案专利的保护范围，展现出高度的应变能力与创新意识。

综上所述，本案为专利侵权诉讼提供了诸多宝贵经验与深刻教训。对于专利权人而言，取证工作需贯穿诉讼始终，以确保证据的充分性与确凿性；申请临时禁令时，应充分考量法院的顾虑及可能的社会影响，合理把握申请时机。对于被诉侵权人而言，积极应对专利无效程序及进行规避设计，是有效应对专利侵权诉讼的重要策略。同时，本案亦凸显了司法实践中法院在权衡各方利益时的审慎态度与综合考量，为今后类似案件的裁判提供了有益参考。

决战最高人民法院，化工行业国内新秀险胜欧洲百年工业巨擘

——欧洲某化工集团与广东某化工公司侵害发明专利权纠纷案

➢ 案件导航

锂电池材料　欧洲　百年企业　化学领域　专利侵权诉讼二审逆胜

广州知产法院　最高法院　五年

➢ 案件亮点

本案反映出中国新兴科技产业突破国际技术壁垒的艰难历程。广东某化工企业聚焦锂电池材料领域，在成功打破国外企业的技术垄断和市场垄断之际，遭遇欧洲百年化工巨头的专利狙击。在这场专利攻防战中，该国内企业专利侵权诉讼一审败诉，不得不暂时停止涉嫌侵权产品的生产，为此面临数亿元的直接经济损失和不可估量的市场份额及信誉的间接损失。不仅如此，该国内企业在主动提起的专利确权程序中也未能撼动涉案专利权利基础，六次无效请求均被驳回、两次行政诉讼接连败诉。绝境之下，广东某化工公司在最高人民法院“战场”背水一战，将案件对抗焦点精准锚定在专利权利要求的解释；最高人民法院坚持实质性审理，组织五次现场庭审、一次异地开庭，甚至直接赴工厂勘验生产线，最终基于技术特征比对作出精准认定，被诉侵权技术方案不在涉案专利权保护范围内。本案为中国企业在遭遇跨国企业专利封锁时，依托司法救济程序在全面劣势下突围提供了范本。

产业背景

一、产业发展情况

汽车产业是国民经济的重要支柱产业，我国作为世界经济大国，汽车需求量持续增长，由此带来的能源紧张和环境污染问题日益凸显。发展新能源汽车，一方面能有效缓解能源和环境压力，应对气候变化、推动绿色发展，另一方面也是我国加快汽车产业转型升级、培育新的经济增长点和国际竞争优势的战略举措，是我国从汽车大国迈向汽车强国的必由之路。

特别是近年来，新能源汽车融汇新能源、新材料和互联网、大数据、人工智能等多种变革性技术，推动汽车从单纯交通工具向移动智能终端、储能单元和数字空间转变，带动能源、交通、信息通信基础设施改造升级，已成为全球汽车产业转型发展的主要方向和促进世界经济持续增长的重要引擎。

2012年，国务院发布《节能与新能源汽车产业发展规划（2012—2020年）》，系统规划了培育和发展新能源汽车产业的技术路线、主要目标和重要举措。到2020年，国务院办公厅接续发布《新能源汽车产业发展规划（2021—2035年）》，前瞻性谋划未来十五年我国新能源汽车发展方向。不仅如此，最近十余年间，从国家到各省市陆续发布新能源汽车购置补贴、车牌指标倾斜、充换电站建设补贴、税收优惠等各类扶持政策，积极鼓励新能源汽车产业发展。

在国家产业政策的大力支持及社会各界的共同努力下，我国新能源汽车产业从2009年起步，市场规模持续扩大，成为全球最大的新能源汽车市场。根据中国汽车工业协会统计数据，我国新能源汽车产销量在2018年突破100万辆后，到2022年便突破500万辆，很快到2024年突破1000万辆，发展势能迅猛，连续十年稳居全球第一，且生产的新能源汽车出口到全球70多个国家和地区。①

同时，我国现已建成了全链条、完备高效的新能源汽车产业体系。以动力部件为例，电池作为提供新能源汽车动力的核心部件，占整车成本的30%

① 参见《我国新能源汽车产销量连续10年位居全球第一》，载百度网2025年1月27日，https：//baijiahao. baidu. com/s?id = 1821865247974558164&wfr = spider&for = pc。

至40%；到2024年，我国向全球供应了新能源汽车的70%的电池材料和60%的动力电池。新能源汽车动力电池中，磷酸铁锂和三元锂等锂电池技术应用占主导地位。根据工业和信息化部的数据①，2024年全国锂电池总产量达到1170GWh，行业总产值超过1.2万亿元，锂电池产业保持持续增长态势。

经过多年发展，锂电池本身已经形成一个专业化程度高、分工明晰的产业链体系，上游为钴、锂、镍等基础原料，中游涵盖锂电池材料、锂离子电芯、锂电池模组等，下游包括新能源汽车等应用领域以及锂电池回收利用。其中，锂电池材料又可以细分为正极材料、负极材料、电解液、隔膜四大材料，以及其他辅材。

在国内新能源汽车发展如火如荼、各厂商你追我赶争相发布新车型的背景下，一场发生在新能源汽车锂电池材料领域的专利狙击战爆发。

二、案件当事人情况

欧洲某化工集团（以下简称**A公司**）于18世纪中叶创立，总部位于比利时，目前在全球50多个国家和地区拥有约3万名员工，成为活跃于化工、塑料和制药等行业的全球性工业集团。A公司在稀土、工程塑料、基础化学品、特种化学品、特种聚合物、新兴生物化学等业务领域均占据重要地位，旗下90%的销售产品位居全球前三名。早在20世纪70年代，A公司就在中国开展业务，现今在中国拥有近20个生产工厂、4个研发中心、3000多名员工，市场积淀深厚、行业地位显赫。

广东某化工公司（以下简称**B公司**）成立于2005年，是一家集含氟新材料研发、生产、销售于一体的科技企业。经过十余年自主研发，并结合引进国内外先进技术，B公司不断拓展产品应用领域，涵盖锂电池、氟膜、化工材料等行业，并与国内各大锂电池企业建立合作关系，逐步成为全球最大的某种锂电池材料生产基地之一。

A公司与B公司在锂电池材料领域的激烈市场竞争下，2020年，A公司以侵害专利权为由，向广州知识产权法院起诉，要求B公司立即停止某种锂电池材料生产，并赔偿经济损失。

---

① 参见《2024年全国锂离子电池行业运行情况》，载工业和信息化部电子信息司网2025年2月27日，https://www.miit.gov.cn/jgsj/dzs/gzdt/art/2025/art_dc20a4d4b3a74dcf91ac1b212f87bbfc.html。

案件大事记

本案前后共历时 5 年左右，主要过程如图 9－1 所示。

图 9－1 案件大事记

2019 年 9 月初，A 公司委托公证人员对 B 公司在其官方网站上销售某型聚偏氟乙烯树脂产品（被诉侵权产品）的宣传资料，以及 A 公司代理人向 B 公司购买被诉侵权产品的过程进行公证。

2019 年 9 月下旬，A 公司代理人前往广东一家企业，现场购买了其销售的被诉侵权产品，并委托公证人员对上述购买过程全程进行了公证。

2020 年 4 月，在掌握初步侵权证据后，A 公司向广州知识产权法院起诉，主张 B 公司生产的产品侵犯 A 公司专利权，要求 B 公司立即停止侵权产品的生产、销售，并赔偿 A 公司的经济损失及为制止侵权行为所支付的合理费用（以下简称**专利侵权案**）。

2020 年 5 月，A 公司再次委托公证人员对 B 公司在其官方网站上销售被诉侵权产品的宣传资料进行公证，并据此主张 B 公司制造、许诺销售了被诉侵权产品。

2020 年 6 月初，A 公司代理人将公证购买的被诉侵权产品邮寄至中国科学院上海有机化学研究所进行检测鉴定，并对该邮寄过程全程进行了公证。

2020 年 6 月 22 日，针对 A 公司邮寄的被诉侵权产品，中国科学院上海有机化学研究所出具两份《检测报告》。

2020 年 6 月 23 日，针对专利侵权案中的涉案专利，B 公司首次向国家知识产权局提出无效宣告请求，主张 A 公司涉案专利权全部无效（以下简称**第一次专利无效**）。

2020 年 7 月初，针对 A 公司邮寄的被诉侵权产品，中国科学院上海有机化学研究所再次出具一份《检测报告》。

2021 年 2 月 2 日，针对第一次专利无效，国家知识产权局审查后决定，维持涉案专利权有效。

2021 年 2 月，A 公司以可信时间戳认证的方式，对 B 公司在 2011 年左右的一份关于生产被诉侵权产品技术的科技成果鉴定书进行取证。

2021 年 3 月 22 日，B 公司不服第一次专利无效的审查决定，向北京知识产权法院提起诉讼（以下简称**第一次专利无效行政诉讼**）。

2021 年 9 月，广州知识产权法院组织专利侵权案一审开庭，庭审期间，A 公司提交《专家意见》，并申请 A 公司一名内部某实验室组长作为专家辅助人参加了庭审；B 公司亦申请国内科研院所的两位教授作为专家辅助人参加了庭审，并在庭后出具了书面意见对 A 公司提交的《专家意见》予以反驳。

2021 年 11 月 4 日，针对专利侵权案中的涉案专利，B 公司再次向国家知识产权局提出无效宣告请求，主张 A 公司涉案专利权全部无效（以下简称**第二次专利无效**）。

2022 年 3 月，广州知识产权法院就专利侵权案作出一审判决，认定 B 公司侵害 A 公司涉案专利权，并判令 B 公司停止制造、销售被诉侵权产品，酌定 B 公司赔偿 A 公司诉讼请求主张的部分经济损失及合理费用。

2022 年 5 月 24 日，针对第二次专利无效，国家知识产权局审查后仍决定，维持涉案专利权有效。

2022 年 6 月，B 公司不服专利侵权案广州知识产权法院的一审判决，向最高人民法院提出上诉，主张驳回 A 公司全部诉讼请求。

2022 年 6 月 28 日，B 公司不服第二次专利无效的审查决定，向北京知识产权法院提起诉讼（以下简称**第二次专利无效行政诉讼**）。

2022 年 7 月，A 公司不服专利侵权案广州知识产权法院一审判决中关于赔偿金额的判决内容，亦向最高人民法院提出上诉。

2022 年 8 月 12 日，针对专利侵权案中的涉案专利，B 公司第三次向国家知识产权局提出无效宣告请求，主张 A 公司涉案专利权全部无效（以下简称**第三次专利无效**）。

2022 年 10 月 26 日，针对 A 公司委托中国科学院上海有机化学研究所 2020 年 6 月出具的 2 份检测报告，B 公司委托北京某知识产权鉴定评估中心有限责任公司（鉴定人员在最高人民法院主办的人民法院诉讼资产网对外委托专业机构专业人员信息平台中，具备相应鉴定资质）就专门事项进行鉴定。

2022 年 11 月 7 日，针对专利侵权案中的涉案专利，B 公司第四次向国家知识产权局提出无效宣告请求，主张 A 公司涉案专利权全部无效（以下简称**第四次专利无效**）。

2022 年 12 月 2 日，就 B 公司 2022 年 10 月委托的鉴定，北京某知识产权鉴定评估中心有限责任公司出具鉴定意见；B 公司将该份鉴定意见在专利侵权案二审程序中提交至最高人民法院。

2022 年 12 月 28 日，针对第一次专利无效行政诉讼，北京知识产权法院作出一审判决，驳回 B 公司的诉讼请求。

2023 年 1 月，B 公司不服第一次专利无效行政诉讼一审判决，向最高人民法院提起上诉。

2023 年 2 月 24 日，针对专利侵权案二审，最高人民法院组织第一次开庭审理，在本次庭审过程中，A 公司申请其在一审程序中的专家辅助人出庭，B 公司申请一位知名高校教授（在一审程序中未出庭）作为专家辅助人出庭，双方出庭的专家辅助人均对本案所涉及的相关技术问题发表了意见。

2023 年 5 月 15 日，最高人民法院合议庭前往上海，借用上海高级人民法院审判庭组织专利侵权案第二次开庭；在本次庭审中，因中国科学院上海有机化学研究所 2020 年出具的两份检测报告在一审判决中被作为认定侵权的依据，根据 B 公司申请，最高人民法院通知 2020 年两份检测报告的检测员到庭，对两份检测报告出具的具体过程及相关情况予以了说明。

2023 年 6 月 5 日，针对专利侵权案中的涉案专利，B 公司第五次向国家知识产权局提出无效宣告请求，主张 A 公司涉案专利权全部无效（以下简称**第五次专利无效**）。

2023 年 6 月 16 日，因 B 公司撤回第三次专利无效申请、第四次专利无效申请，第三次专利无效、第四次专利无效均结案。

2023 年 6 月 30 日，针对 B 公司对第一次专利无效行政诉讼的上诉，最高人民法院受理立案。

2023 年 10 月 19 日，针对专利侵权案二审，最高人民法院组织第三次开庭，在本次庭审中，关于被诉侵权产品的鉴定，最高人民法院组织双方当事人对鉴定机构、鉴定事项、鉴定方法、鉴定费用承担等协商并达成一致意见。

2023 年 11 月中旬，根据第三次开庭达成的一致意见，最高人民法院首次委托中国科学院上海有机化学研究所对被诉侵权产品进行了鉴定。

2023 年 11 月 14 日，针对专利侵权案中的涉案专利，B 公司第六次向国家知识产权局提出无效宣告请求，主张 A 公司涉案专利权全部无效（以下简称**第六次专利无效**）。

2023 年 12 月，就最高人民法院在专利侵权二审中委托的首次鉴定，中国科学院上海有机化学研究所出具一份《检测报告》。

2024 年 1 月 5 日，因 B 公司撤回第五次专利无效申请，第五次专利无效结案。

2024 年 1 月 8 日，针对专利侵权案二审，最高人民法院组织第四次开庭，在本次庭审中，最高人民法院通知中国科学院上海有机化学研究所 2023 年检测报告的检测人员参加庭审，并当庭陈述。

2024 年 1 月，由于 A 公司、B 公司对 2023 年检测报告中的部分事项仍然存在较大分歧，且 2023 年检测报告中呈现的五次检测结果差异较大，最高人民法院征求双方当事人意见后，委托中国科学院上海有机化学研究所进行第二次鉴定；其中，由于 A 公司、B 公司对一个实验条件无法达成一致，最高人民法院为谨慎起见，要求鉴定机构分别采用 A 公司、B 公司提出的实验方法进行实验并给出结果。

2024 年 1 月 25 日，就最高人民法院在专利侵权案二审中委托的第二次鉴定，中国科学院上海有机化学研究所出具两份《检测报告》。

2024 年 2 月至 3 月，在专利侵权案二审中，A 公司、B 公司各自对 2024 年的两份检测报告发表了书面意见。

2024 年 3 月 6 日，针对专利侵权案二审，最高人民法院组织第五次开庭。

2024 年 4 月 19 日，针对第一次专利无效行政诉讼二审案件，最高人民法院公开开庭审理。

2024 年 5 月，针对第二次专利无效行政诉讼一审案件，北京知识产权法院公开开庭审理。

2024 年 5 月 21 日，为核实专利侵权案中被诉侵权产品的制备方法，最高人民法院依职权组织双方当事人前往 B 公司进行现场勘验，并调取了 B 公司在 2021 年 5 月至 7 月生产被诉侵权产品的生产记录。

2024 年 6 月 13 日，针对第六次专利无效，国家知识产权局审查后仍决定，维持涉案专利权有效。

2024 年 6 月 20 日，针对第二次专利无效行政诉讼，北京知识产权法院作出一审判决，驳回 B 公司的诉讼请求。

2024 年 7 月 4 日，B 公司不服第二次专利无效行政诉讼一审判决，向最高人民法院提起上诉。

2024 年 9 月，B 公司不服第六次专利无效审查决定，向北京知识产权法院提起诉讼（以下简称**第三次专利无效行政诉讼**）。

2024 年 10 月，针对第一次专利无效行政诉讼，最高人民法院作出二审判决，驳回 B 公司上诉、维持原判。

2024 年 11 月 14 日，针对专利侵权案，最高人民法院作出终审判决，认定 B 公司不侵权，判决撤销广州知识产权法院一审判决，驳回 A 公司的全部诉讼请求。

至此，历时五年之久的专利战，以 B 公司的不侵权抗辩胜诉而告终。

专利侵权案

一、案件信息

上诉人（一审原告、二审被上诉人）：A 公司。

上诉人（一审被告、二审被上诉人）：B 公司。

案由：侵害发明专利权纠纷。

一审法院：广州知识产权法院。

二审法院：最高人民法院。

涉案专利：一种聚合物及其制造方法，一共13项权利要求，其中权利要求1—6为产品权利要求，权利要求7为方法权利要求，权利要求11为用途权利要求；利用该专利生产的产品系锂电池材料，可用于电池中作为粘合剂。

本案一审程序中，广州知识产权法院认定B公司专利侵权成立，作出一审判决：B公司立即停止制造、销售、许诺销售、使用侵害原告A公司发明专利权的产品，赔偿原告A公司经济损失55万元及合理费用10万元。

本案二审程序中，B公司不服一审判决，向最高人民法院提出上诉，主张撤销一审判决，驳回A公司的全部诉讼请求。最高人民法院受理后，经审理查明，认定被诉侵权技术方案未落入涉案专利权的保护范围，B公司不构成侵权。基于此，最高人民法院作出终审判决，撤销一审判决，驳回A公司的诉讼请求。

二、各方核心主张及观点

A公司明确主张，被诉侵权产品落入涉案专利权利要求1—7、权利要求11的保护范围，要求：（1）B公司立即停止制造、销售、许诺销售被诉侵权产品以及使用被诉侵权技术方案的行为；（2）赔偿因侵权行为造成的经济损失100万元以及为制止侵权行为所支付的合理费用30万元；（3）保留根据后续在诉讼中获得的证据以及由于B公司侵权延续造成损失而向B公司主张侵权赔偿金的权利。

B公司作为被告认为，被诉侵权技术方案与涉案专利具有如下区别：（1）不具备“随机分布单元的分数为至少×%”的技术特征；（2）被诉侵权技术方案是“间断送入”，不是“连续送入”。因此，被诉侵权技术方案未落入涉案专利权的保护范围。

根据各方当事人的诉辩主张，本案争议焦点为：（1）被诉侵权技术方案是否具备“随机分布单元的分数为至少×%”的技术特征；（2）被诉侵权技术方案是否采用“连续送入”的方式；（3）若侵权成立，B公司具体应当承担何种责任。

（一）关于被诉侵权技术方案是否具备“随机分布单元的分数为至少×%”的特征

B公司作为被诉侵权人认为，针对专利所涉产品的化学位移的检测，涉案专利说明书未提供任何检测方法、试验参数、参照物，本领域技术人员无法重现实验结果，也无法实现其技术方案。因此，本领域技术人员根据涉案专利说明书公开的内容不能对“随机分布单元的分数”进行测定。

在二审程序中，B公司提交了委托北京某知识产权鉴定评估中心有限责任公司出具的鉴定意见书，该鉴定意见书认为，根据A公司提交的三份《检测报告》，不能判断被诉侵权产品具有涉案专利权利要求记载的“随机分布单元的分数为至少×%”的技术特征。

➢ **对此，一审程序中，广州知识产权法院认为：**

首先，涉案专利说明书记载了随机分布单元的分数的定义以及计算公式，按照说明书记载的内容进行计算，即可得到随机分布单元的分数。

其次，双方均认可，即便是同一个产品，采用不同的参照物、不同的测试条件测得的化学位移会有所不同，即出现化学位移偏差是正常现象。根据A公司提供的2020年的检测报告，被诉侵权产品的化学位移检测数据与涉案专利申请说明书记载的数据仅有细微差别，应属于偏差，两者基本可以确认对应一致。

最后，A公司提供的证据详细记载了随机单元分数的整个计算过程，整个计算过程合理，结果显示被诉侵权产品随机分布单元分数超过×%。

因此，被诉侵权产品具有权利要求1记载的“随机分布单元的分数为至少×%”的技术特征。

➢ **对此，在二审程序中，最高人民法院认为：**

由于认定B公司不构成侵权，对上述鉴定意见以及观点不再予以评述。

（二）关于被诉侵权技术方案是否采用“连续送入”的方式

A公司作为专利权人认为，根据涉案专利说明书记载，“连续送入”与“一次性进料”是相对概念，“连续送入”也可以有时间间隔。

B 公司作为被诉侵权人认为，“连续送入”的概念应该与“间歇”“半连续”是相对概念。涉案专利权利要求记载的“连续送入”应理解为在反应开始至结束整个期间，持续地、不间断地送入原料，而被诉侵权技术方案采用的是“间断送入”的投料方式，两者有明显区别。

在二审程序中，B 公司提交了如下新证据：一是 B 公司委托北京某知识产权鉴定评估中心有限责任公司出具的鉴定意见书，该鉴定意见书认为，被诉侵权产品的制备方法与涉案专利权利要求记载“连续送入”原料的方法特征不相同、不等同；二是 US43 × × ×31、US58 × × ×04 专利文本，该专利文本可证明本领域技术人员已知“连续”和“分批”是不同的方法。

➢ **对此，在一审程序中，广州知识产权法院认为：**

在 B 公司提起的第一次专利无效程序中，2021 年 2 月国家知识产权局作出的审查决定认为，**“连续送入”与“间断送入”不是绝对对立的概念，“间断送入”或“分批送入”在一定语境下属于“连续送入”**，本领域技术人员能够理解，本专利描述的送料方式应属于“连续送入”。

结合本领域技术常识以及无效决定中的相关论述，可以认定被诉侵权产品的制备过程选取的也是“连续送入”的进料方式。

➢ **对此，在二审程序中，最高人民法院认为：**

在专利侵权二审审理期间，针对 B 公司提起的第一次专利无效行政诉讼的二审程序中，最高人民法院作出终审判决，认为：

关于涉案专利权利要求记载的“连续送入”原料的技术特征中“连续送入”的含义，必须结合说明书进行解释，涉案专利说明书记载了添加原料“是在聚合操作的整个期间而继续的”，连续进料“直到聚合反应结束”，且“缓慢的、小量的、增量的”已经能够表达进料过程连续的含义，而分段式进料的过程不符合说明书中的上述描述。

此外，**从“连续”一词的文义解释出发，其一般是指持续不断地进行某一动作，通常不会将分段式的动作表述为“连续”。**

因此，对于“连续进料”的具体解释应是指在聚合操作的整个期间，连

续不断地“缓慢的、小量的、增量的”进料，直到聚合反应结束。

A 公司认为涉案专利限定的“连续进料”方式包括分段式进料，与涉案专利说明书中的记载不符，不予支持。

根据《专利法》第 64 条第 1 款以及最高人民法院《关于审理侵犯专利权纠纷案件应用法律若干问题的解释》第 2 条的规定，专利侵权诉讼中，如果双方当事人对于涉案专利权利要求的技术术语的理解存在分歧，则首先应当对权利要求进行解释，以确定该技术术语应有之含义，从而准确界定权利要求的保护范围。权利要求的解释遵循内部证据优先规则，即首先应当依据说明书及附图、权利要求书中的相关权利要求、专利审查档案等进行解释，如果专利说明书对权利要求中某技术术语的含义有特别界定，应当按照该特别界定解释权利要求并准确划定专利权的保护范围。只有依据上述内部证据解释方法仍不能明确权利要求含义的，才可以结合工具书、教科书等公知文献以及本领域普通技术人员的通常理解进行解释。

本案中，双方当事人对于现有技术中反应物料的加入方式存在“一次性进料”、“分段式进料”和“连续进料”三种方式不持异议。

结合涉案专利说明书的记载，本领域普通技术人员阅读所述内容后，可以毫无疑义地认为涉案专利权利要求 1、权利要求 7 中所限定的“连续送入”应解释为持续加入原料，直到聚合反应结束，而不包括“一次性进料”“分段式进料”，以及停止加入一段时间后聚合反应仍在继续的情形，上述解释亦符合本领域普通技术人员对于前述第三种加入方式“连续进料”的通常理解。

另外，涉案专利说明书中记载的两个实例，“连续送入”的方式均是在整个反应过程中不间断地连续送入原料。

并且，A 公司在答复国家知识产权局《第一次审查意见通知书》意见陈述时亦强调了涉案专利系“在整个反应过程中的连续送入”。

综上分析，被诉侵权技术方案采用的“间断送入”的投料方式与涉案专利采取的“连续送入”的投料方式明显不同。

（三）关于侵权成立情况下B公司应当承担的责任

A公司作为原告，提交了如下证据材料作为主张经济损失赔偿的依据：一是全国建设项目环境影响评价管理信息平台公示的B公司被诉侵权产品的生产规模情况，以及其他政府门户网站，例如，重点排污单位环境信息公开平台等公示的B公司生产被诉侵权产品的生产规模情况；二是B公司网站上介绍的每年营业额及出口量；三是公开资料显示的国内其他同行业公司，生产、销售与被诉侵权产品同类型产品的利润率。

A公司在一审程序中向广州知识产权法院申请，请求责令B公司提交被诉侵权产品的财务资料，但广州知识产权法院未予准许。A公司据此认为，本案因B公司未提交被诉侵权产品的财务资料，而未能查明被诉侵权产品制造、销售的实际获利情况；在此情况下，B公司拒不提交被诉侵权产品账簿、资料，应适用举证妨碍规则，根据A公司的主张和举证认定被诉侵权产品的侵权获利数额。

➢ **对此，在一审程序中，广州知识产权法院认为：**

B公司实施了A公司主张的侵权行为，依法应承担停止侵权及赔偿损失的民事责任。

本案中，A公司虽提交了部分关于B公司侵权获利方面的证据，但缺乏B公司实际生产、销售被诉侵权产品的具体数据，现有证据无法确定B公司的侵权获利。

鉴于现有证据无法证明A公司因B公司的侵权行为所遭受的损失以及B公司因侵权行为所获得的利润，亦不存在可供参考的专利许可使用费，故**综合考虑涉案专利的类型（发明专利）、被诉侵权行为的性质，A公司为制止侵权支出合理费用等因素，酌定**B公司赔偿A公司经济损失人民币55万元及合理费用人民币10万元。

➢ **对此，在二审程序中，最高人民法院认为：**

因被诉侵权技术方案未落入涉案专利权的保护范围，B公司无须承担侵权责任。

专利无效案

一、案件信息

专利权人：A 公司。

无效宣告请求人：B 公司。

请求宣告无效的专利：与专利侵权案中的涉案专利一致。

本次专利无效程序是本案第一次专利无效，即 2020 年 6 月 23 日，针对涉案专利，B 公司向国家知识产权局提出的无效宣告请求。

经审查，国家知识产权局作出决定，维持涉案专利权有效。

二、各方核心主张及观点

B 公司作为请求人认为，权利要求 1 中的“连续”为不清楚的描述，说明书也未对“连续添加”的操作作出清楚、完整说明，说明书公开不充分，权利要求得不到说明书支持，不符合《专利法》第 26 条第 3 款、第 4 款，以及《专利法实施细则》第 20 条第 1 款的规定。

根据各方当事人的诉辩主张，本案争议焦点为：权利要求 1 中记载的“连续送入”是否清楚。

《专利法》第 26 条第 3 款规定，说明书应当对发明或者实用新型作出清楚、完整地说明，以所属技术领域的技术人员能够实现为准；必要的时候，应当有附图。

《专利法》第 26 条第 4 款的规定，权利要求书应当以说明书为依据，说明要求保护的范围。

《专利法实施细则》第 20 条第 1 款规定，权利要求书应当说明发明或者实用新型的技术特征，清楚、简要地表达请求保护的范围。

B 公司作为请求人认为，权利要求 1 中所述的“连续送入”为不清楚的描述，在说明书中也没有充分公开。

➢ **对此，国家知识产权局认为：**

说明书明确记载，“连续进料”或“连续地进料”意思是“缓慢的、小量的、增量的添加”原料，直到反应结束。因此，说明书对权利要求 1 所述的“连续送入”进行了清楚地说明。

因此，本领域技术人员能够根据专利的记载明白如何连续进料，并实施“缓慢的、小量的、增量的添加”原料。

请求人主张的“连续送入”在说明书中没有充分公开的理由，以及权利要求 1 得不到说明书支持的理由等均不成立。

专利无效行政诉讼

一、案件信息

上诉人（一审原告）：B 公司。

被上诉人（一审被告）：国家知识产权局。

一审第三人：A 公司。

一审法院：北京知识产权法院。

二审法院：最高人民法院。

被诉决定：2021 年 2 月 2 日，国家知识产权局作出的维持涉案专利权有效的审查决定。

一审程序中，B 公司不服被诉决定，向北京知识产权法院提起行政诉讼一审，请求法院撤销被诉决定，责令国家知识产权局重新作出决定。经审理，北京知识产权法院作出一审判决，驳回 B 公司的诉讼请求。

二审程序中，B 公司不服北京知识产权法院作出的一审判决，向最高人民法院提出上诉，请求撤销一审判决及被诉决定，责令国家知识产权局重新作出维持专利权全部有效的决定。经审理，最高人民法院作出二审判决，驳回 B 公司上诉，维持原判。

二、各方核心主张及观点

根据各方当事人的诉辩主张，在行政诉讼程序中，本案争议焦点为：权利要求 1 中记载的“连续送入”是否清楚。

在一审程序中，A 公司、B 公司、国家知识产权局三方的观点与其各自在专利无效程序中所述的观点基本一致，在此不再赘述。

但是，在二审程序中，B 公司当庭表示，认可本领域技术人员根据说明书公开的内容能够清楚地知晓权利要求 1 中“连续送入”的含义并实现相应的技术方案，但主张本领域技术人员对“连续送入”理解的具体含义应为“持续不断进料”，不包括分段式进料的情形。

➢ **对此，一审程序中，北京知识产权法院认为：**

说明书明确记载，“连续进料”或“连续地进料”意思是“缓慢的、小量的、增量的添加”原料，直到反应结束。即说明书对权利要求 1 所述的“连续送入”进行了清楚的说明。

因此，本领域技术人员能够根据专利的记载，明白如何连续进料，并实施“缓慢的、小量的、增量的添加”原料。

➢ **对此，二审程序中，最高人民法院认为：**

首先，《专利法》对于专利说明书公开充分程度的要求，是以本领域技术人员能够实现专利请求保护的技术方案为标准，并不要求说明书公开专利技术方案所对应的所有实际生产工艺或者产品所包含的全部技术信息。

本专利关于“连续进料”的含义在说明书中已有明确说明，**本领域技术人员基于其掌握的知识和所具备的能力，能够根据说明书记载的内容明白其含义是“缓慢的、小量的、增量的”连续进料即可，并不需要说明书进一步明确小量或者增量到何种程度**。

B 公司亦认可本领域技术人员根据说明书公开的内容能够清楚地知晓权利要求 1 中“连续送入”的含义并实现相应的技术方案。

其次，各方当事人在本案中对“连续送入”的具体含义存在争议：B 公司认为，应解释为持续不断地进料，而分段式进料如进一次料后停止等待一段时间后再次进料的方式不属于本专利限定的连续进料方式；A 公司则认为，本专利限定的连续进料方式包括分段式进料。

在当事人对本专利说明书中技术术语的清楚含义尚存争议的情况下，本案中仍有必要对“连续送入”的具体含义予以认定。

对此，根据最高人民法院《关于审理专利授权确权行政案件适用法律若干问题的规定（一）》第 2 条第 1 款的规定，人民法院应当以所属技术领域的技术人员在阅读权利要求书、说明书及附图后所理解的通常含义，界定权利要求的用语。权利要求的用语在说明书及附图中有明确定义或者说明的，按照其界定。根据说明书的明确记载，添加原料是在聚合操作的整个期间而继续的，且连续进料直到聚合反应结束。

另外，“缓慢的、小量的、增量的”已经能够表达进料过程连续的含义，而分段式进料的过程不符合说明书中的上述描述。

此外，从“连续”一词的文义解释出发，其一般是指持续不断地进行某一动作，通常不会将分段式的动作表述为“连续”。因此，对于“连续进料”的具体解释应是指在聚合操作的整个期间，连续不断地“缓慢的、小量的、增量的”进料，直到聚合反应结束。

A 公司对于“连续送入”的解释与说明书中的记载不符，不予支持。

疑难争议解析

一、关于保留增加侵权赔偿金权利的诉讼请求的合法性分析

本案的专利侵权诉讼中，原告在一审起诉的诉讼请求中明确，“保留根据后续在诉讼中获得的证据以及被告侵权延续造成的损失而向被告主张侵权赔偿金的权利”；不仅如此，在二审上诉时，原告在上诉请求中再次明确主张，“上诉人保留根据二审程序中查明的被上诉人侵权获利信息及其在本案诉讼期间继续侵权的情况，而另案主张超出上诉人一审索赔金额范围的其他侵权赔偿金的权利”。

那么，专利权人在专利侵权诉讼中是否有权主张保留根据后续取得的证据增加侵权赔偿金的权利，该种权利是否有可能造成各方当事人不必要的诉

累，下面详细予以分析。

（一）专利权人作为专利侵权诉讼的原告，在一审法庭辩论结束之前，可以变更或增加诉讼请求，这是法定权利，但之后一般不能变更诉讼请求

《民事诉讼法司法解释》第232条明确规定，在案件受理后，一审法庭辩论结束前，原告增加诉讼请求。需要说明的是，此处的“法庭辩论结束”不能简单理解为“一审第一次开庭审理辩论结束”，实务中应以一审法院确定的“法庭辩论结束”为准。

例如，在上海知识产权法院（2016）沪73民初859号案中，针对原告在一审部分判决先行作出后变更诉讼请求是否违反法律规定，上海知识产权法院认为：

其一，根据《民事诉讼法司法解释》第232条规定，不能当然地得出在第一次庭审的法庭辩论结束后就绝对不允许变更诉讼请求的结论。**诉讼正当性的实现应当以法院享有一定的自由裁量权为前提，开庭审理并非一次性的，本院有权根据案件情况恢复法庭调查或进行第二次开庭审理**。本案先行判决作出之前本院主要针对被控侵权产品是否侵犯涉案专利权进行审理，虽也涉及赔偿问题，但赔偿部分的审理并未结束。先行判决二审维持后，本院有权就赔偿问题继续再次进行开庭审理。

其二，**《民事诉讼法》对变更诉讼请求的限制性规定，从立法目的上讲是为了防止证据突袭**，防止一旦法庭辩论终结法院将以辩论终结前的诉讼标的和诉讼材料作为裁判的对象，导致另一方当事人不能进行有效的反驳而丧失合理的答辩机会。但本案原告变更诉讼请求后，本院给予两被告公司充分的答辩期限和举证期限，没有影响两被告公司的诉讼权利，更不会因此造成不公平的后果。

（二）针对专利侵权诉讼判决发生法律效力后发生的新的侵权事实，专利权人可以另行提起诉讼

《民事诉讼法司法解释》第248条规定，裁判发生法律效力后，发生新

的事实，当事人再次提起诉讼的，人民法院应当依法受理。需要注意的是，此处“裁判发生法律效力后新的事实”实务中一般理解为一审庭审辩论终结之后发生的事实。以持续侵权为典型情形，对原审诉讼期间仍在持续的侵权行为，针对一审庭审辩论终结之后的侵权事实，专利权人可以另行起诉。

例如，广东高级人民法院在二审（2018）粤民终 769 号案的裁判中指出：“‘裁判发生法律效力后，发生新的事实’，**并不是仅仅指该案一审生效判决或者二审生效判决之后发生的事实，应当是指该案一审庭审辩论终结之后发生的事实**。也就是说，针对一审庭审辩论终结之后发生的事实，当事人再次提起诉讼的，一般而言，法院应当依法受理。”

再如，在《最高人民法院知识产权案件年度报告（2011 年）》引用的“徐永伟与华拓公司侵犯发明专利权纠纷案”中，最高人民法院认为，“**当事人以侵权行为在原审诉讼期间仍在持续为由提出增加损害赔偿数额，属于对一审诉讼请求的增加，原告可就该行为另行起诉**；原告为调查此期间的侵权行为而支出的费用，不在本案处理之列”。

对于原生效裁判在一审庭审辩论终结前未查明或涉及的事实，或者当事人在一审庭审辩论终结前未提出的事实，不应理解为“裁判发生法律效力后新的事实”。

例如，最高人民法院在（2018）最高法民终 1130 号案的裁判中认为，“‘新的事实’应为生效判决发生法律效力后发生的事实，本案中的《工程造价鉴定报告》是在生效判决发生法律效力以前作出的，故不属于新的事实。”

再如，最高人民法院在（2017）最高法民再 143 号案的裁判中认为：“能否再次提起诉讼的关键在于，是否出现了新的事实。**新的事实应为生效裁判发生法律效力后发生的事实，而不是原生效裁判未查明或涉及的事实，亦不是当事人在原审中未提出的事实**。”

（三）专利侵权诉讼判决发生法律效力后，专利权人针对已生效判决所指向的侵权时段中的侵权行为，一般不能再另行起诉

《民事诉讼法司法解释》第 247 条明确规定，当事人就已经提起诉讼的

事项在诉讼过程中或者裁判生效后再次起诉，同时符合下列条件的，构成重复起诉：（1）后诉与前诉的当事人相同；（2）后诉与前诉的诉讼标的相同；（3）后诉与前诉的诉讼请求相同，或者后诉的诉讼请求实质上否定前诉裁判结果。当事人重复起诉的，裁定不予受理；已经受理的，裁定驳回起诉，但法律、司法解释另有规定的除外。

2018 年第 5 期的《最高人民法院公报》刊登了“深圳市基本生活用品有限公司与深圳市思派硅胶电子有限公司侵害外观设计专利权纠纷案”，该案的裁判要旨指出：**基于持续性专利侵权提起的多次诉讼，须对重复侵权和重复起诉进行区别**。仅因前后诉讼的当事人一致、涉案法律关系相同不能轻易认定为重复起诉，还**需考虑前后诉讼指向的侵权时段、前后诉讼中原告的具体诉讼请求等因素，来综合判断被告的行为是否构成重复侵权**。

若一审庭审辩论结束后，专利权人针对本次专利侵权诉讼所指向的侵权时段中的侵权行为变更诉讼主张的赔偿金额或另行起诉，则无论是诉讼前后的当事人、涉案的法律关系，还是侵权时段、前后诉讼中的诉讼请求等方面均一致，实务中一般会被认定为“重复起诉”而裁定不予受理。

综合上述分析，回到本案，专利权人在诉讼请求中主张“保留根据后续在诉讼中获得的证据以及被告侵权延续造成的损失而向被告主张侵权赔偿金的权利”，以及在上诉请求中主张“保留根据二审程序中查明的被上诉人侵权获利信息及其在本案诉讼期间继续侵权的情况而另案主张超出一审索赔金额范围的其他侵权赔偿金的权利”，不会因此增加或减损专利权人的诉讼权利，没有必要。

二、专利侵权诉讼中专家辅助人的适用范围分析

本案的专利侵权诉讼一审及二审程序中，A 公司内部一位技术人员作为专家辅助人均参加了庭审，并出具了《专家意见》。对此，在一审程序中，B 公司亦申请国内科研院所的两位教授作为专家辅助人参加了庭审，针对 A 公司提交的《专家意见》予以反驳；在二审程序中，B 公司重新申请了一位知名高校教授（在一审程序中未出庭）作为专家辅助人出庭，对 A 公司技

术人员提供的意见进行了反驳。双方申请的专家辅助人针对涉案技术事实，针锋相对、据理力争。

因此，我们有必要深入分析专家辅助人和技术调查官的法律依据及适用情形，为同类案件的办理的提供参考。

（一）专家辅助人的依据

目前，现行法律法规中并未明确出现“专家辅助人”这一名词，是实务界对《民事诉讼法》规定的“有专门知识的人”的一种称谓。

《民事诉讼法》第 82 条规定，当事人可以申请人民法院通知**有专门知识的人**出庭，就**鉴定人作出的鉴定意见**或者**专业问题**提出意见。这从基本法律层级的立法上，确立了鉴定与专家辅助人并存的“双层”专家证据制度。

《民事诉讼法司法解释》第 122 条、第 123 条进一步细化了专家辅助人出庭的具体问题，明确专家辅助人参与诉讼的范围仅限于就鉴定人作出的鉴定意见或者案件事实所涉及的专业问题提出意见，不得参与专业问题之外的法庭审理活动。此外，根据上述条款规定，当事人在举证期限届满前可以申请一至二名专家辅助人出庭，专家辅助人在法庭上提出的意见，视为当事人的陈述，双方的专家辅助人之间可以就案件中的有关问题进行对质。

此外，最高人民法院《关于民事诉讼证据的若干规定》第 83 条、第 84 条、第 99 条第 2 款，在《民事诉讼法》《民事诉讼法司法解释》的基础上，对专家辅助人出庭的细节进行了补充规定，明确了申请专家辅助人出庭的申请要求，以及对专家辅助人的询问参照适用关于询问证人的规定等内容。

（二）专家辅助人的资质对其参与审理活动的影响

根据《民事诉讼法司法解释》第 122 条、《最高人民法院关于民事诉讼证据的若干规定》第 83 条的规定，当事人申请专家辅助人出庭，由法院决定是否准许。那么，专家辅助人的资质问题，是否可能成为法院决定不准许当事人申请的理由呢？实务中观点不一。

有观点认为，专家辅助人的定义是具有专门知识的人，因此对当事人申请出庭的专家辅助人是否具有相关的专业知识和能力，法院有必要予以审查。

否则，关于专家辅助人的申请应由法院准许的制度则沦为空文。例如，浙江省高级人民法院《关于专家辅助人参与民事诉讼活动若干问题的纪要》第4条、第6条规定，当事人申请专家辅助人出庭，应附专家辅助人的个人基本信息以及**能够证明该专家辅助人具有相关专门知识的证明材料，如职业资格、专业职称、从业经验等，法院应当就专家辅助人的证明材料及出庭的必要性进行审查**，并可根据案件审理需要，要求申请人补充有关专家辅助人的材料。

但也有观点认为，专家辅助人是否具备相应的资质和能力，取决于当事人的认识，法院对专家辅助人不应作资格上的审查。例如，安徽省高级人民法院在（2020）皖民申255号民事裁定书中认为："具有专门知识的人在法庭上就专业问题提出的意见，视为当事人的陈述。人民法院准许当事人申请的，相关费用由提出申请的当事人负担。**该规定虽明确专家辅助人能否参与庭审，由人民法院决定，但专家辅助人是否具备相应的资质和能力，取决于当事人的认识，人民法院对专家辅助人不作资格上的审查**，同时专家辅助人与诉讼代理人并无关联性。原判以专家辅助人司某仅具有水利工程专业知识，与公路工程不具有关联性，且黄河公司已经委托律师参与诉讼为由，驳回黄河公司的申请，依据不足。"

上述观点分歧有待立法机关从更高层面的立法或司法解释中对裁判规则予以统一，但是，对申请专家辅助人出庭的当事人一方而言，应尽可能申请明显具有相关资质和能力的专家出庭，以避免申请被法院驳回。

（三）关于专家辅助人的意见是否构成当事人自认的分析

根据《民事诉讼法司法解释》第122条第2款的规定，专家辅助人在法庭上就专业问题提出的意见，视为当事人的陈述。那么，既然专家辅助人就专业问题提出的意见被视为当事人的陈述，当专家辅助人的意见对当事人一方不利时，能否被视为当事人的自认呢，实务中存在较大分歧。

有观点认为，根据《民事诉讼法司法解释》第122条第2款的规定，专家辅助人就鉴定人作出的鉴定意见或者专业问题提出意见，在形式上已经满足了自认的构成要件，如果专家辅助人当庭陈述的意见或者作为证据提交的书面意见不利于申请的一方当事人时，则专家辅助人的意见内容构成法律上的自认。

也有观点认为，专家辅助人在专业上应当秉持客观、中立立场，既要对当事人负责，又要对科学和专业负责，还要对法律负责。因此，当专家辅助人意见与申请的一方当事人意见不一致时，专家辅助人意见应作为独立证据之一，不能构成当事人的自认。例如，浙江省高级人民法院《关于民事案件鉴定人、有专门知识的人出庭若干问题的规定》第21条第1款明确规定，有专门知识的人与申请人就同一问题陈述矛盾，以申请人意见为准。

上述观点分歧尚无统一结论，因此，建议申请专家辅助人出庭的当事人，在邀请专家出庭前，与专家就庭审拟发表意见的事项进行充分的沟通，并就庭审过程中可能提问和发言的内容进行多次模拟演练，以避免专家在不熟悉法庭程序或相关法律规定的情况下，错误地作出不利于当事人的陈述。

三、关于专利侵权诉讼中涉及方法专利的举证责任分析

本案专利侵权诉讼中，A公司主张涉案专利权利要求7的方法制备的产品属于专利法意义上的新产品，为此提交了中国化工信息中心有限公司出具的《科技查新报告》以及教材《高分子化学》等证据，主张B公司应承担证明其制造方法不同于涉案专利方法的举证责任。为此，我们需要深入分析，对于制造方法专利，适用举证责任倒置的条件以及新产品的举证要求。

（一）关于侵害方法专利适用举证责任倒置的条件

《专利法》第66条第1款规定："专利侵权纠纷涉及新产品制造方法的发明专利的，制造同样产品的单位或者个人应当提供其产品制造方法不同于专利方法的证明。"

最高人民法院《关于知识产权民事诉讼证据的若干规定》第3条进一步规定："专利方法制造的产品不属于新产品的，侵害专利权纠纷的原告应当举证证明下列事实：（一）被告制造的产品与使用专利方法制造的产品属于相同产品；（二）被告制造的产品经由专利方法制造的可能性较大；（三）原告为证明被告使用了专利方法尽到合理努力。原告完成前款举证后，人民法

院可以要求被告举证证明其产品制造方法不同于专利方法。”

根据上述规定，对于专利侵权纠纷涉及方法专利的，举证责任倒置的条件是：

首先，专利权人需要证明，被告制造的产品与使用涉案专利制造的产品为“同样产品”。

其次，若该方法专利涉及新产品，则应由专利权人举证证明，使用涉案方法专利制造的产品为新产品；若不涉及新产品，则应由专利权人举证证明，被告制造的产品经由涉案专利方法制造的可能性较大，且专利权人为此尽到了合理努力的证明义务。

最后，在专利权人完成上述举证之后，举证责任倒置，被诉侵权人需要提供证据证明，制造同样产品的方法不同于专利方法。

参考北京市高级人民法院《专利侵权判定指南（2017）》第 113 条第 1 款的规定，同样产品，是指被诉侵权产品与实施产品制造方法直接得到的原始产品的形状、结构或成分等无实质性差异。需要提示的是，“同样产品”的举证往往非常困难，不同案件中差别较大，尚没有统一的判断标准。对专利权人而言，建议根据《专利法》以及《民事诉讼法》中的相关规定，请求法院采取证据保全措施，对被诉侵权人的产品制造方法进行调查，以查明案件事实，避免因无法举证证明被诉侵权人的产品与依照专利方法获得的产品属于同样的产品而承担不利后果。

（二）关于新产品的举证责任

何为“新产品”，最高人民法院《关于审理侵犯专利权纠纷案件应用法律若干问题的解释》第 17 条规定：“产品或者制造产品的技术方案在专利申请日以前为国内外公众所知的，人民法院应当认定该产品不属于专利法第六十六条第一款规定的新产品。”

此外，参考北京市高级人民法院《专利侵权判定指南（2017）》第 112 条第 1 款的规定，**“新产品”是指在国内外第一次生产出的产品，该产品与专利申请日之前已有的同类产品相比，在产品的组份、结构或者其质量、性**

能、功能方面有明显区别。该观点也得到了最高人民法院相关判例的支持，例如，最高人民法院在（2021）最高法知民终86号案件中认为："根据法律和司法解释的相关规定，新产品应当是指在国内外第一次生产出的产品，该产品与专利申请日之前已有的同类产品相比，在产品的组份、结构或者其质量、性能、功能方面有明显区别。"

综合上述司法解释及实践，权利人通常可以基于以下一项或多项证据来初步论证利用涉案专利方法制造的产品为新产品：

其一，相关科技查新检索机构或国家知识产权局专利检索咨询中心出具查新报告。权利人可以委托科技查新机构或国家知识产权局专利检索咨询中心进行查新检索，并且提交检索后出具的《科技查新报告》，作为证明所得产品为新产品的初步证据。例如本案中，A公司提交了中国化工信息中心有限公司出具的《科技查新报告》。再如，在（2020）最高法知民终1760号案件中，最高人民法院认为，"判断一项产品或者制造产品的技术方案在专利申请日以前是否为国内外公众所知，通常需要检索数据的支撑"。

其二，相关行业主管部门、全国性行业协会等颁发的相关创新奖证书等。例如，在（2014）民提字第17号案件中，原告为证明其产品为新产品，不仅提供了武汉市科学技术情报研究所查新检索中心出具的《科技查新报告》，还出具了中国土工合成材料学会中国委员会和中国土工合成材料工程协会授予的产品创新奖的获奖证书，最终法院认定原告完成了由涉案专利方法制造的产品属于新产品的初步的举证责任。

其三，根据涉案专利存在的授权产品权利要求以及说明书的背景技术、发明内容等相关记载进行说理论证。一方面，权利人可以基于涉案专利包括的与方法权利要求对应的授权产品权利要求，初步论证利用涉案专利方法制造的产品为新产品，因为与方法权利要求对应的授权产品权利要求经过实质审查被授权，在一定程度上说明了该产品具有新颖性；另一方面，涉案专利说明书中关于权利要求所保护的技术方案的发明背景、技术效果、优点的说明，也能够在一定程度上反映由涉案专利方法获得的产品的组份、结构或者质量、性能、功能等，也可以构成证明利用涉案专利方法制造的产品是否为新产品的初步证据。例如在（2014）民提字第17号案、（2012）民提字第3号案、（2018）最高法民再63号案等案件中，最高人民法院均有相关观点或论述。

四、恶意提起专利侵权诉讼的认定标准及赔偿范围

在专利侵权诉讼中，不时存在原告为遏制被告快速发展势头而恶意发起诉讼，增加被告诉累，使被告合法权益受到损害的行为。此种行为严重违反民事诉讼的诚实信用原则，为遏制此类权利滥用行为，最高人民法院发布的《民事案件案由规定》第171条规定了“因恶意提起知识产权诉讼损害责任纠纷”的民事案件案由。

（一）恶意诉讼的认定标准

所谓“恶意诉讼”，通常是指当事人以获取非法或不正当利益，或致使相对人遭受损失为目的而故意提起的法律上或事实上无根据之诉。当前，现行法律及司法解释等并未明确规定恶意提起知识产权诉讼的认定标准；但是，司法实践中对恶意诉讼的认定已逐渐达成共识。

参考《最高人民法院知识产权法庭裁判要旨摘要（2023）》[①] 中总结的裁判要旨，认定构成恶意提起知识产权诉讼应具备以下要件：（1）所提诉讼明显缺乏权利基础或者事实根据；（2）起诉人对此明知；（3）造成他人损害；（4）所提诉讼与损害结果之间存在因果关系。此外，最高人民法院还总结了两类恶意提起知识产权诉讼的典型情形：

其一，诱导取证。专利权利人在没有其他证据证明他人已经侵权或者即将侵权的情况下，通过主动提供技术方案诱导实施侵权行为，并据此提起侵权诉讼，干扰、影响他人的正常经营的，可以认定其构成恶意提起知识产权诉讼。

---

① 参见最高人民法院：《最高人民法院知识产权法庭裁判要旨摘要（2023）》，载最高人民法院官网2024年2月23日，https：//www. court. gov. cn/zixun/xiangqing/425892. html。

其二，权利终止。专利权利人明知涉案专利权已因未缴纳专利年费等原因终止，仍然提起专利侵权诉讼，给他人造成损失的，可以认定构成恶意提起知识产权诉讼。

同时，实务中有观点认为，为保障并鼓励权利人保护其知识产权，对依法维权行为不应过于苛责，有必要区分恶意诉讼与合理败诉。

所谓合理败诉，即因证据不足、诉讼策略不当或者法律理解错误等合理原因而败诉。在合理败诉的情形下，不能苛求当事人在提起诉讼之初就要确保该诉讼最终的胜诉结果，也不能简单以维权诉讼的不利结果推定诉讼具有恶意。最高人民法院在（2021）最高法知民终 1353 号案例中就指出："当事人诉讼能力有强有弱，在诉讼活动中随着诉讼程序的推进改变提交的证据、改变诉讼行为亦属常见情形。**当事人有权选择提起诉讼的时间、提交何种证据或撤诉，难以仅凭当事人诉讼中有举报行为、证据提交不充分、撤诉等而认定当事人提起诉讼的目的为侵害他人利益**。"

（二）恶意诉讼的赔偿范围

恶意诉讼本质为侵权行为，其行为表现为滥用权利，其目的在于获取非法或不当利益，或使相对人遭受损害。

《民法典》第 120 条规定："民事权益受到侵害的，被侵权人有权请求侵权人承担侵权责任。"第 179 条第 1 款规定："承担民事责任的方式主要有：（一）停止侵害；（二）排除妨碍；（三）消除危险；（四）返还财产；（五）恢复原状；（六）修理、重作、更换；（七）继续履行；（八）赔偿损失；（九）支付违约金；（十）消除影响、恢复名誉；（十一）赔礼道歉。"

针对知识产权诉讼中的恶意诉讼行为，最高人民法院《关于知识产权侵权诉讼中被告以原告滥用权利为由请求赔偿合理开支问题的批复》中进一步明确："在知识产权侵权诉讼中，被告提交证据证明原告的起诉构成法律规定的滥用权利损害其合法权益，依法请求原告赔偿**其因该诉讼所支付的合理的律师费、交通费、食宿费等开支的**，人民法院依法予以支持。**被告也可以另行起诉请求原告赔偿上述合理开支**。"此外，2020 年 4 月 15 日，最高人民法院《关于全面加强知识产权司法保护的意见》第 13 条明确提出：“妥善审理因恶意提起知识产权诉讼损害责任纠纷，**依法支持包括律师费等合理支出在内的损害赔偿请求**。”

根据上述规定，被诉侵权人因原告恶意提起专利侵权诉讼，可以向原告主张停止侵权、赔偿损失、消除影响、恢复名誉、赔礼道歉等要求，其中损失的计算中，可以包括被诉侵权人其因该诉讼所支付的合理的律师费、交通费、食宿费等合理开支。

回顾与总结

本案中，A 公司拥有的专利权利基础相对稳固，致使 B 公司针对涉案专利发起的六次无效请求以及两次行政诉讼均被驳回。在此情形下，B 公司只能在专利侵权诉讼的正面战场与 A 公司直接交锋。值得欣慰的是，B 公司最终在最高人民法院审理的专利侵权诉讼二审阶段成功逆袭，为被诉侵权人在面临不利局面时，如何借助司法救济程序与专利权人有效抗衡并最终获胜提供了典范。

以鉴定环节为例，在专利侵权诉讼一审程序中，A 公司自行委托中国科学院上海有机化学研究所作为鉴定机构，将公证购买的被诉侵权产品邮寄至该研究所进行检测鉴定，并分别于 2020 年 6 月获得两份检测报告，于 2020 年 7 月获得一份检测报告（以下合称**2020 年检测报告**）。依据上述检测报告，广州知识产权法院在一审判决中认定，被诉侵权产品及技术方案落入涉案专利权利要求的保护范围。

面对一审程序中出现的不利鉴定意见及认定结果，B 公司积极应对，采取了一系列有力措施：

其一，在一审程序中，A 公司申请一位内部技术人员作为专家辅助人出具《专家意见》，B 公司则针锋相对地申请两位来自不同科研院所的教授级专家作为专家辅助人出庭，对 A 公司提交的 2020 年检测报告以及《专家意见》提出反对意见；不仅如此，在二审程序中，B 公司又更换了专家辅助人，申请一位来自顶尖高校的教授作为专家辅助人出庭，再次发表反驳意见，从不同角度对A公司的鉴定意见进行驳斥，有效削弱其证明力。

其二，在二审程序中，B公司亦自行委托一家北京的权威鉴定机构和一家四川的权威鉴定机构，分别对被诉侵权产品进行检测，并出具鉴定意见书，两家鉴定机构所得鉴定意见书结论均与A公司在一审程序中提交的2020年检测报告结论相反，为案件的反转提供了有力的证据支持。

其三，在二审程序中，B公司再次申请2020年检测报告的检测人员出庭，对其检测报告出具的具体过程及相关情况予以说明。在该次庭审过程中，检测人员明确表示：**在对涉案样品检测时，检测人员并不知晓检测报告数据将作为诉讼证据使用，故检测人员仅是以科研为目的的对外普通测试进行检测，且系根据送检人A公司指定的检测方法进行检测，而非按照涉案专利方法进行；如果检测人员事前得知检测结果将作为诉讼证据，则会按照领域内的标准方法进行测试，而且该测试方法也必须得到双方当事人的认可方可进行**。这一说明直接导致法庭对2020年检测报告的合法性产生合理怀疑。

此外，正是在该次庭审过程中，面对最高人民法院法官的追问，A公司不得不当庭披露2020年检测报告的“**背后隐情**”：A公司在2020年检测报告出具前，曾向有机所提供了另外两份被诉侵权产品的样本，上海有机化学研究所也针对这两份样品向A公司分别出具了检测报告。经最高人民法院依法调取了上述两份A公司在一审程序中未提交的检测报告，发现检测结果与2020年检测报告的结果并不一致，这表明A公司存在选择性提交对其有利检测结果的情形，进一步削弱了2020年检测报告的可信度。

其四，在成功否定A公司一审程序中提交的2020年检测报告的证明力后，B公司又积极推动最高人民法院委托鉴定机构对被诉侵权产品进行了鉴定；并且，针对重新出具的鉴定报告，B公司也没有直接全盘接受，而是逐点分析、据理力争，在当事人双方对其中一个实验条件无法达成一致的情况下，最高人民法院又委托鉴定机构对被诉侵权产品进行了再次鉴定。

仅针对鉴定这一个具体环节，B公司就不轻言放弃，而是不断努力，持续提出合理的质疑与反驳，并积极提供相反证据及意见，促使法庭对相关证据的合法性、真实性进行重新审视与判定。正是通过上述这样一次又一次地努力，在整个诉讼过程中，B 公司不放弃任何一个环节，最终在最高人民法院取得专利侵权诉讼中的终审胜利，成功维护了自身的合法权益，也为类似案件中被诉侵权人如何有效应诉提供了宝贵的实践经验。